シングルセッション・セラピー

心理臨床の原理と実践

Terapia a seduta singola:
Principi e pratiche

Flavio Cannistrà,
Federico Piccirilli

フラビオ・カニストラ
フェデリコ・ピッチリーリ [編]

浅井継悟 浅井このみ [訳]

金剛出版

TERAPIA A SEDUTA SINGOLA: PRINCIPI E PRATICHE
by
Flavio Cannistrà, Federico Piccirilli

Prefazione di Michael F. Hoyt, Moshe Talmon

Copyright©2021 Giunti Psychometrics S.r.l. All rights reserved.
via Fra' Paolo Sarpi 7/A, 50136 Firenze - Italia
www.psicologia.io
www.giuntipsy.it
www.giunti.it

Japanese translation rights arranged with Giunti Editore S.p.A., Firenze on behalf of GIUNTI PSICOLOGIA.IO S.r.l., Firenze, through Tuttle-Mori Agency, Inc., Tokyo

推薦の辞

　日本ではまだ少ないが，北アメリカやヨーロッパを中心に心理療法の効果について膨大な実証データが集まっている。うつや不安などの問題に対して，薬物とほぼ同じ程度の効果が挙がることや，異なるアプローチでも同程度の効果があることも分かっている。また，クライエントとセラピストの協働関係を意味する作業同盟が介入早期に作られることが，アプローチにかかわらず，効果的な心理療法の条件であることなども数多くの研究から示されている。

　もう一方で，どのようなメカニズムで治療的変化が起こるのかということは十分に理解されているとは言いがたい。実際のところ，心理療法理論によって想定されていない変化が起こることが知られている。その一つは，治療前変化という現象である（Lawson, 1994）。クライエントは，面接の予約をして，来談までに少し時間が空くことがあるが，面接の予約時点と来談して面接の前の時点で症状や心理的状態を調べると，その間にかなりの肯定的な変化が起こっている。面接の予約をすることでほっとする，カウンセリングを申し込むという行動をとれたことで達成感が起こる，問題を解決する希望が感じられるなどということが関係しているかもしれない。加えて，カウンセラーに会う準備をはじめ，自分の問題について考えて整理ができる，ということもあるだろう。

　また，早期の変化と呼ばれる現象がある（Ilardi & Craighead, 1994）。たとえば，認知行動療法では，歪んだ認知を修正したり，新たなより適応的な行動を学習したりすることから変化が起こると想定されているが，このような介入が行われる前，つまり治療関係を確立して，どのように面接が進むのかということを説明する段階においてかなり大きな治療的変化が起きているのである。

　筆者は，心理療法デモンストレーションビデオの翻訳に携わっていた。これ

らは，第一人者とされる心理療法家やある理論アプローチの開発者が，制作側が準備したクライエントと 1 セッション，または 2 セッションなどを行う設定となっている。たった一度の面接であり，しかも撮影されているという状況ながら，人生を変えるような体験をしたと報告するクライエントもいるのだ。これらのことから，心理療法においてかなり早期から，もしかしたらたった 1 回の面接でも変化が起こっている可能性が示される。

心理療法で面接の回数を限定することはクライエントにプレッシャーを与えることにもなるという理由から，回数や期間の限定をしないままスタートすることが多い。もう一方で，医療費の軽減，クライエントの時間的，経済的負担の軽減などの理由も含めて，心理療法の短期化が試みられてきた。そして，短期療法が一般的になるにしたがい，そのような限定が毎回の面接への動機づけを高めて，より濃密な面接を可能にすることも知られている。しかし，面接が 1 回だけという場合はどうだろうか。じっくりと話を聴き，クライエントのペースで関係が作られて，自然にプロセスが展開されることを邪魔してはいけないという気持ちが臨床家に強ければ，1 回だけの面接というのは，大きなギャンブルとも感じられるかもしれない。また，1 回だけで成果を挙げるという考え方自体が，セラピストの奢りではないかとも感じられるかもしれない。しかし，本書が示すように，データからもシングルセッション・セラピー（SST）は可能であるだけでなく，しっかりした効果を上げることもできるのだ。

筆者は，初回面接という特別な位置づけにある面接に関心をもち，これまで研究をしてきた（Iwakabe et al., 2022; 岩壁，2005）。これらの研究では初回面接のあとにクライエントにインタビューを行ったが，彼らが 1 回の面接から得たことに驚かされた。初回面接はクライエントとセラピストのはじめての出会いの瞬間であり，その後の面接の流れを決めるような大きな力をもっている。もう一方で，初回面接だけでドロップアウトするクライエントも多い。

大学院生時代に家族療法やミルトン・エリクソンに関心をもっていたころ，タルモンの SST に行き着いた（1990［青木訳，2001］）。クライエントの強みを最大限に活かし，自律や自信を取り戻し，すぐに活かせるアドバイスを与えるという 1 回の面接の流れにとても感銘を受け，自分の初回面接の進め方にとても大きな影響を受けたし，おそらく初回面接の研究に関心をもつきっかけの

一つになったのだろう。今回，本書の推薦文を書く機会をいただくことになり，何か自分の原点に戻るような感覚があった。SST の最新の研究と実践についてまとめた本書を読むにしたがい，SST の考え方が自分の臨床の基底の一つになっていることに気づいた。そして，研究と実践の統合という自分の研究テーマが，本書に見事に実現されていることに感銘を受けた。本書は，タルモン以降の SST の発展について紹介しており，どのようにして 1 回の面接を仕立てていくのかということがとても詳細にわたり，分かりやすく解説されている。

本書から，SST がいかにエビデンスに着目しながら，異なる社会・歴史・文化的背景をもつ土地に，その臨床的ニーズに合った形で独自の実践を発展させてきたのか概観できる。SST の原点でもある，ブリーフセラピーや，戦略的心理療法などといったアプローチに関心がある臨床家に限定せず，多くの臨床家にとって学びの多い一冊である。

本書の著者らが強調しているように，ここに示された治療的原則は一回一回の面接をより効果的に行うための方策であり，すべてのクライエントが 1 回という枠のなかに納まるわけではない。しかし，SST の介入指針は，初回面接かどうかにかかわらず，またどんなアプローチかということにも限定されず，応用可能なアイデアと言えるだろう。一瞬一瞬のやりとりに着目して，それを大切に「生き」そしてその可能性を「理解」し，「活用」するという姿勢は，心理療法の共通基盤とも言える臨床の知恵であろう。

翻訳者は，日本ブリーフセラピー協会の実行委員長を引き受けたことから翻訳の作業がはじまったということである。著者を訪れるような熱意からも伝わってくるが，SST の良さを伝える秀訳である。

人の時間は有限である。クライエントと臨床家が出会い，限られた時間でありながら，同じ目標に向かって作業することから生まれる可能性は無限である。クライエントのもつ力とつながり，そしてしっかりした作業同盟を結ぶことによって，可能性を拓いていくアプローチは，臨床家とその援助を求めるクライエントに新たなドアを開いてくれるはずである。

岩壁　茂

▶文献

Ilardi S. S., Craighead W. E. (1994), The role of nonspecific factors in cognitive-behavior therapy for depression. *Clinical Psychology: Science and Practice, 1*(2), 138-156.

岩壁 茂(2005)心理療法の効果測定　―初回面接の実践効果研究―　臨床心理学, 5, 123-128.

Iwakabe S., Edlin J., Thoma N. (2022), A phenomenological case study of accelerated experiential dynamic psychotherapy: The experience of change in the initial session from a client perspective. *Journal of Psychotherapy Integration, 32*(4), 363-376.

Lawson D. (1994), Identifying pretreatment change. *Journal of Counseling & Development, 72*, 244-248. https://doi.org/10.1002/j.1556-6676.1994.tb00929.x

Talmon M. (1990), *Single-session therapy: Maximizing the effect of the first (and often only) therapeutic encounter.* Jossey-Bass.（タルモン M.　青木安輝（訳）(2001) シングル・セッション・セラピー　金剛出版）

日本語版への序文

　『*Single Session Therapy: Principles and Practices*』が日本語に翻訳されたことは，大変光栄なことであるが，この名誉は，著者の一人であるカニストラが，2021 年に行われた日本ブリーフセラピー協会第 13 回学術会議の基調講演を依頼されたこと，その後，同協会が発行する『*International Journal of Brief Therapy and Family Science*』に招待論文（Cannistrà, 2022）を寄稿できたことにより，もうすでに得られている。

　これまでのキャリアの中で，私たちは日本人の同僚と何度か交流してきたが，心理療法の考え方や進め方について共通点があることにいつも驚かされてきた。例えば，ICNOS 研究所（心理療法家のための専門学校）では，シングルセッション・セラピー（SST）はもちろん，MRI のストラテジックセラピーや BRIEF [訳注1]の解決志向ブリーフセラピーも教えているが，日本ブリーフセラピー協会においてもこの二つのモデルを研究・普及させており，また私たちは同時にミラノ派やナラティブセラピーの影響も受けている。個人的なレベルでは，私たちはセラピーに対するミニマリスト的な考え方も共有しており，今あるものから始める（場合によっては後から追加する）というやり方は，日本文化（Suzuki, 1959）のいくつかの側面と共通点があるように思われる。そして，このことは SST の実践を望むセラピストの考え方の根底にあるものであることに間違いない（Cannistrà, 2022）。

　本書が翻訳されたことは，日本の心理臨床が先見の明を持ち，時代の変化を捉え，乗りこなす力があることの表れだと考える。一方では，自国の文化の独自性を知り，育み，尊重し，自国の人々のニーズに合った心理療法を発展させることが重要である。他方では，SST がこの 10 ～ 20 年の間に世界中に広まり

つつあることは，日本やイタリアが属するG7をはじめとする先進国の多くの国民が求めていることの表れであるように思われる。これらの期待の中には，セラピーの提供方法をより個別最適化することや，自分の個人的・体系的資源を活用する「自分で自分を助ける」ことが含まれている。

私たちは日本がSSTに関心を寄せてくれていることを心から歓迎する。また，この本の訳者でもある浅井継悟先生を2023年にイタリアで開催された第4回シングルセッション・セラピー国際シンポジウム（IV International Symposium on Single Session Therapy）の外部講演者にお迎えできたことも大きな喜びだった。シンポジウムで浅井先生は日本におけるSSTの現状について興味深い発表を行った。この内容は『*Single Session Therapies: Why and How One-at-a-Time Mindsets Are Effective*』（Cannistrà & Hoyt, in press）[訳注2]という本の1章となる予定である。

私たちは，日本とイタリアのセラピストが協力し合い，ブリーフセラピーやシングルセッション・セラピーの原理と実践を発展させていくことを願っている。

2024年2月
ローマ，イタリア

フラビオ・カニストラ
フェデリコ・ピッチリーリ
イタリアン・シングルセッション・セラピー・センター一同

▶文献

Cannistrà F. (2022), The single session therapy mindset: Fourteen principles gained through an analysis of the literature. *International Journal of Brief Therapy and Family Science, 12*(1), 1-26.

Cannistrà F. & Hoyt M. F. (in press), *Single Session Therapies: Why and How One-at-a-Time Mindsets Are Effective*. Routledge.

Suzuki D. (1959), *Zen and Japan Culture*. Bollingen Foundation Inc.

▶訳注

1————イギリスの解決志向ブリーフセラピーのトレーニング機関のこと。

2————書籍は2024年後半にイギリスのRoutledge社から出版が予定されている。

序　文

マイケル・F・ホイト／モーシィ・タルモン

　私たちと同僚のロバート・ローゼンバウムが30年前にシングルセッション・セラピー（SST）の研究を始めたとき，何が見つかるのか，何が起こるのかもまだわからなかった。私たちはささやかな探索的研究を行った（Talmon, 1990）。サンプルサイズは小さく，設定も非常に特殊で，フォローアップも短かった。また，計画的なSSTを58回試みた3人のセラピストは，1回のセッションで始まり，その1回で終わるセラピーのやり方についてほとんど知識がなかった。クライエントの大多数がセッションが1回だけで有益だったと認めたという基本的な発見は，驚きであると同時に勇気づけられるものであり，何年もの間，SSTの有効性は多くの状況で何度も再現されてきた。今や，SSTの活動範囲は国際的なものとなっている（Hoyt & Talmon, 2014；Hoyt et al., 2018）。

　本書についてカニストラ博士，ピッチリーリ博士とその同僚に感謝する。本書やその他で報告されているSSTの成功例や研究結果の数々（Dryden, 2016a；Hoyt & Talmon, 2014a；Hoyt et al, 2018；Slive & Bobele, 2011；Talmon, 1990, 1993 参照）から，非常に興味深い疑問が浮かぶ。**長年の深刻な問題であっても，時には1回のセッションで，肯定的で永続的な変化を起こすことができるのはなぜだろうか？**　精神病理学の基礎と心理療法のプロセスを何年もかけて学んできた私たちにとって（それは「パーソナリティ構造」，「機能不全家族」，「生物心理社会的障害」に関する理論など，多くの伝統とイデオロギー（そして経済学）が「過剰決定」し，ゆっくりと「取り組む」ことの必要性を支持するものであるが），1回のセッションが役に立つ回数であり，その可能性を示す強力なエビデンスがあることは興味深い。

　はっきりさせておきたいのは，SSTを成功させるすべてのエピソードを簡単

に説明できる単一の理論，方法，プロトコル，テクニックは存在しないということだ。本書の多くの優れた章には，有用なガイドラインや実例が示されているが，何にでも使える解決策などない。それぞれのケースが，個人的，家族的，文化的・歴史的背景の中で，その人に合わせて調整されるのがベストである。

　クライエントを苦悩から解放するために，セラピーにおいて何が最も重要な鍵なのか，クライエントが過去を捨て去るために何が必要なのか，さまざまな理論やモデルが提示されてきた。それぞれが，治療の支点になるものについての考えを持っている。解決策やコンピテンシーを強調する現実を生み出すために，言葉を使うことだと言う者。最も重要なのは，無意識を意識化すること，あるいはつらい感情を前面に出して解放することだと言う者。不適応的な人間関係のパターンを変えるために，指示を与えたり，スキルを教えたりすることに重点を置く者。もっと合理的になるようクライエントに教えることだと考える者。安心感を与えたり，アドバイスを与えたりする者。催眠やパラドックスを使う者。人々の選択と個人的な力を強調することで，ストーリーや物語を書き直し，行動を変える動機づけをする者。これらすべての成功例は，SSTに関する文献に見ることができる。

　つまり，私たちの理論は，私たちが意味を理解し，どう進むべきかを決めるためのレンズの役割を果たすのだ。私たちの一人（マイケル・F・ホイト）が，罪悪感を訴えるクライエントとのゲシュタルトセラピーを1セッション行う動画（「罪悪感をその椅子に置いて，自分の気持ちを伝えなさい」）をさまざまな理論に精通しているセラピストに試聴させると，彼らはそれぞれの特有の観点から治療的相互作用を説明した。精神力動的志向の臨床家らは，「良心」や無意識の「内面化された超自我」という観点からワークを概念化し，セラピストはより穏やかな転移の人物として機能していると述べた。ある有名な認知行動療法家は，このプロセスは，クライエントの「不適応的なスキーマ」を強調し，権威的な人物に対する不安を「脱感作」するのに役立つ，興味深い珍しい方法だと考えた。MRIから着想を得たある戦略派のセラピストは，クライエントの罪悪感を和らげようとするいつもの偽解決を，行動介入によって中断させたと指摘した。二人のエリクソニアン催眠療法家は，二つの椅子を使う「混乱技法」と，クライエントのストレングスの喚起と「ユーティライゼーション」につい

てコメントした。解決志向ブリーフセラピーのセラピストは,「問題の例外」を作り出す方法として,クライエントに罪悪感に言い返すことを想像させることについて述べた。あるナラティブ・セラピストは「その人が問題なのではなく,問題が問題なのだ」と言い,クライエントが罪悪感にどのように「リクルート」(吹き込まれる,洗脳)されてきたのか疑問に思い,「外在化」と「スパークリングモーメント」の例を見いだした。象を観察する盲人の寓話や,作者を探し求めるさまざまな登場人物を描いたピランデッロの戯曲のように,同じ出来事に対して複数の解釈があることは,さまざまな見方があることに気づかせてくれる。そして私たちは,クライエントがこのプロセスについてどう考えているのか尋ねてさえいなかったのだ！ 変化の理論は興味深く,有益な方向性を示してくれるのであれば役に立つが,それは理論に過ぎない。一方,変化とは,遅かれ早かれ（SSTでは早かれ！）誰かが何か違うことをすることを必要とする。

では,どうして1回のセッションで変化が起こるのだろうか？ セッションの回数にかかわらず変化が起こるのはなぜだろうか？ 成功するSSTは通常,リソースに基づいており,ストレングス志向である。私たちの観点からすると,1回のセッションであれ,それ以上であれ,効果的なセラピーは,作業同盟（治療同盟）を通じてクライエントのゴールとリソースが一つになる「コンピテンスの文脈」(Hoyt, 2014, p.67) の中で行われる。セラピーは「一度に1セッション」行われるものであり,最も頻繁な治療の長さは実際には1回である。それを認識した上で,SSTは人々が準備の整った瞬間に出会い,その人にとって効果的なことを行っているもの（または行ったことがあり,再び行う可能性があるもの）は何でも特定し,それを増幅させることにより「その瞬間をとらえる」(Hoyt & Talmon, 2014a; Young & Rycroft, 1997) ことを試みている。

私たち（そして他の者たち）が述べてきたように,さまざまなSSTの根底にあるのは,多くの場合,(1) 思考,感情,行動における何らかの有益な変化が今なら可能だというマインドセット（期待）,(2) エンパワーメント。セラピスト（そしてクライエント）による,変化を促すために,クライエントがすでにやってきたこと,できることを強調する努力,そして,(3) 躊躇している時間はもうないという切迫した気持ちである。SSTは,ミニマリストな構成主義的

アプローチ（Hoyt, 1994b, 1996a, 1998; Talmon, 1990, 2014 を参照）であり，クライエントが勇気づけられ，力を与えられたと感じるとき，クライエントが自分自身や自分の経験をどのように解釈するかという小さな肯定的な変化が，より大きな変化につながることが多いという前提に基づいている（その理論がそれらのシステムをどのように理解するかは別として）。

　SST は多くの人に有効だが，常に，そして誰にとっても効果があるというわけではない。人は準備ができたときに「その瞬間をつかむ（carpe diem![訳注1]）」。SST は可能性として提供するのが最善である。1 セッションの形式を強制されるよりも，クライエントが 1 回のセッションを選択したほうが，成功の可能性は高くなる。クライエントが 1 回の訪問で十分な成果が得られない，あるいは得られたと感じない場合，私たちはクライエントに再来を勧め，前向きな変化をもたらすために何が必要か見極める手助けをしてもらう。クライエントが 1 回のセッションが有益で十分であったと感じたら，私たちはそれを支持し，必要に応じて再来訪を歓迎することを伝える。

　研究と経験は，変化が 1 回のセッション（あるいはそれ以下）で起こりうること，そしてしばしば起こることを明確に示している。セラピーを受ける前であっても，受けない場合でも，人は常に対処し変化している。実際に，通常，人々は自分一人では問題を解決できなかった場合にのみセラピーを受ける。変化に関する理論（実際にはいくつかの理論）を持つことは，私たちがクライエントと行うことを整理するのに役立つ。もしもハンマーしか持っていなければ，すべてが釘に見えてしまうだろう。

　時に抵抗と呼ばれるものは，セラピストがクライエントにまだ準備ができていないこと，あるいはやりたくないことをさせようとしているというフィードバックと考えるほうがより有益である。押しつけではなく，誘うことが鍵である。注意深い傾聴が不可欠である。人々の能力，動機，それぞれの世界観を理解し，共に働こうとすることは良いことであり，最終的にはクライエントの中に力があり，（ゴルフにたとえれば）「セラピストはキャディであり，プレーヤーではない」ことを認識することである（Hoyt, 2000a）。

　ナラティブ構成主義の理論（Hoyt, 2000ab, 2009, 2018；Talmon, 1990, 2014 参照）が私たちの研究に影響を与えている。私たち人間は，言語と想像力に

よって現実(「物語」または「ナラティブ」)を作り出している。そしてセラピストは、クライエントの好みや能力を強調することで、彼らの物語を書き換える手助けをするのが主な仕事である。「見ること」(知覚)の転換は、その後のクライエントの「すること」(行動)の転換のためのスペースを開く助けとなる(O'Hanlon & Wilk, 1987)。「変化」は、クライエントがこれらの異なる理解を生き始めるときに生じる。「現実」は社会的に媒介された構成物かもしれないが、ハーレーン・アンダーソンとハリー・グーリシャン(Harold Goolishian)(1988, p.377；邦訳、p.50 強調原著者)が述べるように、「私たちは、人との交わりの中で、自分の使う説明言語という世界の中で、**息づき、そして周りにはたらきかける**」のである。私たちは世界のナラティブを「行う(perform)」(Omer, 1993)、あるいは「演じる(enact)」(Sluzki, 1998)のである。ナラティヴ・セラピストのマイケル・ホワイトとデイヴィッド・エプストン(1990, p.13；邦訳、p.19)も同様に、「すべての遂行に、人生の再著述(reauthoring)はつきものである」と述べている。White(1992, pp.80-81)はこう補足する。「人生がテキストと同義であると言いたいのではない。人が自分について新しい物語を語ったり、自分についての要求を主張したりするだけでは十分ではない。人の人生を変容させるのは、こうしたテキストのパフォーマンスなのだ」

　私たちは、おそらく巧みなファシリテーションによって、クライエントが望む変化を起こす能力を自分自身の中に持っているという作業仮説でアプローチしたいのである。クライエントが持ち込んだ役立つ可能性のあるものは何でも呼び起こし、活用することが第一である。とはいえ、クライエントのコンピテンシーをサポートすることと、セラピストが特定の専門知識を提供することの間には、興味深い並列(both/and)の緊張関係がある(どちらか一方(either/or)ではない)。時にはコミュニケーションやリラクゼーションのようなスキルを教え、時には無意識を意識化させるよう努め、常に勇気づけられるよう心がけている。いつもうまくいくものなどない。一般的に言って、解決志向ブリーフセラピーの基本原則(de Shazer, 1988)に従うのがよい。すなわち、(1)悪くなければ治そうとするな、(2)一度効果的だったことは続けなさい、(3)うまくいかなかったら、同じことをするな、何か別なことをせよである。「行き詰まった」とき(袋小路にいるとき)には、クライエントに何が役に立つと思う

かを尋ね,「問題」が問題でなかったときに何をしていたか（そして，問題が問題でなくなったときに将来何をしていることを思い描いているか）を一緒に探ることを勧める。

　私たちの多くにとって，シングルセッション・セラピストとなり，その経験を積むことは，さまざまな前提の再考を伴うものであった（Talmon, 2018）。私たちのクライエントや，同様の枠組みで働く同業者たちは，私たちの以前の見解の一部を転換するよう促した。私たちは，人々の問題を"解決"する専門家から，クライエントのスキルと能力を促進し，彼らの"記録"を再構築し，書き直す手助けをする"特権的な聞き手"へと移行した。私たちは，精神病理学の一度の「治療」で治しきるという概念から離れ，精神的健康（psychohealth）（Talmon, 1993）を促進し，人生というときに非常に困難な旅路における回復力を高めるという考え方に移行してきた。私たちは，すべてを知らなければならないという堅苦しい要求と引き換えに，創造性の新鮮さとクライエント（そして私たち自身）の創造性に対するより大きな信頼を手に入れた。最終的にはクライエントのセラピーであり，彼らの変化の理論に協力する（少なくとも逆らわない）ほうがセラピーが進みやすいということを忘れないようにすることは，誠実な謙虚さを促進する。クライエントは何が役に立つと考えているのだろうか？

　SSTの可能性を認識することは，今日では特に重要である。なぜなら，もしそれが手頃な値段で受けられ，終わりのない依存のような気の遠くなるような汚名を着せられることがなければ，より多くの人々が精神保健サービスの恩恵を受けられるからである。資源は限られており，SSTは時間と資金を節約するという貴重でエコロジカルな機能がある。多ければ多いほど良いのではなく，より良いほうが良いのだ（Hoyt, 1995, p.327）。そして，より良いものは，今ここで，1回の訪問でも達成できることがあるということだ。人の変化というものは素晴らしいものだ。読者がこの素晴らしい本に収められた多くの事例を熟考しながら，クライエントにより良いサービスを提供するために，変化の理論のレパートリーを増やそうと検討してくれることを願っている。

▶訳注
1————古代ローマの詩人ホラティウスの詩に登場する言葉。意味は、「この瞬間を大切にしなさい」。

推薦の辞（岩壁 茂）3
日本語版への序文 7
序文 11
序章 23

第Ⅰ部　入門編

第1章　SSTの昔と今 31
ピエル・パオロ・ダリア／アンジェリカ・ジャンネッティ／シモネッタ・ボナディス／ロベルタ・ミエーレ

第2章　SSTのデータと有効性 55
フラビオ・カニストラ／ジャダ・ピエトラビッサ

第Ⅱ部　原理と実践編

第3章　SSTのマインドセット 77
フェデリコ・ピッチリーリ／ララ・エルミーニ

第4章　SSTの一般的なガイドライン 99
フェデリコ・ピッチリーリ／アリス・ギゾーニ

第5章　イタリアン・シングルセッション・セラピー 127
フラビオ・カニストラ

第6章　事例紹介 169
ヴェロニカ・トリシェッリ

第Ⅲ部　展望編

第7章　SSTの実践──コンセプト, トレーニング, そして実装　229
ジェフ・ヤング

第8章　現代社会と医療制度に関する考察と展望　249
フラビオ・カニストラ／アントニオ・カニストラ

付録A　SST事前質問票　270
付録B　シングルセッションの視覚的評価（VASS）　271
文献　273
訳者あとがき　295
著者紹介　299
訳者略歴　302

シングルセッション・セラピー

心理臨床の原理と実践

序　章

　個々のセッションの効果を最大限に高めるにはどうすればよいだろうか？
　1990年に出版された，モーシィ・タルモンによる『*Single Session Therapy*（邦題：シングル・セッション・セラピー）』は，この問いへの回答を試みている。著者は同僚のマイケル・F・ホイトとロバート・ローゼンバウムとともに，以前より観察されていた現象に関する研究と発見を詳述した。セラピストに頼る人の多くは，良くなったという理由で，たった1回のセッションの後，セラピーをやめてしまうということだ。
　それからずいぶん月日が経ったものである。シングルセッション・セラピー（SST）の研究は世界中に広まり，タルモンらの発見は観察され，再現され，その範囲を広げた。
　実際，SSTは，ほとんどの人が，1〜3回のセッションに参加すると，状況は改善し，セラピーから必要なものを得られたと思い，通うことをやめるという単純な事実に対する優れた対応である。これは理論でも仮説でもなく，既知の事実である。つまり，セラピストが最初に答えなければならないのは，「限られたセッション数で効果を最大化するにはどうすればよいか」という問いである。
　一方，SSTは毎回のセッションの有用性を向上させるための手法として徐々に浸透してきた。特に今日，私たちが経験している医療や福祉（公的機関であれ民間であれ，保健当局であれ医療専門家であれ）を取り巻く急速な変化を考えると，私たちは，治療プロセスをより効率的にする（すなわち，毎回のセッションが有用であることを証明し，理想的には，セラピストとクライエントが合意した結果を達成するために必要な時間を短縮する）ために，さらに人々の

ニーズや要望への対応という点で、よりよくするためにはどうすればよいかを自問しなければならない[原注1]。これは深く考える価値のある問題であり、本書でもある程度取り上げるつもりだ。私たちは、今こそセラピストが自らの役割を見直す必要があると信じている。人々がどのように利用したいかを自問することなく、治療者側が望む形でサービスを提供するというスタイルは、もはや十分ではない。

ここでセラピストは、「どうすればクライエントを助けることができるのか」という第二の問いを自らへ投じることを求められる。

これについては、本文を通じて詳述する。一冊の本ですべてを網羅できるわけではないが、本書が現実的なハンドブックとして、最近のSSTの発展やSSTが提供する新たな軌跡について同業者に最新情報を提供しようとしていることに変わりはない。

しかし、なぜ今イタリアにSSTがやってくるのか？ 過去30年間、特にこの4年間に何があったのか？ そして、なぜ今この本を英訳することにしたのか？

2016年に私たちは、1990年以来、SSTをテーマに世界的に数十本の論文が書かれ、数冊の本が出版され、二つの国際会議が開催されていることに気づいた。しかし、イタリアでは、タルモンの本が出版されて以来、いくつかの個人的な業績[原注2]があるだけで、何も進展がないように見えた。そこで、私たちのグループのうちの一人（フラビオ・カニストラ）がマイケル・F・ホイトとコンタクトをとり、カリフォルニアで直接トレーニングを受けたのだった。彼の帰国後、私たちはイタリアン・シングルセッション・セラピー・センター（The Italian Center for Single Session Therapy：ICSST）を設立し、SSTの研究とリサーチを広めるためにウェブサイト（www.TerapiaSedutaSingola.it）を立ち上げた[原注3]。初年度のセンター（チームにはピエル・パオロ・ダリアとアンジェリカ・ジャンネッティが参加している）の目的は、何よりもまず、イタリアにおけるSSTの認知度を高め、国際的な研究に貢献することを目的としたプロジェクトを立ち上げ、イタリアの状況に適応した最新の方法を開発し、イタリアの心理士、心理療法士、精神科医の訓練を開始することであった。

そして、この本が生まれた。

Giunti 社[原注4][訳注1]には先見の明があった。本書を通じて，国際的にも，イタリア国内で起こっていることにおいても，SST の最先端技術の全容を紹介できるからだ。

　本書のイタリア語版が 2018 年に出版されて以来，私たちは何百人ものイタリアの心理士を訓練し，ウォークイン・センター（the One Session Center）を設立し，多くの同業者がそれぞれのセンターを立ち上げるのを支援してきた。一方，フラビオ・カニストラは第 3 回 SST 国際大会（2019 年 10 月にメルボルンで開催）に参加し，2022 ～ 2023 年にかけて開催される第 4 回大会のバトンを渡された[訳注2]。

　SST は，セラピストが自身のアプローチや実践に統合するための単なる方法ではない。それは，認識論的，実践的，組織的に重要な結果をもたらすセラピーを考慮し，実施する方法なのである。定型的な先入観にとらわれた理論ではなく，事実に基づいたデータを出発点とすることで，重要な問題について考えるきっかけを与えてくれる。それらは，ケアプロセスにおけるクライエントの役割，セラピストの役割，変化の決定的要因，セラピーの成否を決める臨床家の理論的・技術的選択，治療セッションやセラピー，心理療法などの援助関係の目標に対する考え方全般，医療の組織化などに及ぶ。

　これらのトピックの多くは，過去 30 年間ほとんど触れられていない。中には一度も取り上げられたことがないものさえある。しかし同時に，それらは心理療法という「海岸（sea）」と，ケアやサポートのプロセスという「大海（oceans）」の中を流れる，別々の，時には相容れない流れの一部を形成している。SST は，これらの問題を見直し（その一部を更新し），しばしば離れた立場の間につながりを生み出す新たな機会であると私たちは考えている。実際，私たちのコースに参加するセラピストたちの間には，SST に対して強い関心を持つ者もいれば，私たち全員が今日取り組んでいる理論的かつ実践的な問題に対応するために，SST をどのように活用できるかに興味を持つ者もおり，その取り組み方は感動的かつ見事に異なっている。

　さて，この本に目を向けよう。

　ここに挙げたすべての問題を網羅することは不可能であることを承知の上で，具体的な目的は以下の二つである。1）読者が現状をアップデートできるよ

うにすること。つまり，タルモンの著書から30年の間に何が起こり，何が変わったのかを知ることである。2) セラピストが自身の仕事にSSTを適用し始めるために必要な理論的・実践的ツールを提供すること。

第Ⅰ部では，読者がSSTの起源とそれを裏づけるデータを明確に理解し，このメソッドの過去と現在を知ることができるよう，歴史的・科学的背景を説明している。前もって述べておくと，マイケル・F・ホイトとモーシィ・タルモンの序文（実質的には追加された1章）では，彼らが研究グループの結成当初のメンバーのうちの二人であるという特権的な視点から，読者はSSTのアイデアと実践に存分に浸ることができる。

第1章では，ピエル・パオロ・ダリアが，SSTの先駆者たちにより裏づけられた多くの知見，そしてその後のタルモン，ホイト，ローゼンバウムによる研究，さらにそれに続くものをまとめている。アンジェリカ・ジャンネッティとシモネッタ・ボナディスの協力により，全体的な概要と，SSTをさまざまな文脈で解釈する際に役立つヒントを得ることができる魅力的な章となっている。

第2章では，フラビオ・カニストラがジャダ・ピエトラビッサと共同でSSTの研究を掘り下げ，より一般的な心理療法の研究に結びつけている。彼は，エビデンスに基づく研究によって検証されたイタリア国内の研究の進展と成果，そしてイタリア国外の研究がどのようにSSTの発見をさらに裏づけたかについて述べている。

第Ⅱ部では，SSTを実践する際の運用面に焦点を当てる。SSTがどのように機能し，自分の実践に取り入れることができるかを理解したい読者は，歴史的・科学的な章を読むのは後回しにして，このセクションをまず読んでも良いかもしれない。

第3章では，フェデリコ・ピッチリーリがSSTを成功させるための重要な問題であるマインドセット（個々のセッションの中心となるメンタリティと姿勢）について掘り下げている。私たちのトレーニングセミナーでは，SSTを習得するのは技術的には比較的簡単で，難しいのは正しいマインドセットを取り入れることだと常に説明している。そのような理由から，この章の著者は，読者がSSTに十分に入り込めるよう手助けすることを心がけている。

第4章では，ピッチリーリがSSTを実践するための一般的なガイドラインを

示す。主な SST メソッド（タルモン，ホイト，ローゼンバウム，スライヴとボベル，ジェフ・ヤングとブーヴェリー・センター（The Bouverie Centre））の方向性を，最新の文献を参照しながら説明している。なぜなら，それは読者の興味を引くと思われる上に，イタリアン・メソッドを紹介するための土台にもなるからである。これらは現存する唯一の SST モデルではなく，むしろ既存の専門文献の中で最も強い存在感を示していると考えられるものである。他の著者らが各々の手法を載せなかったことを本書の欠点と見なさないことを望むし，実際，後続の出版物や学術論文，そして次回の国際会議において，それらを紹介する余地があることを望む。

第5章では，フラビオ・カニストラが，イタリアにおける過去数年間の研究，調査，応用の中で，彼と ICSST が開発した SST メソッドについて詳細に述べている。読者は，セッション前，セッション中，セッション後のステップから，各フェーズの徹底的な分析まで，SST の適用を始めるために必要なすべての情報を得ることができる。

この部の最後の第6章では，ヴェロニカ・トリシェッリが，二つの示唆的な視点から臨床例をまとめている。一つ目の特徴は，私たちのもとでトレーニングを受けたイタリアのセラピストたちに，SST を用いて治療した症例について説明してもらったことである。さまざまなセラピストの経験をレビューすることは，読者にとって興味深いことだと思う。もうひとつの特徴は，前章で学んだ要素をより浮き彫りにできるよう，全員に（柔軟ではあるが）特定のプロセスに従ってもらうよう求めたことである。

締めくくりとして，第Ⅲ部では，本書を通して取り上げられたトピックを補完し，発展させるための最終的な考察をいくつか紹介する。第7章は，ブーヴェリー・センターのジェフ・ヤング所長[訳注3]による未発表の研究である。著者は20年にわたる SST の経験を共有し，前の章で取り上げた側面をより深く探求し，何よりも臨床実践，トレーニング，医療現場に SST を取り入れる際の最初のヒントを与えている。

最後に，フラビオ・カニストラとアントニオ・カニストラが編集した第8章では，セラピストと機関が SST の現在の位置づけと，それが今日どのように使われているか，そしてなぜ有用であるかをよりよく理解するための，文化的で

社会健康的な枠組みを提供している。主にイタリアの状況を念頭に置いているが，そのインスピレーションと参考文献は国際的な視野を持っている。

　このあたりで，本書にお戻りいただきたい。本書を読むことで，読者がSSTを世界中に広めてくれることを期待する。ICSSTを代表して，私たちの旅にお付き合いいただき，感謝申し上げる。

　本書を楽しんでほしい。

2018年3月，ローマにて

▶原注

1――――後述するように，SSTの手法は，リソースベースで，ストレングス志向で，パーソンセンタードである。この三つの用語は，一連の実践，方法論，アプローチを指しており，（ここ20年で再び活気を取り戻しているが）心理療法の技法や手続き以上に，個人を治療過程の重要な要素としてとらえるようになっている。

2――――私たちの調査によると，イタリアではマリア・ボローニャとマーラ・フィアスキ，ステファノ・ゲラルディ，ジャンニ・タドリーニ，アルベルト・ロッシがSSTについて最初に語った。他に見落としがあればお詫びする。

3――――現在までに，このサイトには心理士向けの記事が数十本掲載されており，SSTのガイドライン，テクニック，研究，ニュースなどが要約され，隔週で発行されている。英語版（www.singlesessiontherapies.com）は，SSTの実践や学習に関心のあるすべての専門家のためのSSTポータルサイトになりつつある。

4――――この本の可能性と，イタリアでSSTを普及させるチャンスを信じてくれたルカ・マツケリとグラウコ・レンダに特別な感謝を捧げる。

▶訳注

1――――本書のイタリア語版，英語版を出版しているイタリアの出版社。

2――――2023年11月に第4回大会は無事に開催され，オーガナイザーであったフラビオ・カニストラは無事にその役目を果たすことができた。

3――――この本が執筆された当時の役職である。

第Ⅰ部
入門編

第1章
SSTの昔と今

ピエル・パオロ・ダリア／アンジェリカ・ジャンネッティ／シモネッタ・ボナディス／
ロベルタ・ミエーレ

> 病気を予測するのではなく，回復を早めることに成功したとき，治療の基礎が築かれる。
> ——Siegel, 1986

> クライエントは理論やDSM-III-Rのカテゴリーに従わない。彼らは自分自身のやり方に従っている。
> ——Talmon, 1990

この章では，シングルセッション・セラピー（SST）の誕生に至るさまざまな局面を，三つの重要なステージに分けて説明する。

1. **最初の洞察**　SSTの概念が体系化される前に，この現象はすでに注目されていた。
2. **起源**　モーシィ・タルモンがまず着目し，マイケル・F・ホイト，ロバート・ローゼンバウムと結成したグループで共有した。そうしてそのメソッドが初めて整理された。
3. **進化**　あるいはその後の発展。とりわけアメリカ国外で発展した。

この章の第二の要点として，私たちはSSTを心理療法的アプローチとしてではなく，ひとつのメソッドとしてとらえているということが挙げられる[原注1]。その発展が，さまざまな，非常に隔たりのあるアプローチ（精神力動的，認知

行動的，システミック，戦略的など）とどのように絡み合うのかに注目するのは興味深い。

さらに，治療経過の成否は治療期間に左右されるというのが通説だが，現在ではこの傾向に異議を唱え，別の可能性を肯定する声も多い。つまり，通常はドロップアウトとみなされる1回のセラピーセッションが，誰かにとって必要なすべてであり，複数セッションのセラピーと同等か，同等に満足できる結果をもたらす可能性があるということである。この基本的な考え方を出発点とする。

最初の洞察

今日，プロセスの開始と終了の間に最も長い期間を要する心理療法の形態といえば，概して精神分析や力動的心理療法を思い浮かべるだろう。したがって，SSTの起源がジークムント・フロイトにあると言うのは逆説的に思えるが，事実なのである。

フロイトの業績に関するいくつかの記述には，カタリーナと呼ばれる患者（Freud & Breuer, [1893] 1975）と作曲家マーラー（Talmon, 1990）に起こった二つの非常に特徴的なSSTといえるエピソードがある。これらのセッションの背景を読むと，なぜ「不可抗力的な理由」で予約が1回しかなかったのか理解することができる。もし標準的なスタイルでこれらのクライエントに出会っていたら，フロイトはおそらくもっと長く治療を続けただろう。これは無視できない視点である。本書の第3章を読めば，どのようなメンタリティでセッションに臨むかが，セラピーの成功の鍵を握っていることを，読者はよりよく理解できるだろう。

話を戻すと，シングルセッションの報告は1900年代前半を通して，大西洋の対岸のものも含め，精神分析のコミュニティからみることができる。

明確なものに，うつ病の医師との1回のセッションを成功させたGrotjahn (1946) の一例がある。斬新な点は，セラピスト自身がこのセッションを貴重なものと考え，生じた（患者への指示も含め，セラピストとして積極的な役割を果たした）ことを『*Psychoanalytic therapy : Principles and application*』(Alexander

& French, 1946）の中で述べていることである。

　このような考えがいかに画期的であったかを理解するために（セラピストが初回面接においてさえも直接介入する責任を負うことは言うまでもない），イェール大学名誉教授の心理学者である Sarason（1988, p.320, 原著者訳）が，グロートヤーンへの精神分析界の反応について自伝の中で述べたことを報告しよう。

　　　彼が言うことというのは，特定の条件下では，特定の問題を抱えた特定の人々が，どういうわけか理論から逃れ，比較的早く（時には1回のセッションでも），重要で持続的な変化を経験できるということだった。この本は，分析家，専門家，理論家たちのコミュニティにとって，ローマ法王がイスラム教への改宗を表明したり，中絶に同意したりするのと同じような違和感を抱かせるものだった。この本はすぐに，このコミュニティではタブーとなった。

　同じテキストの中で，アレクサンダー（Alexander et al., 1946）は非常に重要な概念である**修正感情体験**，すなわち一つの出来事を通して起こる変化を紹介しており，その中で個人にとって，合計される（totalizing）経験について言及されている。それは治療関係に導かれ，有機体全体（身体的，認知的機能の双方，そしてとりわけ感情的機能）が変化に関与していた。

　このように，アレクサンダーは洞察のプロセスについてではなく，治療関係の内外で起こりうるひとつの出来事であり，それらの結果により患者が新しい反応や理解を経験することができるような感情的な体験について語るのである。

　Wolberg（1965）は，感情とシングルセッションとの関連について，患者が共感的なセラピストと共に体験する温かさや感情は，たとえ1回のセッションであっても，「無関心な」セラピストが何年もかけて分析したり作業したりするよりも，はるかに深い変化をもたらすと主張している。

　ヨーロッパのコンテクストに戻り，とりわけロンドンのタヴィストックに目を向けると，シングルセッションに関する最初の研究のひとつともいえる，デヴィッド・マラン（Malan, Heath, Bacal & Balfour, 1975）の貴重な貢献がある。

1960年代に，うつ病，不安症，インポテンツ，不感症などの神経症に根ざしたさまざまな問題を抱える45名を対象とした調査である。この対象者たちには奇妙な特徴があった。すなわち，45名の誰一人として，少なくとも精神力動的な基準においては治療されていなかったのだ。なぜなら，精神分析を受けるのに適していないと判断されたり，あるいは2回目の予約を欠席し再来しなかったりと，一度しか受診していなかったのである。マランの研究チームの目標は，タヴィストック受診から2〜9年の間に実施された追跡調査によって，彼らに何が起こったかを検証することだった。

今日では，初回面接とその後のフォローアップ面接の間隔が長すぎるので，前者が治療的影響を与えたと主張することはできないだろう。なぜなら，その間に介在する変数（すなわち，治療とは独立した変数であり，その後数年間で，肯定的であろうとなかろうと，調査対象者に影響を与えたものすべて）は，完全に私たちのコントロールの及ばないものだからである。しかし私たちは，フォローアップの手法（後述する）と研究グループの革新性を肯定的にとらえている。それは，当時のセラピストたちが考えていたような唯一の可能性である長期治療や超長期治療とはまったく対照的であった。

マランの主な調査結果をまとめると，次のようになる。

- 調査協力者の51％が症状的に改善したと考えられた。
- 24％は精神力動的構造が改善した。

したがって，彼の言葉は驚くにはあたらない（Malan et al., 1975, p.126）。

> 面接をする心理療法家が患者を長期にわたる心理療法，いや短期療法でさえも自動的に受けさせてしまうことが正しくないことは明白である。むしろたった1回の力動的な面接が必要なすべてである可能性があることを忘れてはならない。
>
> 最後に，力動的志向の心理療法家は，患者に自分の人生に責任を持つべきだと伝えることと治療的な援助がなくてもやっていけると安心させるという二つのことが持つ力強い潜在的治療効果を見逃してはならない。

これはまさに革命であった！　最後の一節だけでも，シングルセッションの可能性，セラピストの積極的な役割，クライエントのエンパワーメントなど，後に他のアプローチでも取り上げられることになる重要なコンセプトを紹介している。

　マランの貢献はさておき，1960〜70年代は心理療法の歴史において極めて重要で生産的な時期であり，それぞれのアプローチの体系化を目の当たりにした。そこでは，時間という要素が変化のプロセスにおいて重要な変数であることが示されていた。一つには長期にわたる高額な治療費を支払うことを快く思わないアメリカの保険会社による圧力が原因であるが，ブリーフセラピーはまず英語圏全体に，そして世界的に広まり始めた（Hoyt, 2009）。

　これらのアプローチが提案する変化の理論に加えて，技術的な側面も重要である。1950年代半ばまで，心理療法家の「武器」のほとんどは精神分析に由来していた（Moderato, 2015）——とりわけ，知的洞察を得る能力である。まず行動主義が，そして他のアプローチが出現したことで，治療手段の幅は飛躍的に広がった。1980年代にブリーフセラピーの最初の波が到来してから，何百もの介入技法が用いられてきた。

　実例を挙げると，ある患者が1回だけの面接を希望している状況を想像してみるのはどうだろうか。このような場合，精神分析的な洞察のプロセスのみを用いて患者を支援しようとするのは，非常に複雑な作業となる。しかし，伝統的なエリクソニアン催眠誘導（Erickson, 1967），戦略的ブリーフセラピーの再構成と介入（直接的，間接的，逆説的）（Watzlawick, Weakland & Fisch, 1974），解決志向ブリーフセラピー（solution focused brief therapy）（de Shazer, Dolan, Korman, Trepper, McCollum & Berg, 2006）の鍵となる質問技法などを用いれば，1回のセッションでの治療がいかに実現可能であるかが容易に理解できる[原注2]。

はじまり

　より正確に言えばSSTの歴史は，モーシィ・タルモンによって，1986年に始まったと言える（Talmon, 1990参照）[原注3]。

　1986年，タルモンはカリフォルニア州ヘイワードのカイザー・パーマネンテ

(Kaiser Permanente) 医療センターに勤めて1年ほどであった。アメリカでの勤務経験は，1970年代にサルバドール・ミニューチンの指導の下，フィラデルフィアの小児ガイダンス・クリニックで家族療法を学び実践していたとき以来の二度目であった。

タルモンはイスラエル出身で，ヨーロッパの伝統的な精神分析の臨床訓練を受けていた。しかし，二度のアメリカでの経験から，このアプローチの限界に直面するような問題や状況に対処していくことになる。すなわち，薬物中毒者，家庭内暴力，虐待の被害者など，彼の日々の挑戦は多岐にわたった。彼は，このような状況では長期的な治療が不可能であることを身をもって体験した。彼の"クライエント"は，即座の答えと安らぎを必要としていた。

このように短期で集中的なセラピーを「強いられた」にもかかわらず，タルモンがSSTにたどり着いたのは，カイザー・パーマネンテのディレクターであるノーマン・ワインスタイン博士のオフィスでの偶然の出来事があったためだった。

タルモンはワインスタインの机の上に，センターのスタッフ（精神科医，心理療法士，ソーシャルワーカー）の過去1年間の仕事について書かれた書類の山があることに気づいた。彼はそれらの分析を求められ，その結果，非常に興味深い事実が判明した。セラピーの長さとして最も多かったのは，1回のセッションであったのだ。治療スタッフのオリエンテーションはさまざまだったが，タルモンが確認したところによると，患者のほとんど（約50％）が1回の予約しか取っておらず，かなりの割合が年に一度しか通わないことを意識的に選んでいた。タルモンはその後，1983〜1988年にかけて予約されていた別の10万件を調査し，やはり同じ結果を得た。

従来の常識によれば，ほとんどのセラピストは，このような1回のセッションを，セラピーとの不一致による患者のドロップアウトか実践者側の失敗とみなしていた。確かに，1回のセッションで患者が改善する可能性があるとは，ほとんど誰も思わなかっただろう。フォローアップデータが示唆する結果が，いかに従来の常識からかけ離れているかは，後ほど（具体的には第2章で）説明する。

しかし，その前に，もう一つの点に注目しよう。

心理療法の「効果」（肯定的か否か）や，1回しか予約を取らない人々を駆り立てる動機に関係なく，データは明らかに，人々の多くがセッションに1回だけ来談していることを示している。この気づきを得て，理論を検証することよりも目の前の人を助けることを主な目的としている専門職なら，少なくともSSTがさらに研究するに値するものであることがわかるだろう。これらはすべて，初回の（そしてしばしば唯一の）面接で効果を得られる可能性に通じているが，決して問題の「すべて」が一度きりで解決できるという信念があるわけではない。

　では，タルモンに話を戻そう。この発見を受けて，彼はこの問題に関する文献を調査し，他のセンターや研究者によって行われた一連の研究を探った。次の記述は彼の最初の発見の要約である。

- ニューヨーク家庭サービス局　Kogan（1957）は，1953年の1カ月間，新規クライエントの登録を調査した。250件の新規ケースのうち，141件（56％）が1回の面接で終結した。
- Spoerl（1975）1972年，民間の精神科クリニックの患者6,708人のうち，一度のみ診察に来たのは39％であった。これは，10セッションが保険でカバーされているにもかかわらずである。
- コロラド州プエブロ　Bloom（1975）は，公的機関と民間の精神保健サービスを調査した。1969〜1971年の2年間で，1,572例の新患のうち25％がセッションに一度だけ来談した。彼は，公的機関と民間の間に大きな違いはないことを発見した。
- Beakeland & Lundwall（1975）は，さまざまな精神科施設で心理療法を受けた多数の患者を分析した。20〜57％が初診後に再診しなかった。
- Koss（1979）は，初診後のドロップアウト率は民間でも公的機関でも同じであることを発見した。

　要するに，多くの研究が，セラピストのオリエンテーションや環境（公的機関か民間か）に関係なく，心理療法セッションの回数は1回が最も多いことを示している。

最初の追跡調査

　タルモンは，前節で論じた従来の常識に反するこの追跡調査の結果を，「真実というにはできすぎている」（Talmon, 1990, p.9）と考えた。

　まず，患者が対応したセラピストに気を遣い肯定的な回答をすることを防ぐため，調査はセラピスト自身と他の研究者の双方が行った。200例中，78％が質問の内容にかかわらず良くなったか，かなり良くなったと報告し，セラピーから望んでいたものを得ることができたと述べた（セラピストと研究者の間に差はなかった）。

　改善が見られず，他のセッションが必要であったと思われる人のうち，セラピーを中断した理由をセラピストの失敗とした人はわずか10％であった。多くの人は，その時間帯に都合がつかなかったか，他により緊急の用事があったなどの理由であった[原注4]。

　同様に，Bloom（1981）は，シングルセッションを受けた10名の2カ月後のフォローアップデータを報告している。9人はかなり改善したと感じ，シングルセッションで行われたことに満足していた。10人目は別のセラピストを頼ることになった。ブルームのサンプルは非常に少ないが，シングルセッションが計画的に行われた研究であるという点で強調しておく価値がある。

　ドロップアウト（ほとんどの場合，セラピストにのみ原因があり成功しなかったと見なされた）に関する調査結果を検証することに加え，彼らは実際に個人セラピーセッションを計画し始めた。Kogan（1957）の研究は，141のシングルセッションの症例について患者とセラピストにインタビューを行った典型的なものである。患者の3分の2が後に症状が改善したと報告したが，さらに奇妙なことは，セラピストへのインタビューから浮かび上がった。セラピストは，予定外のシングルセッションであった場合，常に自分の対応を過小評価し，失敗と分類する傾向があった。一方，シングルセッションを計画的に行った場合は，より高い評価が得られていたという。

ホイト，タルモン，ローゼンバウム

　得られたデータと数々の研究に対する新たな認識にもかかわらず，タルモンはさらなるステップが必要であることを理解していた。SSTのさまざまな側面を分析する本格的な研究への一歩である。

- **手続き**　予約の電話からその後のフォローアップに至るまで，SSTをどのように実施するのが最適かを理解すること。
- **効果**　セラピーの影響。
- **知識**　シングルセッションで何がどのように起こるのか。

　これを考案するために，タルモンは他に二人の有力な心理士を受け入れた。
　一人目は，当時カイザー・パーマネンテ心理学部門を率いていた精神力動論志向のロバート・ローゼンバウムである。長年にわたり，ローゼンバウムは他の治療技法，特にシステミック／戦略的療法に根ざした技法を磨いてきた。
　その直後に登場したマイケル・F・ホイトは，短期力動的精神療法の訓練を受けていたが，家族療法，実存療法，再決断療法にも関心を持っていた。当時，彼はカイザー・パーマネンテに約10年間勤務し，成人部門の部長を務めていた。彼はすでに他の研究業績もあり，グループのプロジェクトマネージャーも担っていた。
　異なる背景を持つ3人による異なる視点が，研究システムを導入し，評価するためには不可欠であった。さらに，これはSSTの基本原則の一つである，治療アプローチではなく，さまざまなアプローチに適応できる治療メソッドであることを反映している。
　タルモンらは，共通の方法を決めず，それぞれ独自のスタイルでセッションを設定した（Hoyt, Rosenbaum & Talmon, 1992）。たとえば，ホイトとローゼンバウムが患者を個々に診る場合もあれば，タルモンが二人一組，あるいは家族全員を診る場合もあった。ホイトはどちらかというと指示的なスタイルでセッションを進め，ローゼンバウムはより間接的だった。
　外的な影響を最小限に抑えた上で，全体として60のセッションが計画され

た。セッションはセンターの従来のスタイルで行われた。サブセラピストが同席したのは10ケースのみで、多くの面接はワンウェイミラーを通して観察された。「計画的」とは、最初から1回のセッションとしてデザインされた介入であり、患者の病歴についての一般的な探索的調査ではなく、問題に焦点を当てることを優先した介入を意味する。これは、タルモン、ローゼンバウム、ホイトが提案した方法論的、技術的アプローチの一例に過ぎない。

調査対象者は、患者の社会的・個人的特徴に関しても、主訴（不安、パニック発作、家庭内暴力、結婚生活の危機など）に関してもさまざまであったが、極度の危機的状況（自殺の危険があると考えられるなど）にある患者からの依頼は、プログラムには含まれなかった。

フォローアップでは、参加した60人のうち58人にコンタクトを取ることができ、そのうち34人（58％）がシングルセッションに満足したと答えた。そのため、6カ月後と12カ月後の追跡調査以外、センターとのやりとりはなかった。

最後に、シングルセッションを受けた患者の改善度（1～5段階で評価：1＝かなり改善、5＝かなり悪化）については、次のように述べた[原注5]。

- 88％が「大きく改善した」または「改善した」と回答した。
- 79％が1回のセッションで十分と考え、平均改善度は1.6だった。
- 65％が、現在の問題とは関係のない、他の「二次的」効果を経験したと答えた（「波及効果」）。
- SSTに参加した人の満足度は、さらに継続的なセラピーを希望した人と比べて有意な差は見られなかった。
- 3人の患者は改善がみられなかったため、さらに治療を受けた。

セッションでそれぞれのスタイルが尊重されたのとは対照的に、フォローアップでは共通の方法でインタビューが行われた。

この調査の直後、著者らはイスラエルのキブツ小児家族クリニック（Kibbutz Child and Family Clinic）の結果と比較することにした。この施設の医療責任者はモルデカイ・カフマンという精神科医で、後方視的調査によって治療期間と

治療結果を容易に把握できるよう，すべての症例を注意深く記録していた。カイザー・センターの研究チームの目的は，米国以外の人々に対するSSTの効果を評価することであった。そのため，タルモンはカフマンに要請し，協力を得た。

　過去に治療を受けた211症例を分析したところ，64症例（30％）がシングルセッションで終結し，残りは他の形式のブリーフセラピー（6〜8回）を必要とした。追跡調査（3〜6年後）によって得られた結果は，タルモンのグループよりもわずかに良好な値を示しており，同じ尺度（1〜5）を用いた場合の平均スコアは1.4（対1.6）であった。

　アメリカのカイザー医療センターの研究グループ（Hoyt, Rosenbaum & Talmon, 1992）やイスラエルのキブツ小児家族クリニックのカフマン（Kaffman, 1990）によって得られたデータは，その後の数年間に世界的に得られた結果と一致している。すなわち，心理療法の20〜60％は，1回のセッションで解消している[原注6]。

　さらに，患者を一度しか診ることができない可能性に備えることで，1回のセッションでも，有効で効果的である方法を理解することにつながる。

進　化

　ある意味では，SSTのその後の発展は，最初の段階よりも重要だった。実際，私たちは，臨床面（公的機関・民間）においても，本格的な治療モデルの構築を含む研究面においても，SSTが実に体系的に普及しているのを目の当たりにしている。

　SSTの有効性を論じる第2章では，過去30年間の主な研究を概観する。ここでは，タルモン，ホイト，ローゼンバウムの研究以降に見られた見解や進展の一部を紹介したい。

　個別の実践が増える中（世界各地で誕生した数々の流れを考えてみてほしい），セラピストを対象とした書籍（『*Single Session Therapy*（邦題：シングル・セッション・セラピー）』（Talmon, 1990），『*When an Hour is All You Have*』（Slive & Bobele, 2011），『*Capturing the Moment*』（Hoyt & Talmon, 2014a）），SST

と認知行動療法の統合に関するウィンディ・ドライデン教授の書籍（Dryden, 2016, 2017）がある。また，医療施設では，例えばオーストラリアにおいて，ビクトリア州保健省が約20の医療施設にSSTを実施するためのトレーニングをブーヴェリー・センターに委託した（Weir, Wills, Young & Perlesz, 2008を参照されたい）。科学的普及に関しては，タルモンが1993年に最初の一般向け書籍『Single Session Solutions』を出版した。また，SSTの成功の一部がウォークイン・センター（予約なしで直接アクセスできる医療施設）に適切に取り込まれてきたことは記憶に新しい。

　1回限りの予約という選択肢や，セラピーの効率を最大化するという側面から，民間のセラピストの集客に貢献する可能性があるが，SSTは待機者数を削減し，即座にサービスを受けたいという需要に応え，増え続ける利用者のニーズにより適切なサービス（長期的な治療ではなく，1回のセッション[原注7]）を導入したいという医療機関のニーズにも完璧に応えている。この考えは，ジェイ・ヘイリーの言葉（Hoyt & Talmon, 2014b）に共感を覚える。「我々はこれまで長期間のセラピーがすべての心理療法を測定する出発点だと考えていました。現在では，1回のセッションが，セラピーの継続期間や結果の種類を評価する基準になりつつあるようです」。

　1960年代後半に北米（ミネアポリス）で出現し始め，その後カナダ，イギリス，オーストラリア，イスラエル，ジャマイカ，ジンバブエなどに広がったウォークイン・カウンセリング・センター（またはウォークイン・メンタルヘルス・クリニック）では，心理的問題を抱えたクライエントが予約なしで通うことができる（Slive & Bobele, 2011）。また，ウォークイン・センターは研究や訓練においても重要な役割を果たしている。その代表的な例が，シルバーマンとビーチの研究（Silverman & Beech, 1984）である。ウォークイン・クリニックを訪れた後のクライエントの満足度は，1回のセッションに参加した場合でも，複数回のセッションに参加した場合でも同じであった。さらに，参加者の80％が，問題が解消したと報告している。

　Kogan（1957）の研究と同様，セラピストの有効性に対する認識は，興味深いが重大な点である。すなわち，セラピストはセラピーの有効性をその期間に帰着させたが，クライエントはそうではなかったのである。シングルセッショ

ンを提供しようとする専門家のマインドセットと切り離すことができないこの問題については，後ほど検討する。

　SSTの歴史的発展というテーマに沿って，読者にいくつかの可能性を示し，示唆することを目的として，（当然ながら網羅的であるとは主張しないが）SSTの成功例のいくつかを簡単に概観してみよう。SSTは主に，専門機関（精神保健センターなど）や特定の形態（例えば緊急支援など）において示されることが多いが，こうしたものの方が文献で見つけやすいというだけで，元来は個人療法の実践としてセラピストが学ぶものであることに留意されたい。たとえば，ジェフ・ヤングは，ブーヴェリー・センターでは毎年250人以上のセラピストにSSTを指導しており，2020年には1,000人以上になると述べた。マイケル・F・ホイトは，北米または南米で毎年1回以上のクラスを定期的に開催しており，その他の国際的なイベントでもしばしばゲストスピーカーとして講演を行っている。また，イタリアン・センターは最初の4年間で，500人以上のイタリア人心理士を養成した。

　以下では，SSTのいくつかのバリエーションについて説明するが，完全なものではない。

　膨大な数の著者や施設がSSTを採用しており，そのすべてを1冊のテキストで網羅することは不可能である。この手法が応用できるといういくつかの例を紹介することが目的である。より詳細に関心のある読者は，Hoyt et al.（2021；2018；2014）やSlive & Bobele（2011）を参照してほしい。

イーストサイド・ファミリー・センター（The Eastside Family Centre）

　カナダにあるカルガリーのイーストサイド・ファミリー・センター（EFC）は，即座にアクセスしやすく，手頃な料金で利用できる精神保健サービスを求める地域社会のニーズの高まりに応えて1990年に設立された。

　毎年，この施設では約2,200のウォークイン・セッションについて，実施時点と後日の双方で評価ツールを用いて評価している。当然のことながら，これは多くのデータを集める機会であり，結果的にその研究に一定の信頼性を与えることになる。

EFC のおかげで，ウォークイン・セッションや個人セラピーセッションに参加するクライエントの満足度（そしてその他の要因も）を正確に把握することができている。

　使用されるツールの中では，セッション評価尺度（Duncan, Miller, Sparks, Claud, Reyenolds, Brown & Johnson, 2003）が，クライエントとセラピストの面接の成功（あるいは失敗）を判定し，彼らの関係を評価するために好まれている。

　このテーマに関する多くの出版物(Miller, 2008 ; Lawson, McElheran & Alive, 2006 ; Miller & Slive, 2004）に立ち返ると，セラピーモデルとサービスに対する満足度が高いことがわかる。実際，1年間に受け入れたケースの内，平均して50％は1回のセッションで解決し，クライエントはそれ以上を求めなかった。

　EFC では，大量のデータを取り入れるだけでなく，システミックセラピー，解決志向ブリーフセラピー，ナラティブセラピー，社会構成主義の理論的発展に根ざした，明確に定義されたモデル（Slive, McElheran & Lawson, 2008）を持っており，これらはブリーフセラピーや SST の分野の研究と統合されている。

ブーヴェリー・センター(The Bouverie Centre)

　オーストラリアのメルボルンにあるブーヴェリー・センターでは，1994年以来，SST の実践が慣例化している。センターでは，SST の実施に関する議論が，このテーマに関する既存の研究やエビデンスを充実させるために必要不可欠となっている。

　過去数十年間，何千人ものセラピストがブーヴェリー・センターのコースでトレーニングを受けており，イタリアン・センターのメソッドはオーストラリアの同センターのメソッドに強く影響を受けている[原注8]。

　当初，センターのセラピストだけでなく，さまざまな SST トレーニングセッションの参加者は，主にこの新しい実践を支持する研究に興味を持ち，惹きつけられた（Young, Weir & Rycroft, 2012）。その後，彼らの関心は，1回の計画された治療セッションで最大限の効果を得るためには，どのように実施したら

よいかということに移っていった。

　こうした関心は，センターで実践的なSSTの研究を行うための支援資金の増額と相まって，関係者やとりわけクライエントに大きな影響を与え，ブーヴェリーの特色を際立たせるものとなった。

　メルボルンで行われた調査（特にブーヴェリー・センター所長のジェフ・ヤングと彼のチームの功績）は，オーストラリアのメンタルヘルスシステム全体に影響を及ぼした（Young et al., 2012 ; Young & Rycroft, 1997）。彼が述べているように（Young et al., 2012），ブーヴェリー・センターは長年にわたり，地域の医療コンサルタントサービスと連携して州のプロジェクトを管理し，治療実践におけるSSTの普及と実践を行ってきた。これにより，個人，カップル，家族に対する多くの初回コンサルテーションにおいて，個々のセラピストのアプローチを尊重しながら，SSTを適用することが可能となり，プロジェクトの発展とクライエントとの関係の双方を促進する風土が生まれた。

　SSTは，心理士や心理療法士だけでなく，医師，ソーシャルワーカー，看護師，その他の援助関係に携わる人々にも定期的に研修されていることに留意すべきである。なぜなら，適切な使い分けをすることによって，このメソッドは，支援者が日々遭遇する問題に対処し，解決するための積極的な問題解決プロセスやリソースを利用可能にするからである。

コミュニティ・カウンセリング・センター（The Community Counseling Center）

　テキサス州サンアントニオにあるコミュニティ・カウンセリング・センターでは，非常に構造化されたモデルに基づいてセラピーを実施しているが，そこではセラピストとクライエントがシングルセッションの観点から協議し問題を定義している（Slive & Bobele, 2011）。

　まず，サービスの利用者は，簡単なアンケートに個人情報（名前，年齢，経歴／出身など）を記入する。その後，初回の面接が行われ（通常はセラピスト研修生が担当する），そこで取り組んでいく方針やサービスの料金などが伝えられる。

　この段階で，クライエントは実際の治療への第一歩を踏み出す。これは，明

確に焦点を絞り問題を定義できるようデザインされた，短いアンケートが一役買っている。こうして，前向きな SST の前提条件が整う。

リーチアウト・センター・フォー・キッズ (Reach Out Centre for Kids)[原注9]

　SST とウォークインのコンセプトが融合したもうひとつの国際的な例は，1974 年からオンタリオ州に存在する特定のサービス，リーチアウト・センター・フォー・キッズ（ROCK）で提供されている。このセンターの特徴と体験は興味深いもので，具体的には，子ども，青年，家族の評価と治療に学際的なアプローチをとっている。

　このサービスの興味深い点は，8 年以上前からオンタリオ州内のさまざまな場所（オークビル，バーリントン，ミルトン，ジョージタウン，アクトン）に五つのクリニックを開設し，週に 1 日をウォークイン・クリニックに割り当てて，SST サービスをすぐに受けられるようにしていることである。同時に，ウォークイン・クリニックは，児童，青年，家族向けの他の心理的サービスへアクセスする拠点としても機能している。例えば，6 歳までの乳幼児と子ども向けサービス，住宅サービス，紹介手続き（児童や青年とその家族は，両親，医師，小児科医，心理士，その他地域の機関から紹介される）などがあげられる。

　同センターのサービスへアクセスする方法をこのように根本的に変えるというアイデアは，できてしまった長い待機者リストを減らす必要性から生まれたものであるが，その結果，さまざまなニーズを持つ集団に，たとえ短期間であっても治療を受けるチャンスを与えることになった。以前は，電話による聞き取りを行った後，コーディネーターが現在の問題を定義し，必要性の高い順に待機者リストに載せるという従来のアクセス方法を採用していたが，この方法では 2 年待ちになりかねない。しかし現在では，ウォークイン・クリニックの導入により（待機者リスト制は維持されたまま），時間は大幅に短縮され，希望するサービスを受けるのに何年も待つことはなくなり，4 〜 6 カ月で済むようになった。

　ROCK の革新的でホリスティックなアプローチは，共通の治療哲学を持つ学際的なスタッフ（教師，作業療法士，ソーシャルワーカー，そしてもちろん心理

士や心理療法士）の存在を必要とする。ナラティブセラピー，解決志向ブリーフセラピー，認知行動療法など，トレーニングの背景は異なるが，ウォークイン・クリニックで働くセラピストは，多くの核となる考え方を共有している。

さらに，センターのスタッフは，人々の好みや価値観に気を配り，その人たちの優先順位を尊重するよう努めている。主な目的は，たった一度の対話を最大限に活用することで，彼らの普段の考え方や問題解決方法に疑問を持ってもらえるようにすることである（White, 2007）。

2008〜2009年にかけて，ROCK のウォークインサービスの有効性を評価するための調査が行われ（Bhanot & Young, 2009），セッションでどの程度望ましい目標を達成できたかを明らかにした。調査は，2008年10月〜2009年4月までの間に受診した409人のクライエントを対象とし，治療過程の四つの特定の段階（セッション前，セラピストに会う前のプレテスト，セッション終了後のポストテスト，治療から2カ月後のフォローアップ）において，クライエント（親と子ども）にアンケート形式で一連の一般的な質問に答えてもらうというものであった。

その結果，ウォークインセッションは多くの望ましい結果をもたらすことが示唆された。具体的には1）心配が減った，2）親としてより有能感を得た，3）問題を解決／管理する能力により自信を得た，4）利用可能なリソースにより気づけるようになった，5）メンタルヘルスの問題を解決／管理する方法についてより多くのアイデアを得た，と感じていた利用者が多数であった。

「何を学んだと思いますか」という自由記述の質問に対する回答を分析したところ，以下の八つの異なる結果が現れた。1）自己認識の深まり，2）問題の影響についての気づき，3）リソースについての気づきの深まり，4）問題の本質に関する一般的な知識の深まり，5）問題に取り組むための一般的な戦略についての学び，6）メンタルヘルスの問題に対処するための具体的なテクニックに関する知識の獲得，7）コミュニケーション能力の向上，8）子どもが援助を求めていることがわかったという親の気づき（Young, 2011a, 2011b）。

緊急時という文脈

　セラピストが割ける時間は，1時間，あるいはそれ以下であるという状況がある。このような状況では，セラピストの理論的・認識論的志向は二の次となる。それよりも，1回のセッションがどれほど役に立てるかということが考えられるだろう。

　イタリアの例を挙げると，2016年にイタリアは大地震に見舞われた。被災したコミュニティは，心理士や心理療法士のチームによって支援されたが，彼らは必ずしもさらなるセラピーを提供したり，長期間セラピーをすることはできなかった。

　別の例では，2017年以降，ミラノのいくつかの病院では，交通事故に巻き込まれた場合にカウンセリングを受けることができるようになった（ANSA, 2017）。

　そしてさらに別の例では，数年にわたり，イタリアの海岸線は，想像を絶する苦しみを経験した移民たちの到着を目撃してきている。このような人々に対する迅速な支援（地域の小さな社会組織によって提供されることもある）は極めて重要である。

　これらは，冒頭で述べたことを裏づけるほんの一例に過ぎない。一度の面接しかできないことが多いのである。以下にいくつかの事例を紹介する。

コロンビア内戦におけるSST

　2009年，ウレゴらは，コロンビア内戦の影響を受けた人々に対するシングルセッションの心理療法的介入効果の評価という論文を発表した（Urrego, Abaakouk & Román, 2012）。このあと説明することになるが，SSTの手法を用いた心理療法的介入が，その状況においてぴったり合っていた。

　21世紀の最初の10年間，コロンビアの内戦は，特に教育水準の低い農村部の人々に影響を与えた。国境なき医師団（前述の研究はここから生まれた）による介入は，移動診療所のおかげで可能になったが，農村部（主にナリーニョ，プトゥマヨ，カケタ）の交通の便の悪さと紛争のため，患者が専門医に相談する2回目の機会はそうそうなかった。同様に，移動診療所も，同じ村や関心の

ある地域を再度訪れることができない場合が多かった。

このような理由から，SSTの方法論と技術的アプローチは，不安，うつ病，その他の重要な問題（自殺リスクは15.5％に達していた）に関連する障害に苦しむ人々のニーズと要求を満たすことに成功したのである。

上記のような困難さがあることから，一般的な治療法においても，特にSSTを評価する上でも重要なことであるが，セラピストは十分な追跡調査データを得ることができなかった。したがって，ここでは即時的な評価のデータのみを検討する。

これらの結果では，シングルセッションによる処置は，患者の評価では94.4％，セラピストの観点からは92.8％の症例で役に立ったと考えられた。

さらに，最初のセッションから6週間後，自発的に再診の必要性を感じた患者はわずか2.8％であった。事業運営の問題（一部の患者の利用を妨げたことは間違いない）を考慮するが，医療サービスへのアクセスは（これらの地域で）60％低下しており，移動診療所などで行われたシングルセッションでのセラピーの有効性が再確認されたと断言できるだろう。

このような困難な状況下にもかかわらず，コロンビアで実施された調査は，SSTのテクニックを導入することで，精神保健サービスがより多くのサービスとより大きなウェルビーイングを地域社会に保証することができるという，勇気づけられるデータを提供した。

ハリケーン・カトリーナ

2005年にハリケーン・カトリーナがアメリカを襲った直後，アメリカ赤十字社は自然災害によるトラウマを専門とする多数のセラピストを南部の州，特にルイジアナ州に派遣した。ジョン・K・ミラーは，災害地での経験と，非常に危機的な状況におけるSSTの有効性について述べている（Slive & Bobele, 2011）。

食料，電気，水などの不足による困難に加えて，アメリカ赤十字社の職員は被災者を診察する施設を持っていなかった。ほとんどの相談は仮設テントで行われ，時には屋外で行われたため，必要性の有無にかかわらず，再診の機会はほとんどなかった。

このような状況において，ミラーは，SSTとウォークイン・クリニックの両

方のトレーニングと経験が，多くの男性，女性，子どもたちに変化をもたらしたと報告している。

SSTと移民危機[原注10]

ここ数年，イタリアでは移民の流入が絶えず増加しており，移民の極めてトラウマ的な体験に対処するために専門家の介入が必要となっている。身体的・心理的拷問，人身売買，強制収容，深刻な人権侵害は，このような人々に見られる問題のほんの一部に過ぎない。移民領域で活動する心理士やセラピストは，移民の到着初期段階（下船から最初に個人的なケアを受ける収容センターまで）と緊急時以降の段階（二次的な受け入れ施設への移送を含む）の双方において，治療することが求められている。

このような状況において，SSTを用いた治療は，複雑な事態の重要な問題に対して理想的に適合する。容易に理解できるように，移民が到着してから数時間以内に移送手続きが行われることを考えると，下船直後や最初の受け入れトランジットハブで治療面接を受ける利用者が，同じ専門家との2回目の心理相談を受けることはできない。それに加えて，心理面接は事業の性質上，正式な場は用意されておらず，急きょ設営されたテント内や岸壁で行われることがほとんどである。セラピストがほとんどのケースで遭遇する言語的・文化的な困難は言うまでもなく，異文化間のメディエーターが共同で介入する必要がある。

筆者の経験では，SSTは価値ある手法であると証明できる。個人のリソースに焦点を当てることができるということは，治療をその人ごとに完全に合わせることができるということであり，文化的障壁による問題を克服しうることになる。フィードバックと絶え間ないモニタリングを用いることで，セラピーが脇道に逸れることを防ぎ，作業同盟（治療同盟）の迅速な構築を促進する――状況によっては，しばしば危機に陥ることにもなる問題である。最後に，その人の個性を尊重し，それに適応するような介入課題を割り当てることで，セラピストは，その面接の後も治療効果が持続し，その性質上，受け入れられやすい道具を提供することができる。

SSTを移民領域で適用する際の最大の課題は，フォローアップに関するものである。治療がどの程度効果的であったかを知ることは，たとえその場であっ

ても難しい。ICSSTのチームは現在，シングルセッションの結果に関する情報を収集するために，面接の前後で利用者に実施するように設計された，**シングルセッションの視覚的評価**（Visual Assessment of the Single Session：VASS）（付録B参照）の実施に取り組んでいる。具体的には，イタリアに到着した移民の間で最も一般的な言語に翻訳された，簡単かつ迅速に実施できる非言語ツールである。深い苦しみから穏やかな幸福感まで，五つの表情が示されているため，セラピーの前後で自分がどのように感じているかを簡単に示すことができ，セラピストにその有用性を最初に印象づけることができる。このツールの範囲と導入の可能性をよりよく評価するためには，さらなる研究が必要である。

結　論

この章を締めくくるにあたって，次のようにまとめることができる。

- SSTは私たちが思うよりずっと前から行われていた。心理療法の歴史において，一連の観察と研究から，SSTはフロイト以降，この分野の専門家たちに関心を寄せられてきた。
- タルモンはホイトとローゼンバウムとともに，SSTを定義し構造化する最初の試みを開始した。
- タルモン，ホイト，ローゼンバウムが最初に提唱したことと同様に，国際的な調査によれば，心理療法全体の20〜60％が1回のセッションで解決している。
- 多くのセラピストが認識しているのとは対照的に，クライエントの問題を解決するためには，1回の面接で十分であり，効果的であることが非常に多い。
- SSTは適切に準備されれば，その効果が向上する。
- SSTは，主にそれをさまざまな方法に統合することができることにより，1990年代以降，発展し，成果を挙げ，そして普及してきた。

▶原注

1―――私たちは，SSTが**テクニック**（techinique）なのか，**メソッド**（method）なのか，**方法論**（methodology）であるのかについて自問した。この三つの用語は微妙なニュアンスがあり，重複しているため，非常に複雑である。

　Caputo（2009/2010）によれば，**テクニック**とは「道具」であり，「具体的で利用可能な対象」であり，「特定の手順，規則，原則」（すなわちメソッド）を用いて現実に直接介入するものである（p.2, 原著者訳）。マッラーディ（Gasperoni & Marradi, 1996）は，これらは「さまざまな手段を講じることを可能にする操作ツール」（par.1, 原著者訳）であり，テクニックは「現実に介入し，そのある側面を修正するために，科学によって得られた知識を使用する」（par.2）ものであると明言している。心理療法においてたとえるなら，解釈と再構成の二つである（言うまでもなく，知覚できること（tangibility）は物質的（material）な性質を指すものではない）。マッラーディによれば（Gasperoni & Marradi, 1996），**メソッド**とは「道」あるいは「道筋」であり，ある結果を得るために従うべき一連の手順，あるいは完全な手続きのことである。しかし，それは「単純な一次元の一連の手順よりもはるかに複雑なもの」（par.1）であるため，テクニックよりももっと「一般的で高次の」レベルのものである。この場合，私たちは「プロトコル」と呼ぶかもしれない。心理療法では，メソッドとは，セラピストが特定の成果を達成するために選択する，さまざまな特異性を持つテクニックによって定義される（または定義されない）一連の介入のことである。

　最後に，**方法論**（methodology）とは，（接尾辞が示すように）メソッドとテクニックについての研究，あるいは考察である。マッラーディによれば，「それは規範的でなければならない」のであり，「具体的な行動の正しさを保証するルール体系を確立し，それを正当化しなければならない」（同上）。しかし，Caputo（2009/2010, p.3, 原著者訳）にとっては，方法論は「現実を知る／説明するためにどのようなメソッドやテクニックを用いるかを問う」ものではあるが，方法論者は「技術者でもなく，社会調査士が効果的に調査を行うためにどのように進めなければならないかを教える者ではない」のである。要するに，方法論とは何よりも，あるメソッドやテクニックを説明し構造化する調査，考察，推論を示すものだと思われる。

　このことは，SSTが第一にメソッドであり，第二に方法論であることを指し示していると，私たちは考えている。実際には，個々のセッションの効果を最大化するための一連の手順である（カリフォルニアン・メソッド

やイタリアン・メソッドなど，形式によって異なる）。また，これらの手順の構造を説明し，その開発につながった観察，思考，推論を示す一連の考察でもある。しかしながら，それはテクニックではない。どちらかと言えば，それはいくつかのテクニックから構成されており，あるものは基準となるメソッドに特有であり，その他のものは別のメソッドに統合されている［フラビオ・カニストラによる注釈］。

2――――本書を通してわかるように，SSTの主な強みは，患者のリソースを特定し利用すること，および機能不全行動をブロック／修正することにある。つまり，テクニックは主にこの目的に役立つのである。

3――――YouTubeチャンネルで公開されている彼のインタビュービデオもご覧いただきたい（goo.gl/NYQe6L）。

4――――ウェストマコットとハンスリーの研究（Westmacott & Hunsley, 2010, 第2章参照）は，SSTの研究とは完全に異なる独自のものであるが，同様の結果を得ている。約1,000人の患者の調査対象のうち，セラピストへの不満が原因でセラピーをやめたと申告したのはわずか14％であった。

5――――詳細はHoyt, Rosenbaum & Talmon（1992）およびTalmon（1990）を参照。

6――――第2章で見るように，この数字は，シングルセッションの可能性を説明すると40～60％になる。

7――――第8章で見るように，多くの人々がセラピストやメンタルヘルスサービスに頼ろうとしないのは，時間と費用が過度にかかることを恐れているためであるということを考えてみてほしい。シングルセッションへの期待がこの垣根を取り払うが，だからといって，シングルセッションを受けに来た人すべてが，その1回でやめてしまうというわけではない。SSTが最初の一歩を踏み出すための幸せな提案となった多くの人々は，心理カウンセリングや心理療法を実際に体験すると，必要だと感じたときに自発的に数回のセッションを続けたいと思うようになる。

8――――第4章では，カリフォルニア・メソッド，オーストラリア・メソッド，カナダ／テキサス・メソッドの三つの重要なメソッドについてまとめた。イタリアン・メソッドは，主にこの三つから生まれた（最初の二つで受けた特別なトレーニングの功績でもある）。SSTに関する綿密な研究に基づいて，私たちはイタリアの文脈に合わせて再構築することにたどり着いた。

9――――このパラグラフはアンジェリカ・ジャンネッティによる編集。

10――――このパラグラフはシモネッタ・ボナディスによる編集。

第2章
SSTのデータと有効性

フラビオ・カニストラ／ジャダ・ピエトラビッサ

　タルモン，ホイト，ローゼンバウムが科学界にシングルセッション・セラピー（SST）の価値を示してから（Talmon, 1990），その有効性を検証し，その有用性とダイナミクスを理解するために多くの研究が行われてきた（例えば，Hoyt & Talmon のレビュー，2014a を参照）。

　第1章で述べたように，他の研究では，カリフォルニアのグループより前に，シングルセッションの可能性が強調されていた。タルモンらの功績は二つあるだろう。一つは，シングルセッションの可能性をより深く調査するという明確な目的のもと，初めて体系的な研究を行ったことである。もう一つは，それまでこのテーマについてほとんど，あるいはまったく知らなかったコミュニティと，研究とその結果を共有するという責務を引き受けたことである。実際，タルモンの著書（Talmon, 1990）（『*Single Session Therapy*（邦題：シングル・セッション・セラピー）』，一部の章はホイトとローゼンバウムとの共編著）は，SSTにもっぱら焦点を当てた最初の本であり，マイケル・F・ホイトはそれ以来，単独で，あるいは同僚と共同で，SST関連の書籍に多くの論文や章を執筆しており，この10年間で，それまでの20年間よりも多くの書籍や研究が出版されている。

　しかし，初期の調査研究から何が変わっているのだろうか？
　SSTの研究は続いており，近年その黎明期を脱した（Campbell, 2012）。最初のランダム化臨床試験（RCT）の結果を受け，今後数年間，研究はますます厳密で方法論的なものになると予想される。

私たちはそれが黎明期から脱したと述べたが，調査は継続されており，現在も絶えず増加し，発展している。そして，有効性という点ではこれまでのところ，文献レビューにおいて，SSTが間違いなく**有効**であることは異論の余地がない。その優れた成果とデータ検証プロセスをさらに強化できるという理由から，民間や公的サービスの双方においてSSTの導入を促進することが賢明であろう（Paul & van Ommeren, 2013 ; Hymmen, Stalker, & Cait, 2013 ; Campbell, 2012 ; Cameron, 2007 ; Hurn, 2005 ; Bloom, 2001）。

　これらの研究から象徴されるのは，これまでのところSSTが効果的な治療法であると証明されているということである。その効果は，より正確に証明される必要がある。いくつかの研究はすでにこの方向に進んでおり，RCTとなるための厳格な基準を満たしている（例えばPerkins, 2006を参照）。また，今日のパンデミックはこのような研究をさらに後押ししているようだ（Schleider et al., 2021）。今後数年間で，間違いなく，正確な研究結果とデータに頼れる機会が増すだろう。

　いずれにしても，読者に現状を示すことは極めて重要だと思われた。この章では，調査から得られた最も重要なデータを分析する。しかし，それだけには留めない。私たちの目標はSSTの価値を実証することであり，そのためにも，このアプローチが真に扱える範囲を理解するために役立つ，SSTとは関連性のない研究データについても検証する。

心理療法で最も多いセッション数は「1回」である

　SSTについてまず得られた情報は，心理療法のセッションで最も多い回数が1回だということである[原注1]。基本的に（合意のもとであったりそうでなかったりするが），一連の治療が終結した際に，セッションの総数を点数化した場合，最も頻繁に出現する数（最頻値）は1になる（詳細は図2.1を参照）。

　前章で述べたように，1986年にタルモンがサンフランシスコのカイザー・パーマネンテで行われた10万件以上のセラピーの記録を分析したところ，かなりの人が1回しかセッションに参加していないことが明らかとなった。

　では，どうすればその一度の出会いを最大限に生かすことができるのか？

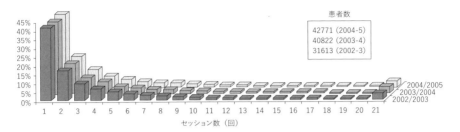

図 2.1──Weirら（2008）によるこの分析は，オーストラリアで3年間に11万5,000人以上の患者を対象に行われたものであるが，1回のセッションで終わるセラピーが他のタイプに比べて有意に多かった。

　SSTの目的が，個々のセッションの効果を最大化することであることを念頭に置けば，この議論はさらに興味深いものとなる。なぜなら，複数回のセラピーを行う場合を含め，大抵はより効果的になるからである。特に，そうした事態は頻繁に生じることでもあるが，セラピーを終結させたくてもできない場合にも有効である[原注2]。

　実際，研究にもよるが，心理療法を早期にやめることを選択する患者の割合（ドロップアウト率[原注3]）は，19～58％の間で変動している（Swift & Greenberg, 2012；Simon, Imel, Ludman & Steinfeld, 2012；Barrett et al, 2008；Weir, Wills, Young & Perlesz, 2008；Scamardo, Bobele & Biever, 2004；Bloom, 2001, 1975；Kaffman, 1995；Pekarik, 1992a, 1992b；Talmon, 1990；Koss, 1979；Baekeland & Lundwall, 1975；Spoerl, 1975；Brandt, 1965；Kogan, 1957a, 1957b, 1957c）。そして，10～81％と幅がある（Egloff, 2012）。心理療法のドロップアウト率に関する二つの異なるメタ分析は，それぞれ146の研究と125の研究で実施され，平均35％（Egloff, 2012）～47％（Wierzbicki & Pekarik, 1993）と推定されている。2013年，世界保健機関（WHO）は24カ国（コロンビア，メキシコ，米国，ベルギー，フランス，ドイツ，イタリア，オランダ，スペイン，ウクライナ，レバノン，ナイジェリア，日本，中国の一部地域を含む）におけるメンタルヘルスサービスのドロップアウトに関する調査を実施し，心理的問題の治療を受けている人の31.7％が早期に治療をやめていることを明らかにした。この

数字は，ヨーロッパ諸国だけを考慮すると 37.6％にまで上昇する（Wells et al., 2013）。

　最新の研究では，1990 〜 2010 年の間に行われた 669 の研究のメタ分析（Swift & Greenberg, 2012）が注目に値する。この研究の著者の推定によれば，過去 20 年間における心理療法のドロップアウト率は 19.7％で，パーソナリティ障害では 25.6％，自由来談の心理療法（open-ended psychotherapy）では 29％がピークであった。彼らが得た数字が著しく低いのは，以下のようないくつかの要因によるものだと考えられる。

- 検討された研究数の多さ（Wierzbicki & Pekarik（1993）の 125 件に対して 669 件）。
- 有効性に関する研究より効力に関する研究が多くを占めていたこと[原注4]。
- 多くの研究がマニュアル化され，時間制限のあるアプローチで行われている。
- メタアナリシスに含まれる研究方法論の多様性によるもの。

要するに，この研究を総括すると，およそ次のようになる。5 人に 1 〜 2 人が早期に治療を終える。そして，ここで最初の興味深い事実に遭遇する。大抵は，1 〜 2 回のセッションを受けただけで，その後は二度と来なくなる。

　例えば，オーストラリアの患者 11 万 5,000 人のサンプルのうち，Weir ら（2008）によると，42％は 1 回だけセッションに来談している。2 回だけ参加した人を加えると，その割合は 64％であった。

　これは特異なケースなのだろうか？

　Barrett ら（2008）によると，研究にもよるが，中断の 20 〜 57％は最初のセッションで発生しており，2 回目のセッションを含めると，この数字は 60 〜 70％に上昇する（Wells et al., 2013；Olfson, Mojtabai, Sampson, Hwang & Kessler, 2009）。

　ICSST では，ラツィオ州において同様の研究を実施した。三つの異なる状況（精神保健センター，非営利のファミリー・センター，個人経営の心理相談所）について，来談した 499 人の患者のセッション数を分析した。3 カ所ともに，

セッションの回数は1回が最も多く，サンプルの最大25％（4人に1人）に及んだ。この数字は，2回しかセッションを受けなかった人を含めると35％に達する（Cannistrà et al., 2020）。

　基本的に，大多数の人が2～3回のセッションでセラピーをやめてしまうことが多いが，たった1回でそうなる場合もしばしばみられる。このことは，初回セッション，そしてすべての面接において，人々が日常生活に役立つものを得られるようなサービスを提供することについて考えるきっかけになるはずだ。おそらく私たちは，セラピーを利用したいという（言葉では）表明されていないニーズに，さまざまな方法とタイミングで応えているのだろう。

　臨床家はまた別のことも考慮すべきである。すなわち，このデータは実際にセラピーを受けに来た人のみを対象にしているということである。

　いくつかの研究によると，メンタルヘルスサービスに予約を入れた人のうち，最初の面談に出席するのは半数に過ぎない（Sparks, Daniels, & Johnson, 2003 ; Weirzbicki & Pekarik, 1993）。また，初回インテーク面接を受けた人のうち，35～50％は最初のセラピーセッションに行かない（Hansen et al., 2002 ; Garfield, 1986 ; Phillips, 1985）という。私たち独自の調査もこれを裏づけている。ファミリー・センターでは，インテーク面接のみの来談者と，初回セッションまでの来談者を合わせると，最も多いグループになる。

　この時点で，次のような疑問が生じるかもしれない。これはすべての状況で当てはまるのだろうか？　そうではない国や文脈，治療アプローチがあるのだろうか？

早期中断にいたる心理療法の具体的特徴

地理的な問題
　実際，上記のデータはかなり"一般的"である。
　まず，WHOの調査（Wells et al., 2013）にみるようにドロップアウト率はすべての大陸でみられ，以下のように各国で実施された一連の独立した研究で示されている。アメリカ（Olfson et al., 2009），カナダ（Slive & Bobele, 2011），メキシコ（Saucedo, Cortes, Salinas & Berlanga, 1997），日本（Ono, Furukawa,

Shimizu, Okamoto, Nakagawa, Fujisawa, Nakagawa…& Nakajima, 2011)，イスラエル（Lerner & Levinson, 2012；Kaffman, 1995），スペイン（Bados, Balanguer, G. & Saldaña, 2007），そしてもちろんイタリア（Pingani et al., 2012；Vigorelli, 2010；Morlino, Martucci, Musella, Bolzan, & de Girolamo, 1995）では，46〜90％以上のドロップアウト率が見られた（de Girolamo, Bassi, Neri, Ruggeri, Santone & Picardi, 2007）。私たちのセンターでも，同様のデータが得られている。

さらに，これはすべての治療アプローチや障害のタイプにも当てはまるが，前述のように，一部の治療法（あらかじめセッション数が決められていないもの［オープンエンド型］など）や一部の障害（摂食障害やパーソナリティ障害など）では，ドロップアウト率が平均を上回っている（Swift & Greenberg, 2012）。

公的機関と民間の違い

私たちは通常，公的サービスの方が民間サービスよりもドロップアウト率が高いと考えるかもしれないが，実際にはそれほど大きな違いはないことが研究で示唆されている（Yu, 2011；Koss, 1979；Bloom, 1975）。例えば，Wierzbicki & Pekarik（1993）のメタ分析では，民間（クリニックやセラピストの私設相談所を含む）では44％，公的機関（クリニックと地域精神保健センターの両方）では50％，大学のカウンセリング・センターでは42％，その他のサービスでは51％のドロップアウトが見られた。

冒頭で述べたように，このデータは非常に興味深い。

5人に2人が早期にセラピーをやめてしまい，そのほとんどが1回目かせいぜい2回目のセッションでやめてしまうとすれば，各セッション（多くの場合1回のみ）から最大限の効果を引き出す方法を知ることが重要である。

なぜやめてしまうのか？

これまで見てきた研究の多くには問題がある。それは，人々がなぜ治療を早期にやめてしまうのか，理由を考えることを怠っているということである。これらの研究では，患者の特性（年齢，性別，民族性，意欲の低さ，経済的資源など），セラピストの特性（年齢，性別，民族性，経験の浅さ，適切な治療関係

を築けないこと，共感性，その他の性格特性など），現在の問題（障害が深刻である，急性期であるなど），使用された治療的アプローチ，セッティングなど，さまざまなデータが提供されることが多い（詳細については，例えば Barrett et al., 2008 ; Reynolds, 2001 ; Wierzbicki et al., 1993 ; Talmon, 1990 を参照）。

しかし，ほとんどの場合，状況は異なる。

多くの場合，その理由はもっと単純である。1回のセッション，あるいはそれまでのすべてのセッションで満足のいく改善が得られ，本人が治療を続ける必要性を感じなくなったからである。

タルモンは，SST の予備調査の際に，一度しか受診していない 200 人の患者に電話をかけた。その結果，78％が「1回のセッションで望んだことが得られ，セラピーを受けるきっかけとなった問題について，良くなったか，かなり良くなった」と報告している（Talmon, 1990, p.22（邦訳, p.32））。この種のインタビューにおいてセラピストが誘導しうる期待や制約を最小限にするため，調査は外部の研究者により実施された。

治療を早期に中止するクライエントの動機を調査した研究はほとんどないが，クライエントがよくなったと感じたため治療を中止するということは，SST 以外の文脈でも検証されている。

Westmacott（2011）は，セラピーを中断したクライエントの動機を調査した一連の研究を分析し，14 〜 45.5％のクライエントが，セラピーが目標達成や回復に役立ったと考えていることを明らかにした。このテーマに関する研究では，非常によく似たデータが明らかになっている。例えば，二つの研究によると，待機者リストから外れた人の 20％（Christensen, Birk & Sedlacek, 1975）〜 51％（Archer, 1984）は，良くなったからという理由であった。Simon, Imel, Ludman & Steinfeld（2012）は，1回のセッションでセラピーを中断した人の 40％以上が，症状と現在の問題の両方においてかなりの改善を報告していることを発見した。

ウェストマコットの話に戻ろう。前述の調査に先立ち，著者は独自にカナダの大規模サンプル 973 人を対象に研究を行った（Westmacott & Hunsley, 2010）。参加者（全員が早期に治療を中止していた）には，治療を中止した理由を尋ねる質問票が渡された。少数（16.3％）が複数の回答をしたが（合計 1,175 の回答），彼らの主な動機は明確であった。「なぜ『治療』をやめたのですか」とい

う質問に対する回答のほぼ半数（43.4％）が，一連の選択肢の中から「良くなったと感じたから」という選択肢を選んだのである。

表2.1では，回答率を見ることができる。最も頻度の高い回答とそれ以外との間の差に注目されたい。

おわかりのように，セラピーをやめる人の理由のほとんどは，良くなったと感じたことである。とりわけ後者の数字は，セラピスト，セラピー，そして個人の役割について，認識論的に深く考え直すきっかけになるはずだ。

能力を奪われたクライエント

多くのセラピストはこのようなデータについて，自分が選んだ理論に沿って答える。例えば，クライエントの「抵抗」，「健康への逃避（flight into health）」，「洞察能力の低さ」を示しているということであったり，クライエントは自分がうまくいっているのか，うまくいっていないのか，本当のところはわからないということであったり，「良くなったと感じる」ことは本当の「治療的成功」，本当の「結果」，本当の「回復」ではないと主張したりするのである。私たちは，大筋の合意にはまだほど遠いと考える。しかし，読者の皆さんには，その答えがおそらく，関連する書籍や講演，解説によって伝えられる理論（と認識論）によって条件づけられているであろうことを振り返りながら，考えていただきたい。当然，これは私たちにも当てはまることである。

要するに，1回のセッションで良くなったという人の40％は，実は「抵抗がある」，あるいは本当に望んでいたものが得られなかった，あるいは何が自分にとって正しく何が間違っているのか，一般的に適切な判断ができない人である，と仮定することを選んだ事実について，私たちはよく考えるべきだということだ。クライエントの反応が理論と一致しないとき，私たちは理論ではなくクライエントの答えが間違っている，正しくない，あるいは完全でないと仮定する。しかし，その人が「治る」ことを期待し，介入によってのみ特定の問題や症状を改善すると考えるのではなく，「これ以上の面談は役に立たないとその人に思わせたのは何があったためだろうか」，「私の面接は，その人に自助のための戦略や資源，アイデアをどのように与えただろうか」と自問することにより，クライエントは自分自身と自己効力感を取り戻すことができるだろう。

表 2.1 「なぜ『治療』をやめたのですか」という質問に対する回答の割合
(n=973；総回答数＝1175)

回答	%
良くなったため	43.4% (422)
役に立たなかったと思ったため	14.1% (137)
推奨された治療が完了したため*	13.4% (130)
その専門家のアプローチに納得がいかなかったため	7.2% (70)
その問題は他の専門家に助けを借りた方が改善すると感じたため	6.6% (64)
専門家の助けを借りずに問題を解決したいと思ったため	5.1% (50)
セラピーの費用を支払う余裕がなかったため	5.0% (49)
そのサービスやプログラムがこれ以上提供されなくなったため	4.2% (41)
交通の便，託児，予約の取り方などに問題があったため	2.1% (20)
セラピストに会うのが恥ずかしすぎて会えなかった	0.4% (4)
その他	19.3% (188)

＊この回答は，メンタルヘルスサービスがあらかじめ決められたセッション数に制限されていた場合を指す。

要約

これまで，私たちは次のことを明らかにしてきた。

- 心理療法は1回が最も頻繁に行われる回数である。すなわち，1回のセッションで終わるセラピーは，それ以外の回数のセラピーよりも一般的である。
- この1回という数字は，5人に2人が心理療法を完了せず，ほとんどが最初の2セッションでやめてしまうことを考えれば，さらに重要な意味を示す。
- 多少の変動はあるにせよ，このデータは世界中で，どの診断カテゴリーでも，またどのような心理療法的アプローチでも当てはまる。
- これらは公的機関と民間の両方の文脈で同様に観察できる。
- なぜセラピーを早々にやめてしまうのかと尋ねると，ほとんどの人は「良くなったから」と答える。

イタリアン・センターのワーキンググループでは，このデータからある考えに至った。この研究はSSTの文脈で行われたものではないことから，SSTなしでも改善するということだ。

では，SSTのポイントは何なのか？

SSTの有用性と有効性

もし人々が自然に改善するのであれば，私たちはSSTの有用性を自問するかもしれない。「より良くなる」と言うのは簡単なのだ——「より良い」というのは，「量的に」という意味と「質的に」という意味の両方がある。

説明しよう。

SSTの文脈では，1回のセッションが計画されたもの（計画的なSST）と，そうでないもの（非計画的なSST）という二つの主要な研究分野がある。前者は，セラピストがSSTを選んで計画した場合にどのように機能するかを理解する上で特に役立つ。後者はSSTを行う意図はなかったにもかかわらず1回のセッションが（成功裏に）行われたセラピーに注目している。これらは，その価値を裏づけるデータを提供し，そこから学ぶべき良き実践を示している。

この2種類の研究を比較すると，一つのことがわかる。1回のセッションが計画的であれば，より良い結果が得られるということだ。つまり，セラピストがセッションを1回だけ行うつもりで，このメソッドの考え方やツールを進んで受け入れれば，そのセッションの効果はより高まるということだ。また，SSTの目標は，**すべての個々のセッションの効果を最大化する**ことであることも忘れてはならない。たとえセッションの回数が1回より多くても，その結果，セッションのたびに，個人が何か有益なものを得て，目標を達成する可能性が高まるのである。このことは，次の章でさらに明らかにする。

要約すると，SSTを採用することで，自然な改善という点でも，おそらくは単独で行われる心理療法との比較という点でも，治療の効果と効率を高めることができるだろう。後者の側面は，今後数年のうちに必ず研究される必要があるだろう。すなわち，セラピストとクライエントの臨床的印象が，セラピーの効果と効率を顕著に高めるものであるならば，SSTの実践を統合することでアプ

ローチの有効性がどのように高まるのか，興味深いところである。SSTがその有効性の多くを，クライエントのリソースに強く基づいたモデルであることを考えると（これまで見てきたように，治療において説明される分散の40％[訳注1]はリソースによるものである（Asay & Lambert, 1999））、その発現率は実に驚くべきものであると思われる。

さらに現在では，個人のニーズと社会・医療システムのニーズを満たすために，効果と効率を高めることが重要な基準となっている。これについては第8章で詳しく述べる。ここでは，SSTの実際の効果を見てみよう。

1回のセッションで改善する人の割合——文献レビュー

前述のように，タルモンは（クライエントとセラピストの共謀の可能性による歪みを減らすため，直接，あるいは別の研究者を通じて）1回しか受診していない患者200人と接触し，78％がその1回のセッションの後に改善したと考えていることを指摘した（Talmon, 1990）。

その後，ロバート・ローゼンバウムとマイケル・F・ホイトとともに，SSTに関する最初の探索的研究を行った。受診したクライエントの58％（$n = 60$）は，次のセッションを受ける必要性を感じなかった。つまり，2人に1人以上が，1回のセッションで十分だと考えていたのである。そして，追跡調査時には，その88％が有意な改善を報告し，3カ月，6カ月，12カ月後も維持された（Talmon, 1990 ; Talmon, Hoyt & Rosenbaum, 1988 ; Hoyt, Rosenbaum & Talmon, 1987）。

それ以来，SSTの研究は盛んになり，二つの方向へ進んだ。一つは，過去に1回のセッションで結果を出した人々の良い実践を特定し，さまざまな側面を研究する方向である。そしてもう一つは，1回のみのセッションのセラピーの有効性を裏づける新たな研究を行う方向である[原注5]。

現在，明らかなことはなんであろうか。

最初の系統的な文献レビューは，対照研究に焦点を当てたBloom（2001）によるものであった。全体として，彼は1回のセッションの結果と複数回のセッションで得られる結果の間に大きな違いはないことを発見した。実際には，数回のセッションで問題を解決する人は，1回で解決する人よりも「良くなる」よ

うには見えない（何度も繰り返すが，複数のセッションが必要な人もいれば，1回で済む人もいると仮定する）。これは，SSTは**複数セッションによるセラピーと同等の効果がある**ということを意味する。著者は，今後の研究では，結果を測定するためのより正確な定義，集団や提示される問題の標準化，内的妥当性のチェックの改善，治療割り付けへの無作為化の導入，治療前後の測定時期の幅の広さなどに焦点を当てるべきだと主張した（この種の研究は，パーキンスの優れた研究（2006）を含め，ここ10年ほどの間に，少しずつではあるが現れている）。一般的に，SSTは有望な研究分野であり，その成功率は70〜80%と推定されている。

その数年後，Hurn（2005）は，1981年のブルームの調査以降に実施されたSST研究を調査した。彼もまた，SSTを効果的にする「有効成分」について，より体系的な研究と解明が必要であると結論づけ，SSTがすべての問題に有効であるか，長期的な治療法よりも優れているかは疑問であるとした[原注6]。しかし，彼はSSTが非常に有望であることに同意し，精神保健システムに容易に統合できると主張し，特に最初の（そしてしばしば唯一の）面接がすでに高度に治療的であることを保証することの有用性を強調した。

2007年，キャメロンは，主にウォークインサービスにおけるSSTの使用に焦点を当てた，さらなるレビューを行った。彼は，有用なガイドラインを特定するだけでなく，通常一度しか面接ができないような状況でのSSTの使用に大きな効果があることを発見した。偶然の一致ではないが，このモデルの応用例の多くはこの分野に向けられている（Hoyt & Talmon, 2014a；Slive & Bobele, 2011）。

2012年，キャンベルはブルームが2001年に行ったレビューから4回目の文献レビューを行った。著者は，個々の症例に関する研究を報告するだけでなく，一連の対照研究または準実験研究を引用し，これまでの知見と一致する大きな効果量を，最長3年間の追跡調査によって見出している。特に，216人の子どもと青少年を対象に治療群と対照群に分けたRCT（無作為化比較試験）を行ったパーキンスの研究（2006）は注目に値する。この研究では，調査協力者の74%が，深刻な問題を含む幅広い問題の強度と頻度を大幅に削減できたことが示された[原注7]。尺度としては，Devereux Scales of Mental Disorders

(DSMD), Health of the Nation Outcome Scales for Children and Adolescents, Client Satisfaction Questionnaire-8 などが用いられた。その後の研究（Perkins & Scarlett, 2008）では，同じ著者が 18 カ月後のフォローアップで効果の持続について評価した。1～2回の追加セッションが必要であったにもかかわらず 40％が効果を持続し，60％は追加セッションを必要とせずに持続したことがわかった。

　レビューの中で特筆すべきは，Hymmen, Stalker & Cait（2013）によるもので，前述のものを含む他の一連の分析を検証し，以下のような結論を導き出している。

- 平均して，60％以上の人が1回のセッションで十分であると考えている。
- 測定したところ，シングルセッション後のクライエントの満足度は非常に高い（74～100％）。
- シングルセッションの中で成功に最も役立ったとクライエントが考えている要素は，有益な提案を受けたこと，問題について話す機会があり，サポートされていると感じたこと，他のサービスを紹介してもらったこと，すぐにアクセスできたこと，セラピストの特性である。
- 1回のセッションで，問題解決，目標達成，安心感，症状軽減，機能不全行動の改善など，患者の状態を改善するという肯定的な効果が得られる。

　より厳密な研究方法論を導入することは極めて重要であると考えるが，著者はこのモデルを採用する組織が増加していることを認識している。

　2013 年，ポールとファン・オメレンは（上記の著者らが検討した研究だけでなく，他の研究も報告している），SST 中心の研究とは無関係であるサイモンらの研究を引用した（Simon, Imel, Ludman & Steinfeld, 2012）。2,666 人の患者の3分の1以上が，最初のセッション[原注8]（$n = 906$）の後，再来院していないことを発見した著者らは，二つの特殊な現象に遭遇した。1）40％以上が，その1回のセッションの後，症状や問題が大きく改善したと報告した（約 30％がわずかに改善したと報告した）。2）作業同盟（治療同盟）の評価では，1回のセッションに参加した人の 60％が，サンプル内で最も高い得点を示した。も

し最初の数字が，1回のセッションで改善することに関する数字と一致するならば（このケースではSSTが実施されなかったことを覚えておいてほしい），2番目の数字は，多様な理論や認識論と結びついたもう一つの考え方，つまり1回のセッションで満足のいく作業同盟（治療同盟）を確立することは不可能であるという考え方に疑問を投げかけるものである。

これらの後者の数字(Westmacott, 2011；Westmacott & Hunsley, 2010が発見した数字と非常に類似している）は，SSTが計画的でない場合でも，かなりの割合の人が1回のセッションで有意な改善を経験していることを示している。したがって，セラピストが意識的にそれが最後のセッションであるかのようにそのセッションを最大限に活用するように行動すると，この割合が70～80%に上昇することが理解できる。

イタリアではどうであろうか。

2020年，私たちはイタリア，特に個人開業におけるSSTを調査するための予備調査の結果を公表した（Cannistrà et al., 2020）。その結果，85人中44人（52%）のクライアントが，良くなったと感じたか，かなり良くなったので，1回のセッションで十分だと考え，それ以上のセッションには参加しないことを選択した。2回目のセッションを希望した人（41人）のうち，8人（19.5%）が新たな問題への対処を希望した。次のセッションを望まない理由として，回答者は次のようなものを挙げている。「良くなったと感じたので，これ以上のセッションは必要ない」（49%，19人），「様子を見る時間が必要」（20%，8人），「セラピーとは関係のない現実的な問題」（10%，4人），「断ったが，今になってもっとセラピーが必要だと気づいた」（8%，3人），「セラピーやセラピストが役に立たなかった」（2%，$n = 1$人）などである。

どのような問題に有効か？

多くの研究が，さまざまなタイプの問題に対して満足のいく結果を出す上で，1回の面接の有効性を示している。最初にタルモン，ホイト，ローゼンバウムによって作成され（Hoyt, Rosenbaum & Talmon, 1990；Rosenbaum, Hoyt & Talmon, 1990），その後複数の文脈で発展したガイドラインを参照したものも

あれば（レビューについては Hoyt & Talmon, 2014a を参照），1 回のセッションで治療的成功をもたらすことに焦点を当てた他の方法論を用いた別の研究を参照したものもある。

　この最後の点についてはさらなる説明が必要であり，さらなる調査が必要である。今のところ，読者は SST が各セッションを最大限に生かすために特別に考案されたメソッドであることだけを理解しておいてほしい。しかし，一度の出会いで人々を助けることができる唯一のアプローチではない。他のいくつかの研究（極めて異なるアプローチ，ガイドライン，治療モデルに関するもの）は，1 回のセッションで多くのことができることを示している。これらは SST の結果を裏づけるものであると同時に，それらを統合するものでもある。2021 年，私たちは不安障害に対する SST 介入に関する 18 の研究のシステマティックレビューを行った。厳密な組み込み基準に基づき 18 の研究を抽出した。SST は，不安症状の軽減において全く治療しない者よりも優れており，SST と複数の治療セッションを比較しても同様の結果が観察された（Bertuzzi et al., 2021）。

　将来的には，SST モデルと組み合わせることで，1 回のセッションで特定の問題に望ましい結果をもたらすのに適した，特定のアプローチや治療法が明らかになることが期待される。本書の序文でホイトとタルモンが述べているように，万能な治療法は存在せず，特定の問題に最適な治療法を特定するのはセラピスト次第であり，その人の個性に合わせて治療法を調整することが常に必要であることを忘れてはならない。

　とはいえ，1 回のセッションが効果的であると証明された分野や問題については，広範な文献がある。Hoyt & Talmon（2014a）からヒントを得て，彼らの付録 A を拡大し，いくつかの研究を簡単に列挙する[原注9]。

- アルコール乱用（Baer, Marlatt, Kivlahan, Fromme, Larimer & Williams, 1992）
- 物質乱用（Berman, Forsberg, Durbeej, Kallman & Hermansson, 2010 ; McCambridge & Strang, 2004 ; Carroll, Libbry, Sheehan & Hyland, 2001 ; Copeland, Swift, Roffman & Stephens, 2001）
- 神経性やせ症（De Giacomo, Margari, Santoni Rugiu, 1989 ; Askevold, 1983）

- 不安（Bertuzzi et al., 2021；Denner & Reeves, 1997）
- パニック発作（Nuthall & Townend, 2007）
- キャリア・カウンセリング（Barrett, Lapsley & Agee, 2012）
- 自傷行為（Lamprecht et al. , 2007）
- うつ病（Armento, McNulty & Hopko, 2012；Gawrysiak, Nicholas & Hopko, 2009；Barkham, Shapiro, Hardy & Rees, 1999；Denner & Reeves, 1997；Sundstrom, 1993）
- 心的外傷後ストレス障害と急性ストレス障害（Jarero & Uribe, 2011；Kutz, Resnik & Dekel, 2008；Başoğlu, Salcioğlu, Livanou, 2007；Başoğlu, Salcioğlu, Livanou, Kalender & Acar, 2005）
- 慢性疼痛（Jones, Lookatch & Moore, 2013）
- 限局性恐怖症（Hauner, Mineka, Voss & Paller, 2012；Kashdan, Adams, Read & Haws, 2012；Ollendick, Oest, Reuterskiold, Costa, Cederlund, Sirbu & Davis, 2009；Kozak, Spates, McChargue, Bailey, Schenider & Liepman, 2007；Breitholtz & Ost, 1997；Ost, 1989）
- 慢性反復性悪夢（Kellner, Neidhardt, Krakow & Pathak, 1992）
- 不眠症（Gulley et al., 2013）
- 小児および青年における問題や障害（Schleider et al., 2021；Duvall, Young & Kays-Burden, 2012；Bednar et al., 2011；Jones, Kadlubek & Marks, 2006；Cooper & Archer, 1999；Littrell, Malia & Vanderwood, 1995）
- 家族問題（Perkins & Scarlett, 2008；Sommers-Flanagan, 2007；Goodman & Happell, 2006；Perkins, 2006；Curtis, Whittaker, Stevens & Lennon, 2002；Stacey, Allison, Dadds, Roeger, Wood & Martin, 2001；Campbell, 1999；Hampson, O'Hanlon, Franklin, Pentony, Fridgant & Heins, 1999；Boyhan, 1996；Coverley, Garrald & Bowman, 1995；Jordan & Quinn, 1994；Turnbull, Galinsky, Wilner & Meglin, 1994）
- 自閉症スペクトラムの子どもを持つ親の支援（Ryan & O'Connor, 2017）
- 障害や日常生活に支障をきたす症状を持つ人々への支援（Jevne, Zingle, Ryan, McDougall & Moretmore, 1995）
- 心不全患者に対する支援（Holst, Willenheimer, Mårtensson, Lindholm &

Strömberg, 2006）
- 学生のウェルビーイングと不安，抑うつ症状に対する支援と改善（Duan & Bu, 2017）
- 子どもの不安症状を軽減するための，看護師と親を対象とした研修（Muggeo, Stewart, Drake & Ginsburg, 2017）

結　論

この時点で，私たちは一連の結論を導き出すことができる。

- **SSTは効果的である**。臨床的にも，統計的にも有意な結果が一度のセッションで得られており，通常，1回ごとの面接の効果を最大限に引き出すことが可能である。また，治療をしないよりも効果的であり，複数セッションによる治療よりも効果が低いということもない。言い換えれば，「より多い」ことが必ずしも「より良い」わけではないということである。
- **クライエントそれぞれには選択の機会が与えられている**。短期間のセラピーであれ，長期のセラピーであれ，1回きりのセッションであれ，その人に必要なものを提供することが必要だと私たちは考えている。一般的に，誰かが1回でもセラピーに参加する機会を得ることは，最初の入り口として提案する最善の方法であり，心理サービスへのアクセスを増やす鍵となろう。
- **「ドアは開かれたままである」**。上記の率直な結果として，1回のセッションでは不十分であると明らかになった場合，あるいは新たな問題が生じた場合，その人はいつでも再びセッションを受けることができる。

　示されたデータと合わせると，これらの考察から重要な問題が浮かび上がってくる。すなわち，相当数の人は，セラピストが計画した通りの治療コースを完了することはないということである。そしてセラピストは，**すべての人に対してすべての問題を解決できる**という，とりわけ自分の思う通りにできるという発想を手放さなければならない。ミルトン・エリクソンは以前，セラピストは

万人を助けることができるという万能の幻想を捨てるべきだと主張した（Zeig, 1985）。今ここに，この数字が同じことを私たちに告げている。

そう考えると，次のような問いが生じる。セラピーが予想より早く（もしかしたらたった1回のセッションで）打ち切られる可能性が高いことを考えると，今，目の前にいる人を助けるにはどうすればいいのだろうか？

▶原注

1────実際，マイケル・F・ホイト（2016, 私信）は，心理療法で最も一般的な数字は「0」であることに気づかせることを好んでいる。世界中の多くの研究が，心理的または人間関係の障害や問題を抱える人々のほとんどが，専門医に相談しないこと（すなわち，表出されない援助要請）を示している。以下の調査によると60〜90％以上である（Fiori Nastro et al. 2013 ; Società Italiana di Psichiatria, 2013 ; Andrews, Issakidis, & Carter, 2001）。これらに，初診予約を申し込んだが来談しなかった（非来談）者を加えることができ，その割合は非常に変動しやすいが，大きな数値を示す（Macharia & Leonard, 1992）。

2────Barrettら（2008）は，医療施設にとってのドロップアウト問題の重要性を思い起こさせる。セッションに現れない患者は，スタッフ（他の業務に従事できた可能性がある），収益の損失，チームの士気の低下，他の患者に費やせるはずの労働時間の損失，待機患者の増加，地域社会の施設に対する認識への悪影響（結果として，施設に対する信頼が低下する）といった点で，経済的負担となることを強調している。

3────ドロップアウトデータを報告する際の最大の問題のひとつは（この問題は，後述するように，全く異なるデータにもつながる），その用語の定義そのものにある。一例として，Barrettら（2008）は，文献からいくつかの定義を挙げている。明らかな「早期脱落」に加え，以下の定義も含まれる。

A．2セッション連続で来談しなかった。
B．最後に予定されていた約束に現れなかった。
C．治療開始後9カ月以内に中止された（この場合，ブリーフセラピーの成果はほとんどすべてドロップアウトとみなされることが考えられる）。
D．アセスメントセッションの後に現れなかった。
E．セッション回数にかかわらず，セラピストの同意なしにクライエントが終了した。

4——研究において**効力**（efficacy）とは，実験的または理論的な効力を指し，通常，厳密に設計された「実験室」研究によって調査される。「統計的有効性」の同義語としても使われる。一方，**有効性**（effectiveness）とは，「フィールド」研究，すなわち，ある治療法の「自然な」適用条件下で測定された有効性のことであり，「臨床的有効性（clinical effectiveness）」とも理解される。有効性研究（effectiveness studies）は効力研究（efficacy studies）よりも脱落率が高い。

5——この問題に関する広範な参考文献については，Hoyt & Talmon（2014a）の付録Aを参照のこと。

6——前述のように，SST実践者は，SSTが万能薬であるとか，誰にでも効果があるとか，より長いセラピーよりも「優れている」と信じているわけではない。SSTの方が「悪い」わけではないという研究結果もあるが，SSTがすべての人にとって常にベストな選択だと考えるのは短絡的だろう。1970年代にマランが採用したアプローチは，はるかに控えめで，1回のセッションの有効性を考えれば，数回または複数回のセッションを継続する長期的な治療法よりも，これを第一選択とすべきだと主張するだけのようだ。最初の選択であって，唯一の選択ではないということである。

7——参加者の73％が，親子関係の問題，反抗挑戦性障害，不安障害，ADHD，適応障害，破壊的行動障害，分離不安障害など，さまざまなDSM-Ⅳの診断の基準を満たしていた（Perkins, 2006）。

8——患者は，ワシントン州とアイダホ州に約65万人の会員を持つ非営利医療システムであるGroup Health Cooperativeに所属しており，うつ病（34％），適応／対人関係の問題（19％），不安（14％），注意欠陥障害（7％）などの問題を抱えていた。

9——これらの研究の性質が多様であることを考慮し，「成功」とは，1回のセッションが，現在の問題の解決や改善，あるいは指定された目的（コンプライアンスの向上，再発予防，治療コースの開始など）の達成に効果的であることが証明された研究を意味する。このリストからは，意図的に単一事例研究を除外した。

▶訳注

1——本書では度々，ランバートらの一連の著作に触れ，心理療法の効果について論じている。しかし，ランバートらの数値の算出方法については不明瞭な

点も多く，批判を受けてきた（日本語で読める解説資料としては，Lambert (1992 [丹野・高野・服部・飯島訳, 2013])，丹野（2013）などが挙げられる）。したがって，数値そのものを絶対視するのではなく，そういった要素があるという，一つのものの見方として捉える必要がある。

Lambert M. (1992), Psychotherapy outcome research: Implications for integrative and eclectic therapists. In M. Goldfried J. Norcross (Eds), *Handbook of psychotherapy integration*, pp. 94-129. Basic Books.（ランバート M． 丹野義彦・高野慶輔・服部陽介・飯島雄大（訳）(2013) Lambert（1992）心理療法の効果の割合 抄訳．Retrieved April 15, 2024 from https://tannoy.sakura.ne.jp/lambertresume.pdf）

丹野義彦（2013）Lambert（1992）心理療法の効果の割合 批判．Retrieved April 15, 2024 from https://tannoy.sakura.ne.jp/lambertcritic.pdf

第 II 部
原理と実践編

第3章
SSTのマインドセット

フェデリコ・ピッチリーリ／ララ・エルミーニ

>船をください
>その船で何をしたいのかを聞かせてもらいたい　王様がたずねました
>知らない島を探しにいきたいのです，男がこたえました
>ばかげている，知らない島など，ひとつも残っておらんではないか
>全部地図に載っておる
>知っている島だけが地図に載っているのです
>おまえが探しに行こうとしているその知らない島とは，いったい
>どういうものなのか
>それにおこたえできるなら，もう知らない島ではないのです
>
>　　　　　　　　　　　　——J. Saramago,『見知らぬ島への扉』

　シングルセッション・セラピー（SST）を正しく実践する上で最も難しいことの一つは，私たちがマインドセットと呼ぶ，適切なメンタリティ（考え方）を取り入れることである（Cannistrà, 2021）。この言葉の選択は，無定義に行っているわけではない。メンタリティは「物事を考え，理解し，感じ，判断する特定の方法」（Treccani, 2017）だが，マインドセットは，英語では「誰かが持つ確立した一連の態度」（Oxford Dictionaries, 2017）と表される。したがって，マインドセットには態度，気質，物事の捉え方が含まれ，それが物事の進め方を決定する。

　私たちにとっても，シングルセッションの考え方を取り入れることは最も困難なことだった。それは，セラピーの中で人々を観察するさまざまな方法を含めた，セラピストに由来する一連の信念や行動を放棄することを意味した。そ

うしなければ，効果的なシングルセッションを実施する能力が先験的に損なわれてしまうからだ。もし，あなたが1回のセッションで重要な変化を起こせないと確信しているなら，間違いなくそうなるだろう。

　同じ課題が，私たちのトレーニングコースの参加者を待ち受けている。そこでは，正しいマインドセットを正確に取り入れることができるように，多くのことが行われている。逆説的だが，研修は，心理療法のトレーニングを受けた人よりも，大学院の方法論的アプローチから解放された心理士にとって最初は簡単であることが多い。しかし，ある種の認識論（例えば，ラディカル構成主義や構成主義の認識論など）やアプローチ（例えばエリクソニアン・アプローチ，ヒューマニスティック・アプローチ，システミックセラピーなど）は，典型的なSSTに適応しやすいのだが，私たちはさまざまなオリエンテーションやアプローチ（認知行動療法，戦略的アプローチ，力動的アプローチ，生体エネルギー的アプローチ，ロジャーズ派，ナラティブなど）の同僚たちをトレーニングしており，私たち自身も，（方法論やアプローチの面で）「ミックス」スタイルのトレーニングを受けているという事実は，誰もが自分の好みをあきらめることなく，自分やクライエントのためにSSTの考え方を理解し利用できることを実証している。

　この章は，正しいシングルセッションのマインドセットの実践的な側面を説明するだけでなく，セラピストがマインドセットを取り入れる手助けをするために書かれたものである。このマインドセットを適用するためには経験的な側面が鍵となるが，この章は読者がマインドセットの理解を深めることができるように構成されている。表面的な部分を解説するのではなく，SSTのマインドセットの考え方と感覚を**呼び起こす**ように記述されている。ただし，より分析的な読者には，この章と次の章の両方で，マインドセットの実用的な側面についての解説があるので，安心して読んでいただけるだろう。

マインドセットの変革

　とても小さな子どもが退屈そうにしているのを見たことがあるだろうか？　想像し難いだろう。しかし，成長するにつれて状況は変わる。丁寧に並べられた机に向かっていた高校時代を思い浮かべると，長い間，非常に長い間，退屈していた記憶が鋭く呼び起こされる。
　何が起きたのだろう？　何が変わったのだろうか？
　時が経つにつれ，知能を扱う研究や調査は見方を変えてきた。かつて知能は，知能検査によって測定できる固定的なものと考えられていた（Job, Dweck & Walton, 2010）。つまり，どれだけ勉強しても，どれだけ働いても，知能指数は変わらないのだ。私たちの運命は（少なくとも認知面では）決まってるのだった。
　この考え方は，時代とともに大きく変化していく。
　Buono, Moore, Poulfelt, Nielsen, Schultz and Yaeger（2013）は，天才の特徴の一つは，自分の職業に対する情熱と献身，特に自分の弱点を特定し，取り組み，責任をもって解決することであると論じている。つまり，大切なのは持って生まれたものよりも，人生の中で物事に対処するメンタリティなのである。
　これは，脳は柔軟で可鍛性のある構造をしており，経験や時間の経過に基づいて「変化」することができるという考え方と一致している（Feuerstein, Feuerstein, Falik & Yaakov, 2006）。つまり，脳は筋肉と同等であり，運動によって改善・発達するというのが基本的な考え方だ。私たちは，しばしば，脳は固定的で，不変的で，個人の成功や失敗を永続的に運命づける恒常的な属性と考えることがある。事実，あなたが脳を鍛えれば鍛えるほど，脳を発達させるため新たな結合を生み出し，新たな**やり方**を身につけ，強化していくことができるのである。それは，固定化され規定されたものというよりも，進行中のものであり，自らをアップグレードすることができるダイナミックな知能だ。

硬直マインドセットとしなやかマインドセット

　Dweck（2008）は，2種類のマインドセットである，硬直マインドセット（fixed mindset）としなやかマインドセット（growth mindset）は，どちらかに切り替えることが可能であると紹介している。この二つの違いは非常に大きく，また，問題解決や対処方略に関連したいくつかの日常的な行動を規定している。さらに，この二つの違いはシングルセッションのマインドセットを理解するために非常に有用である。したがって，重要な点を要約しておく価値がある。

　ドゥエックによると，以下のステップを踏むことで，知性と正しいマインドセットの発達を促すことができるそうだ。

1. **学んで，学んで，そして学ぶ**。学ぶことはマインドセットによってさまざまな道筋をたどる。硬直マインドセットを持つ人の主な目的は，自分の価値と努力の成果を他者に示すことだ。しなやかマインドセットを持てば，学習体験そのものをより高く評価することができる。
2. **努力する**。硬直マインドセットのアプローチでは，新しいことを学ぶために資源とエネルギーを使わなければならないと考えるたびに，それを現在の知識体系に導入する能力や知性が自分には欠けていると認識し，自己効力感や自尊心に影響を及ぼす。一方，しなやかマインドセットを持つ人にとって重要なのは，深い関与と努力であり，何かをする／学ぶために自分が費やした努力が大きければ大きいほど，より良い結果が得られると考える。
3. **失敗に対処する**。硬直マインドセットを持つ人にとって，ミスや欠点は他人や外的要因のせいであり，学習する理由にはならない。逆に，しなやかマインドセットは，失敗から学び，自分の欠点に対して主体的に取り組むことを促す。

　キャロル・ドゥエックは，長年にわたり，研究や実験を通じてこれらのテーマをさらに掘り下げ，マインドセットを変えることができる範囲で個人のパーソナリティを形成することが可能であると主張している。生まれつきの資質や

後天的な資質を超えて,誰もが自分の行動,パフォーマンス,人生を調整することができる,つまり,成功や失敗の可能性を決定するのは私たちのメンタリティであると彼女は断言する。

シーモア・パパート（1980）は,その著書『*Mindstorms*（邦訳：マインドストーム──子供,コンピューター,そして強力なアイディア）』の中で,多くの子どもたちが,何かをすぐに理解する,あるいは決して理解できない運命にあるというメンタルモデルのために,学習プロセスにおいていかに妨げられているかを強調している。このような態度は,実に多くの場面で失敗をもたらす。また,多くの人が**終わりなきゲーム**（Watzlawick, Beavin & Jackson, 1967）に,はまり込んだり,効果のない解決策（Watzlawick, Weakland & Fisch, 1974）を繰り返し採用したりする根拠としても捉えることができるだろう。これらは個人の問題や関係性の問題,本格的な精神病理学をも構成していると言える。

Papert（1980）は,コンピュータサイエンスとの興味深い類似点を示している。PCでプログラミングを学ぶとき,最初の試みで結果が出ることはほとんどない。エキスパートプログラマーになるということは,システムのバグを分離して修正することを学ぶということである。このようなものの見方を,大衆文化が学習や知識について考える方法に移せば,私たちはおそらく間違いを恐れることはなくなるのではないか。パパートによれば,学ぶことをプログラム開発として考えることは,デバッグ[訳注1]戦略をより意識し,より意欲的で成長志向の強いものにするための良い方法であるという。

ここでキャロル・ドゥエックの二つの考え方の違いに戻ろう。

硬直マインドセットを持つ人は,才能とは個人が生まれながらにして持っているもの（もしくは持っていないもの）であり,後天的に獲得できるものではないと考える。そのため,人生におけるあらゆることが自分の才能を発揮するチャンスだと考え,チャレンジを「人生のゲーム」ととらえ,周囲の環境から大きなプレッシャーを感じてしまう。失敗するたびに,成長する機会どころか,自分の力不足を痛感し,挑戦することや地位を確立することを避け,新たな評価にさらされる可能性のある状況には近づかないようにする。このように認知を固めることで,建設的な批判にさらされても,その批判に影響されなくなる。

これに対し,しなやかマインドセットを持つ人々は,向上,成長,発展を志

向する。彼らは，特性は経験を通して開発され，強化されると考え，人間の潜在能力は実践を通じてのみ認識し，向上させることができると考え，誰にでも向上する能力があると信じている。このような人たちは，挑戦をチャンスととらえ，関わることを改善のための必要条件と考える。批判や評価は成長のための理由であり，失敗は消せないレッテルや汚点ではなく，教訓や成長の機会を引き出すための管理可能なエピソードであると考えるのだ。

　ドゥエックは，若い研究者として，パズルを解くのに奮闘している子どもたちを研究したときの経験を報告している。その研究の目的は，簡単なものから複雑なものまで，次第に難しくなる課題に直面したときの子どもの戦略や感情をテストすることだった。ドゥエックは，課題の難しさが増していく中で，ある子どもが奇妙な行動をとったことが印象に残っている。その子は椅子を持ち上げ，回転させ，手をこすりながら唇を鳴らしてこう言ったのだ。「チャレンジが大好き」

　ドゥエックにとって，似たような子どもたちは，失敗が「好き」であり，少なくとも人間の特性（知的なものや人間関係に関わるものなど）は努力と関与によって培われることを知っているように思えた。まさにその通りだった。彼らは，失敗しても落ち込まないだけでなく，自分が失敗しているとは一瞬たりとも思わなかったので，自分の力を伸ばすことができたのだ。

マインドセットと心理療法――治療的な現実をつくる

　私たちセラピストと，私たちに援助を求める人々の両方が，成長的な特性ではなく硬直的な特性を持っていると信じていたら，何が起こるかを想像してみよう。どちらの状況でも，私たちはそれぞれ全く異なる認識と反応を示すだろう。

　チャレンジが好きで変化の可能性に対してオープンな，しなやかマインドセットを持つセラピストは，SSTに適した姿勢を持っている。この仕組みについては後ほど詳しく説明するが，まずはその意味を理解しよう。

　古くは1800年代後半に，アメリカの心理学者ウィリアム・ジェームズ（2010）がエッセイ・講演集『The will to believe（邦題：信ずる意思）』の中で，**明確**

で詳細な証拠を超えて，個人は依然として信じようとする権利を持っていると論じている。重要なのは，ある仮説を他の仮説よりも信じることによって，その人が「被る」影響なのだ。このことは，ラディカル構成主義の認識論（von Glasersfeld, 1981）の基礎にもなっている。また，ジェームズは，ある人が信じていることがその人に利益をもたらすとき，たとえそれを支持する証拠がないとしても，その信念は正当化されると付け加えた。同じように，アメリカ心理学会の前会長であるマーティン・E・P・セリグマン（1990）は私たちに以下のことを思い起こさせてくれる。悲観主義者の現実認識は事実に近い傾向があるが，楽観主義者は人生でより成功していると。

ジェームズによると，幸せとは，私たちが人生というゲームに積極的に参加した結果であるそうだ。間違っていることや問題が発生したときに考え込んで時間を浪費するのではなく，人生は間違っていても意味をなすものだと考えるアプローチをとるべきだというのである。彼自身の言葉を借りれば，「自分の人生が生きるに値すると信じれば，その信念が事実を作り出す」（Pragmatism and other writings, p.240）のである。

要約すると，「マインドセット」について話すとき，私たちは信念を構成する操作的なメンタリティを指している。心理療法では，マインドセットは，セラピストが用いる手法や，起こったことをどのように扱い，問題の解決を見つけるかを導くことにつながる。

私たちのマインドセットとそこから得られるパターンは，日常生活（仕事を含む）で直面するさまざまな場面で非常に有効であることは明らかである。しかし，これらのパターンが機能不全に陥ると，自滅的なサイクルに陥ってしまう。つまり，ある条件下では，変化が不可能であると信じるだけで，変化が起きなくなる**思い込み的予言**（Watzlawick et al., 1967）を生み出すことになりかねないのだ。そして，パターンが習慣になると，私たちが誰であるか，誰になることができるかを規定することになる。

1回のセッションの中で，個人のリソースを見極め，その人の持つ可能性をその人自身が活かせるようにすることが重要である。この意味で，しなやかマインドセットを身につけることは，セラピストにとって役に立つかもしれないいくつかのアイデアを提供することにつながる。

1. 泥の中から金を見つけ出す。問題や失敗があるように見えるところでも，すべての人が持っているリソースと可能性を探す。
2. 他人が見ていないところにチャンスを見出す。複雑なパズルに取り組むとき，硬直マインドセットで取り組む人は解決不可能な問題と見る傾向が強いが，しなやかマインドセットを持つ人は「問題があれば，解決策がある」と考え，課題を認識し受け入れる。こうしたことから，各セッションでクライエントに自分のリソースの価値を再認識させ，問題の先にあるものを想像させることが有効である（de Shazer, Dolan, Korman, Trepper, McCollum & Berg, 2006）。
3. しなやかマインドセット・アプローチの成長を支援する。自分自身を完成品ではなく，進行中の作業とみなすようにクライエントを導き，クライエントのチャレンジ精神を受け入れ，追求するように刺激する。
4. 成功の見方が変わるよう支援する。避けられない状況やあらかじめ書かれた運命に決定されるのではなく，コミットメント，我慢，努力の結果として成功を見ることができるようにする。言い換えれば，外的統制から内的統制（Rotter, 1966）へと移行する手助けをする。同時に，成功や失敗は個人の中にあるのではなく，彼らが達成しようとする計画の中にあるのだということも示す。

シングルセッションのマインドセット

　Talmon（2014）は，SST の実践には，必ずしも強い理論的・価値体系的枠組みが必要ではなく，以下のような考え方が必要であると説明する。

- クライエントの選択，信念，様式を絶対的に尊重すること。
- 本やプロトコル，理論を保留し，クライエントとの関係を完全に体験すること。
- 今ここにいること，各セッションをひとまとまりとして見ること。
- セラピストとして，自分自身をありのままに，すべてを知っているわけではないことを受け入れることで，各セッションや一人一人のクライエントから新しいことを学ぶこと。

以下は，Bobele & Slive（2011）のモットーである。「すべてのケースはシングルセッションのケースになる可能性がある」（p.38）。彼らは，Bloom（2001）やSeligman（1995）の研究や，用量－応答効果（dose-response effect）に関するさまざまな研究で強調されているように，治療の改善は，ほとんどが治療の開始時に起こり，セッションが進むにつれて減少することを私たちに思い出させる[原注1]。Miller, Duncan, Brown, Sparks and Claud（2003）も，心理療法の初期に大きな変化が起こることを示し，最初の面接には大きな可能性があるという考えを裏づけている。

　この仮定から，Slive & Bobele（2011）は，SSTの実践の基礎となるいくつかの考え方を示し，それは，SSTを使おうとする人が採用すべきマインドセットの重要な部分を構成している。この点については後述する。一方で，今述べたことを振り返ってみよう。変化は可能であるばかりでなく，急速かつ極めて広範であり，また，人間の経験上，ありふれたものである（毎日起きている，と言ってもよい）。もし読者が自分の人生の重要な段階を振り返ったならば，（大きな変化であれ，小さな変化であれ）変化を生み出すのに役立つ出来事は長くは続かないことに気づくだろう。多くの場合，何かが引き金となって，短期間に予想外の変化と進歩がもたらされる。この考え方は，心理療法の分野でも確認され，活用されている。例えば，フランツ・アレクサンダーの**修正感情体験**（1946）や，ポール・ワツラウィックの**計画された無計画な出来事**（1997）などの理論構築だ。そして，シングルセッションのセラピストが採用しなければならないのは，まさにこの考え方である。つまり，1回の出会いで変化を期待するのは至極当然のことであり，その変化を可能にするアプローチを積極的に受け入れようとする考え方だ。これがシングルセッションのマインドセットである。

　では，実際問題として，このマインドセットに没入しようと思ったら，何から始めればいいのだろうか？

　O'Hanlon & Weiner-Davis（1989）は，検討する価値があると思われる一連のたたき台となる考えを挙げている。

1. 上述したように，急激な変化は起こる可能性があるだけでなく，人々の生活の中で非常に頻繁に起こっている。
2. 各面接は，言語的・非言語的コミュニケーションによって記述され，セラピストは，変化に必要な時間などを含んだ**自身の期待をクライエントに伝える**ことで，セッションや治療プロセス全体に影響を及ぼす。
3. 研究によると，**現在の問題の深刻さと複雑さは，治療期間と直接的には関係しない**。深刻な問題を解決するためには，それほど深刻ではない問題よりも多くのセッションが自動的に必要となるわけではない。
4. その人の過去や経歴は，間違いなく重要なことではあるものの，治療を進めるためには，**私たちが考えているよりはるかに少ない知識しか必要ではない**し，1回のセッションならなおさらである。
5. **クライエントの関心は，良くなることである。**「心理療法がどのように機能するか」と「その方法と期間」には，クライエントよりセラピストの方が関心を持っている。
6. **最も重要な変化は，治療過程の始まりである1回目から10回目までの間に起こる**という研究結果がある。これは変化を引き起こすのに最も適した期間である。

シングルセッションのマインドセットの要素

シングルセッションのマインドセットの重要な要素を深く探る前に，Talmon (2014) の実践的な示唆を見ていこう。

- **常に今，ここにいる。**その人との時間は，敬意を持って捨てさられ，かわりに新たな物の見方と交換されるギフトであるとみなそう。タルモンは，「今ここ」に焦点を当て，クライエント一人一人に現在の自分，共感的な自分を見せることの重要性を強調している。同様に，Yalom (2014) は，治療的な出会いの場を**セラピーの贈り物**と呼び，ユングは，二人の人間が出会うときに「何かが起こる」と主張した。優先すべきは，クライエントの「ギフト」に応える前に帰らせないこと，つまり，意味を再構築し，彼ら自

身のリソースを示し，希望と期待を与える新しい視点を提供することである。ヤーロムのもう一つの指摘は，「今の力」を使うことだ。クライエントと一度しか会わないとき（あるいは，いつでもそれが最後のセッションであるかのようにアプローチするとき），「1時間では大したことはできないだろう」と考えるような自己制限を捨てなければならない。

- **集中力を保つ**。分散しそうな要素に心をかき乱されてはいけない。さもないと，問題が重くのしかかり，個人が道を踏み外す原因となるような複雑さに溺れてしまう危険性がある。SSTセッションの失敗の多くは，多くのことをしようとしたり，提案したりすることだ。「セッションは1回しかない」という理由でセッションの目標自体に集中できなくなる危険性がある[原注2]。落ち着いて，具体的な目標を定め，相手のことをすべて知ろうとしないことだ。
- **物事を複雑にしない**。クライエントはセラピストがどれだけ賢いか，どんな素晴らしく革新的なトリックを思いつくかには興味がなく，今より良くなったと感じることに興味がある。時には，複雑なコミュニケーションテクニックよりも，直接的なフィードバックの方がずっと役に立つ。
- **謙虚でいること**。すべてに解決策があるわけではなく，すべての状況には限界がある（クライエントであれセラピストであれ，すべての人が同じである）。1回のセッションで，あるいはそのセラピストが，すべてを治療できるわけではない。

　セラピーが成功するかどうかの責任はクライエントにある（Duncan & Miller, 2000）。つまり，セラピストはクライエントを主なインスピレーション源とし，主要な指針とすることで，セラピーの成功に向けた舵取りを理解し，1回のセッションで十分な場合とより多くのセッションが必要な場合を見極めることができるのである。

　ここでは，シングルセッションのマインドセットを取り入れるために有用なシングルセッションの要素について詳しく見ていこう。

まるまる1時間ある場合

　スライヴとボベルは，著書『When one hour is all you have（1時間しかない場合）』を出版してから数年後，ワークショップの参加者に，「When you have a whole hour（まるまる1時間ある場合）」というタイトルにすべきだったと指摘された（この話と彼らの考えについては，Bobele & Slive, 2014を参照されたい）。

　もしセラピストが1時間（またはそれ以下[原注3]）を「1時間しかない」と見なすと，失敗するリスクが高くなる。つまり，十分な時間があるという考えが欠けているのだ。これとは対照的に，1時間まるまるある，別の見方をすれば「もうチャンスはない」と考えれば，高い集中力とモチベーションを有するマインドセットにつながり，その1回の出会いから最大限の力を引き出そうとすることができる[原注4]。

　シングルセッションのマインドセットは，垂直的な治療プロセスにのみ有効なわけではない。水平的な治療プロセスでも使用することができる[原注5]。例えば，最初のセッションの後に継続を決めた人や，以前にセラピーを開始した人に対して，セラピストはそれぞれのセッションをそれ自体で完結するものとしてアプローチすることができる。その完結性，（面接）構造，強み，一貫性によって，その1回のセッションが有用であるばかりでなく，完結し，まとまった形でも存在することができる。

　スライヴとボベル（2014, p.98）は以下のように述べる。「シングルセッションを成功させるための重要な要素は，ブリーフセラピーの有効性に関するセラピスト自身の信念である」。実際に，「どれくらいの速さで，どれくらいの変化が期待できるかというセラピストの期待」は，結局のところ，自発的にも非自発的にも，明示的にも暗示的にもクライエントに伝わる（Hoyt, 2009；Scamardo, Bobele & Biever, 2004；Hunsley, Aubry, Verstervelt & Vito, 1999）。もし，1回のセッションで変化を生み出すことができると考えられるなら，クライエントとセラピストの両者はその結果のために努力しなければならない。

集中力を維持する

　SSTというと，急ごしらえのセラピーを連想するかもしれないが，実際はその逆である。セラピストは，最悪の場合，そのセッションが唯一のものではないことを知りながら，クライエントと決めた目標に集中しなければならない――ここでいう，最悪の結果（より多くのセッションを行うこと）とは，全く許容できるものではあるが。

　ラディカル構成主義の視点（von Glasersfeld, 1981）から認識論的な概念を借りるのであれば，セラピストは，どのような場合でも，選択的で部分的な知識，問題のナラティブ的な構成，前提，セッション中にクライエントと一緒に織りなされた意味と共に作業することになることを知っている（White & Epston, 1990）。そのため，セッションのゴールは，さらに探求し，さらなるセッションで継続する必要がある側面に取り組もうとすることではなく，その1回のセッション（それが，最後であれ，数回のうちの最初であれ，長い道のりの中の多くのセッションの一つであれ）を最大限に活用するチャンスを育む姿勢を確立することである。また，セラピストとクライエントが複数のセッションを必要とする目標を設定する場合（**水平プロセス**）には，個々のセッションで達成された目標を総合したものになりうる（**垂直プロセス**）。

　では，どうやって集中力を維持するのか？

　実用的なガイドライン（第5章参照）と共に，以下の点が参考になるだろう。

- クライエントが言っていることに偏見を持たずに耳を傾け，「今，ここ」に現れていること，そして，表現されたことが個人，関係，システムレベルでどのように経験され，体現されているかに注意を向ける。
- 共感，受容，対話を特徴とする治療関係の構築[原注6]。Howe（1993）が言うように，「私を受け入れ，私を理解し，私に語りかける」。
- **機能不全行動**（第5章参照）を調べる際，どの重要な問題が強みにもなるのかを評価し，それを変化のレバーとして利用する。
- 正しい診断を提案したり，正しい標準プロトコルを実施したりすることを目的とするのではなく，クライエントが自分で努力することを支援するために，使える時間のすべてを使って，最も効率的で効果的で，柔軟で押し

- つけがましくないセラピーを生み出すために，クライエントと一緒に取り組む．
- 確かに改善できるという期待と，将来への希望がそろえばクライエントのモチベーションを活用していける[原注7]．
- 人々がすでに持っている，自分にとって有用なリソースを認識または再発見できるようにする．

人を中心とする[原注8]

　SSTの極めて重要な考え方は，治療プロセスにおいてセラピーを受けている個人が中心的かつ積極的に役割を果たすことである（Bohart & Tallman, 2010 ; Duncan & Miller, 2004, 2000）。重要な考え方は，クライエントは自分がよくなるために何が必要かを知っており，したがって，セラピストはクライエントとともに取り組まなければならないということだ。つまり，セラピストは，協力と協働という観点から自らを位置づけ，自分自身の考えや実践を押しつけないようにしなければならないということである。場合によっては，このような立場は，私たちが否定するような急進主義的な考え方（この考え方はセラピストの経験や行動する機会を完全に無視する）を導くが，ケアのプロセスにおいてクライエント自身が新しい役割（第8章で説明する）をますます担っていくという認識は，存在している。2006年，エビデンスに基づく実践の波を受けて，この同じ認識からアメリカ心理学会は，「心理学におけるエビデンスに基づく実践（EBPP）とは，**患者の特徴，文化，および志向性という枠組みのなかで得られる最新最善の研究エビデンスと臨床上の判断を統合させたもの**」（アメリカ心理学会，2006, p.273, 強調は著者による）と明確にした．

　このことは，操作的に，治療プロセスの中でクライエントの選択，文化，リソース，参照するシステムをセラピストが識別し，尊重し，どのように利用するのかを知らなければならないという治療実践につながる。治療プロセスの中心にいる人が，セラピストの理論的枠組みに"勝る"のである。セラピストは，理論的枠組みが貴重な指針であるとわかっていても，それを放棄して，たとえばクライエントの変化に関する理論を優先しなければならない（Duncan & Miller, 2004）．

このようなセラピーのやり方は新しいものではない。ラディカル構成主義（von Glasersfeld, 1995, 1981；Watzlawick, 1981），社会構成主義（McNamee & Gergen, 1998），シンボリック相互作用論（Salvini, 1998）などの認識論や，ロジャーズのアプローチやエリクソニアン・アプローチなどのセラピーの形態とルーツが同じである。これは，非伝統的な治療モデルの出発点であり，古典的な診断プロセスが，個人の知識プロセスやその現実の知識システム，冗長性を持つ相互作用モデルなどに置き換えられている[原注9]。疾病学的診断が操作的診断に置き換わった。これと同じように，例えば**アクションリサーチ**（Cunningham, 1976；Lewin, 1946）として知られるクルト・レヴィンの知識プロセスに従うなどして，システムの中で，またシステム上で直接行動することで，システムがどのように機能するかを学ぶのである。
　だが，ちょっと一歩引いて考えてみたい。
　実際，読者はSSTを行うために，このような認識論や実践の方法論を理解したり受け入れたりする必要があると考えるべきではない。何度も繰り返すように，SSTはどのような理論モデルにも適用することができる。ただ，マインドセットに関しては，概念的により近い理論モデルもあるが，この説明は，あくまでもセラピストがシングルセッションを実現するために正しいアプローチを採用することを可能な限り支援するためのものである。個人的には，心理士は，自分たちがまず援助関係の専門家であることを自覚し，次に特定の理論的アプローチやオリエンテーションに属していることを思い出すと，SSTを行うのがずっと簡単になると信じている。
　最後に，診断名ではなく，人物を中心に据えることを効果的にまとめたものを，数年前の *UNITALSI* [原注10]のキャンペーンから引用する。このキャンペーンでは，少女の写真と一緒に次のようなフレーズが掲載されていた。「お医者さんは私のことをダウン症と呼びます。人々は私をモンゴロイドと呼びます。友達にとって私はただのマルティナです」

変化に期待すること
　読者は，大きな出来事がなくても，毎日しばしば比較的短い時間で，どれだけ大きな変化が起こるかを一人称または三人称で経験したことがあるだろう。

変化は避けられないとスティーヴ・ド・シェイザーは主張する（Berg & Miller, 2001）。そして，心理療法の研究では，セラピーを開始する前でさえ，人々が自然発生的に変化することが繰り返し示されている（Talmon, 1990）。

　すでに述べたように，マイケル・F・ホイトはインタビューの中で，心理療法の回数で最も多い数はゼロであると指摘している[原注11]。ほとんどの人は，たとえそれが深刻な問題であっても，解決するためにセラピストを必要としない。これは，「精神病的楽観主義」（タルモンらに非難され，研究データによって否定された）の問題ではなく，セラピーの考え方の違いである。

　繰り返しになるが，心理学や心理療法のトレーニングコース（学部，大学院を問わず）では，変化を長くて疲れるもの，あるいは，完全に形にするために複数段階（のセッション）を必要とするものとして考えるよう誘導されることが多いという事実に，私たちは関心がある。実際，これは正しくない。

　私たちは，問題解決に時間がかかる状況が多々あることを否定しているわけではない。しかし，それと同じくらいに，ほとんど時間を必要としない状況もたくさんあることに，読者には気づいていただきたいと思う。そして，これらは稀な例外ではない。科学，心理学，医学の文献（一般に変化の形態やプロセスを何らかの形で考察するもの）には，同様の事例がたくさんある。私たちの考えでは，しばらくの間，生み出されてきた多くの解釈は完全に生理学的な現象についてであり，長い期間にしか起こらない変化があるように，短い期間で発生するものもある。

　「1回のセッションで変わることは不可能だ」というセラピーのアプローチをとるのであれば，当然ながら，この予言は自己成就するだろう。

大きな問題に大きな変化は必要ない

　ワツラウィックは，複雑な問題は非常に単純であるかのように扱われるべきであると主張した。考えてみれば，複雑な問題には努力や苦労が必要だという考え方もまた，理論的あるいは認識論的な前提条件である。実際，問題が「複雑」であるという考え自体が，証明されなければならない前提なのだ。

　興味深い出発点は，ヴィトゲンシュタインにある。彼は，『*Philosophical Investigations*（哲学探究）』の中で，瓶の中に閉じ込められたハエの比喩を使っ

て哲学を表現した。「ハエを解放する最善の方法は何か」と問われると、「ハエに、ハエ瓶から……出る方法を示すこと」（p.309）と提案している。私たちは皆、ハエが激しく窓ガラスに繰り返しぶつかっているのを見たことがあり、実際に問題を維持する行動を繰り返している。まさにその背後には、開かれた扉があり、そこから飛んで出ていけるにもかかわらず、である。

同様に、孔子はこう言った。「出るには戸口しかないのに……。なぜこの道をとおらないのかな……」（Leys, 2006）。

したがって、重要なのは、私たちが考えているよりも簡単な手段（または一連の方法）でも、望ましい変化を生み出すのに十分であることが多いということを知ることである。このことは、セラピストの役割を問題解決をする者としてだけでなく、クライエントの問題解決を**手助けする**ファシリテーターとして捉え始めると、さらに理解しやすくなる。したがって、セッションでのセラピストの仕事は（それが最初で最後であっても）、変化を起こすこと、変化を起こすためのツールを提供すること、変化を理解する手助けをすること、あるいは問題を封じ込めたり、処理するためのスペースを作ることでさえあり得る[原注12]。

出会いはそれ自体で完結すると考える

SSTは、クライエントが変化するプロセスの中で、その人が持ち帰ることができ、未来につながる具体的な何かを、セッションを終えた後に提供しようとするものである。

すでに述べたように、この背景にある特徴的な考えは、それぞれの出会いを水平ではなく、垂直のプロセスとして捉えること、つまり、他のセッションが最初のセッションの後に続くことになっても、水平な道を垂直にも捉えていくことである。

第4章と第5章のイタリアン・センターの介入モデルのガイドラインと説明を読めば、読者はこのコンセプトの操作的な面が詳細に提示されていることがわかるだろう。

一歩ずつ，焦らずに

　マイケル・F・ホイトは，作業同盟（治療同盟）を構築するための最良の方法のひとつは質問することであると書いている（Hoyt, 2009）。イタリアでの最初の研究において，私たちは，クライエントに問題についての情報を求めるだけで，治療的な介入をしないインテークセッションでも，1回が最も頻度の高い数字であることを確認した。探索的な質問をすることでさえ，回復につながるのである。これは，多くの人にとって，問題の異なる視点を得ることが前に進んで解決するために必要なことかもしれないし，ある人にとっては，出口があるだけで十分かもしれないという考えを裏づけるものだ。

　セラピストは，焦らずに一歩ずつ，簡単で即効性のある手段から始めて，必要であれば徐々に複雑な治療プロセスを加えていくことを提案しなければならない。最悪の場合でも，今やったことが1回のセッションで終わらず，他のセッションを必要とすることがあることを忘れてはならない。

リソースや強みを特定し，強調する

　SSTの重要な要素は，新しい生き方を教える方法を模索するのではなく，その人がすでに持っているリソースや強みを特定し，利用することだ（Hoyt & Talmon, 2014a）。この点についても，以降の章で，一般的なガイドラインと私たちが構築したモデルを取り上げていく予定である。

　セラピーの間，相談という行為はゼロサムゲームであり，どちらも勝つかどちらも負けるかであることを心に留めておくとよいだろう。強みに基づく介入は，心理療法では決して新しいものではないが（カール・ロジャーズやミルトン・エリクソンをもう一度思い出してほしい），この20年間に繰り返し再浮上している大きなトレンドである（Cannistrà, 2019a；Rapp & Goscha, 2011；Duncan & Miller, 2004；Bohart & Tallman, 1999）。個人は，ほとんどの状況から抜け出すことができるリソース，強み，対処方略を持っている（Bohart & Tallman, 2010, 1999）。また，人間は，（他の種とは異なり）戦争，病気，その他の災害を乗り越えてきた長い歴史の産物である。その根底にあるのは，人類には，出来事に反応し，目の前にあることに取り組み，それを克服することによって，自分に起こることに抵抗する素晴らしい素質が備わっているという考え方である。

結局のところ，私たちはそれぞれにドラマを経験し，それに対処し，以前よりも強い自分を発見してきたはずだ。セラピストは，人生の重大な問題を，発展と自己発見の機会ととらえ，挑戦し，クライエントのリソースを発掘し，活用しなければならない。人生や自分の特性（特にそれがネガティブに捉えられる場合）に対処することで，レジリエンスの能力——つまりトラウマとなるような出来事に直面しても，曲がったり壊れたりせずに抵抗する能力が活性化されるのである。

結　論

　私たちのワークショップでは，SSTを実施する上で最も難しいのは，1回のセッションに臨むマインドセットを完全に身につけることだといつも強調している。1回のセッションは結果を得るために十分ではないと思われたら，それは間違いなくそうだろう。私たちのトレーニングは，実践家がこのスキルを習得することも目的としているが，自然な形となるには時間と練習が必要であり，これが，ワークショップ後にグループを作り，継続的にトレーニングやシェアリングを行う理由の一つである。

　この章では，既存の文献や私たちの研究に触発され，セラピストが自身のマインドセットに働きかけ始めることを手助けするための要点を概説することを目指した。確かに野心的な仕事だが，私たちはインパクトを与えることができたと願っている。

　次の章からは，正しいマインドセットで取り組むという考えを確認しながら，SSTの実用的な側面，運用的な側面を徐々に詳しく説明していく。

▶原注

1――――この一連の研究は1980年代に始まり，大幅な改善や真の解決を得るために何回のセッションが必要かを調査したものである。一般的に，約半数の人が10回のセッションで大きな成果を得るが（Hansen, Lambert & Forman, 2002），引用した研究を含め，他の研究はこの数字をさらに下げている。この時点で，読者は，この数字にはセラピストのマインドセットが影響して

いることがわかるだろう。1回の面接で問題が解決されると信じることで、セラピストとクライエントはその可能性を受け入れることができる。

2———セラピーが1回のセッションで終結しなかったとしても、それはSSTが「失敗した」ことを意味しないことを明確にしておく必要がある。効果についての章（第2章）で示したように、約50％の人は1回のセッションだけでは十分ではない。たとえ、1回だけセラピーを受けるという考えに惹かれた人でも、その後、継続することを決定する（あるいはセラピストと一緒に決定する）こともある。セラピーが1回のセッションより長引いた場合、それは単にシングルセッションではなかったのである（ただし、次の二つの章で説明するように、SSTの原則は各セッションで使い続けることができることを覚えておいてほしい）。したがって、「失敗」とは、セラピストがSSTの原則と実践を適切に行うことができなかったことを意味する。

3———文献には、30分の構造化されたセッションの話もあることを忘れないでほしい（Slive & Bobele, 2011）。

4———昔、私たちのワークショップに参加したセラピストが、数年来のクライエントがヨーロッパに移住することになったので、連絡先を教えてほしいと電話をかけてきたことがある。その同僚は、クライエントとアポイントメントをとって、最後の面接の予定を入れた。数日後、そのセラピストはセッションの直後に私たちに電話をかけてきて、唖然としてこう言った。「信じられないことですが、次の面接がないということが、クライエントと私のセッションに対する態度を完全に変えてしまいました。1時間で、私たちは2年間達成できなかった突破口を開いたのです」。このケースは、第6章（ケース15）で説明されている。

5———フラビオ・カニストラは、イタリアン・センターで「水平プロセス（horizontal process）」セラピーと「垂直プロセス（vertical process）」セラピーという言葉を提唱した。前者が、一連のセッションを連続したものとしてとらえる伝統的な心理療法の概念（1回目、2回目、3回目、4回目……など）を指すのに対し、後者は、1回のセッションで完結する心理療法を指す。SSTでは、水平プロセスと垂直プロセスが重なり、数回のセッションからなる治療過程（**水平プロセス**）において、各1回のセッションがそれ自体で完全に完結し（**垂直プロセス**）、セッション開始時に設定した目標をセッション終了時に達成する場合がある。

6———1回のセッションで治療的関係を構築することはできないという考え方は、たとえばHoyt（2009）が示すように、何人かの著者によって疑問視されて

7　　　　Asay & Lambert（1999）によると，治療的変化を説明する変数の15%は，変化が可能であり，治療が役立つという期待によるものであることを思い出してほしい。

8　　　　フラビオ・カニストラとの共同執筆によるパラグラフ。

9　　　　このテーマは，私たちを常に魅了し，私たちの実践に影響を与えてきただけに，深く扱うことは本書の目的ではない。もっと知りたいと思う読者は，このテーマに関する膨大な文献を見つけることができる。例えば，De Koster, Devisé, Flament & Loots, 2004；Geyerhofer & Komori, 2004；Paganucci, 2004；Wainstein, 1997；Watzlawick, 1997, 1981；Hoyt, 1996bを参照されたい。

10　　　UNITALSI（The Italian National Union for Transporting the Sick to Lourdes and International Sanctuaries）は，ルルド（カトリックの巡礼地）や他の巡礼地への巡礼を企画し，地域に根ざしたボランティア活動を行っているカトリックの団体。

11　　　インタビューの全文は，YouTubeチャンネルでご覧いただける（goo.gl/3HVLWS；英語音声・イタリア語字幕）。

12　　　フラビオ・カニストラは，彼の論文「*Terapia al bisogno : dare alla persona ciò che le occorre*（Therapy as needed/on demand : giving the person what they need）」でこのトピックについてさらに詳しく説明し，イタリア語で閲覧できるウェブサイト（www.terapiasedutasingola.it）で公開している。

▶訳注

1　　　　プログラムにおける誤り（バグ）を見つけ，不具合の原因を特定し，それらを修正したり，取り除いたりすること。

第4章
SSTの一般的なガイドライン

フェデリコ・ピッチリーリ／アリス・ギゾーニ

> いわゆる「始まり」とは「終わり」のことがしばしばで
> 終了することは開始することにほかならない。
> 終わりはすなわち出発点。
>
> ——T.S. Eliot,『四つの四重奏曲』

　私たちのセンターで開発されたイタリアン・シングルセッション・セラピーのモデルに焦点を当てる前に，シングルセッション・セラピー（SST）の一般的なガイドラインについて要約する。既存の文献を引き合いに出すと，SSTが特定のリーダーによる一義的なアプローチではないことから，触れるべき原則は一つではなかった。当初の研究グループ（タルモン，ホイト，ローゼンバウム）でさえ，ブルームが当時残した記録を引用している（Hoyt & Talmon, 2014b 参照）。とはいえ，少なくとも私たちを含めタルモンらの原著からヒントを得た研究者たちが採用したガイドラインには一定の同質性を見出すことができる。

　しかし，「ガイドライン」とは何を指すのだろう。

　マインドセットが，シングルセッションを提供し，それぞれの出会いの効果を最大にするための心構えであるとしたら，ガイドラインはそれよりも実践的，実用的な原則と言えるだろう。テクニックではなく，さまざまに定義された実践である。次章では，段階的に具体的な方法を説明するが，ここではまずガイドラインを説明することが適切だと考えた。なぜなら，ガイドライン（およびガイドラインの提唱者）の手法は共通の基盤を持つため，まとめて共有することが必要で，そうするのが有益かつ興味深いことだと思われたためである。

これらのガイドラインを体系的に記述する前に，下準備をしたいと思う。その ため，少し視点を広げ，どのようにガイドラインに迫るのかを理解するステップを含める。これが可能な唯一の視点ではないが，実際に SST を読者に紹介するには適切な方法であると考えている。

基本となるもの（Baseline scenario）

　第 8 章の内容を先取りすると，ジークムント・バウマンの思想（とりわけ，彼が現代社会とその最近の"進化"を批判的に分析するために比喩として長年使用していたリキッド・モダニティ（液状化する社会）という概念）は私たちが生きる状況と，急速に変化する社会文化的および医療的様相を然るべく説明している（Bauman & Bordoni, 2014 ; Bauman, 2006, 2000）。

　今日のモダニティでは，あらゆるものが「流動性」に浸透されている。すなわち，流動的液体の基本的な特性は，内部の凝集力がないために形状を維持できない（より正確には形状が定まらず変化しやすい）ということだ。今日では，世界は過去の構造と堅実性を共に欠く。新しい生産形態や人間関係は，匿名で，変化しやすく，刹那的である。

　心理療法の分野も，必然的に大きな修正と変化を遂げようとしている。Talmon (2012) がプロトコル化された手法を提案しない選択をしたことも強く理解できる。他の実践家により，より構造化された SST の形態が発展した（次章で提案されるイタリアン・メソッドを含めて）が，この選択は，少なくともさまざまなモデルの導き手であるという点で，多様な状況で共有され支持されてきた。あるガイドラインは，援助的関係に関連するプロセスでさえも予測，計算し，合理化しようと試みることができると主張するが，介護福祉サービスの利用に頼る人々の期待を明らかにする目的で行われた他の研究では，最も求められている変数は専門家の技術的スキルではなく，関係性のプロセスの質と価値（Fook, Ryan & Hawkins, 1997）であり，それらは受容，理解，対話などの要素に現れることが示唆されている（Howe, 1993）。Asay & Lambert (1999) は，心理療法による変化のプロセスにおいてわずか 15％ が技術または基本モデルによるものと指摘し，他の研究も同様の結果を主張している（例えば，Wampold

& Imel, 2015 を参照)。これらのデータは，厳格なプロトコルよりも柔軟なガイドラインが正当である理由を示すが，過去 30 年間でいくつかの SST のモデルは構造と柔軟性の良い調和を成し遂げている。

確かに，これらのモデルやアイデアの中心には，まだ重要な変数が残っている。私たちをオープンで柔軟なアプローチに傾ける重要な変数――それはすなわち，クライエントである。

クライエントの積極的参加

援助的関係では，他者への関わりは，その個人のリソースを考慮したり，特定したり，利用したりすることよりも，「苦痛」や「障害」を中心とした福祉的な視点から検討されることが多い。Hoyt（2009）が述べるように，心理療法において，私たちは「心の病（mental illness）の専門家」ではなく「メンタルヘルスの専門家」になる。セラピストの視点や実践によって，人々は実際よりも受け身になる。言い換えれば，セラピストや治療的アプローチがセラピーの主役であることが多いということだが，本来はクライエントが主役であるべきである。この点について，ボハートとトールマンは，クライエントを「心理療法において見過ごされた共通要因」として述べている（Bohart & Tallman, 2010；Cannistrà, 2019a も参照）。

したがって，好奇心と「クライエントのために働く」のではなく，（共有するという視点で）「クライエントとともに働く」願望に駆られたすべてのセラピストにとって，クライエントに対して人類学的な関心を持つことが不可欠なのである。実践家はある手法の専門家であり，そして彼らの専門スキルは**技法を使う**ことよりもむしろ，**関係性の中**にはっきりと現れる。そうすることで，相手の現実に合わせながら，セラピストの現実を提示することができる。

Hoffman（1992, p.16；邦訳, pp.29-30）は次のように述べている。

> 自分の感情を見せて泣いてしまうこともあった。私はこれを「感傷療法」と呼んだ。（中略）クライエントがより心地よくなるようなやり方を探し始めた。自分の話をすることが適切だと思えば，そうすることもあった。（中

略）行き詰まりを感じた時，特に，自分の個人的問題が影響していると思える時にはそのことを話した。それはしばしば治療を動かす不思議な力となった。

　このことは，私たちの注意を個人が置かれたシステム全体に広げ，焦点を精神世界から関係性および社会に移すと，"今ここで"に働きかけることがいかに重要か理解しやすくする。また，Hillman（1992）は，精神世界のみに，あるいはそこに重点的に焦点を当てると，人は自分の周りの世界で行動を起こしたり修正したりすることの可能性に対して，受け身の態度をとるようになると述べている。彼はこのことを「後ろばかり見ていると，周りを見ていないことになる」とまとめた。

　それでもやはり，純粋に精神世界を扱うモデルに馴染みのあるセラピストにはSSTは適していないと考えるべきではない。これらのガイドライン（および次章で紹介するイタリアン・メソッド）はまさに，専門家がSSTをそれぞれのアプローチの上に手袋のようにフィットさせるのに役立つ。つまり，それぞれの普段の実践に最も機能する方法で統合していくということだ。すなわち，"変更"ではなく"追加"である。実際，たとえばその人のリソースに注目するだけで，治療の可能性は高まり，そのセラピーは一度限りの出会いに縮小し得る。Talmon（2012）によると，SSTやその他の「超ブリーフ（ultra-brief）[原注1]」介入は「精神病的楽観主義」を特徴とする治療と分類されることがある。彼はそれよりもむしろ，人間の可能性，内的・外的なリソース，精神や免疫システムの驚くべき回復力や治癒能力を信頼しており，SSTを現実的で実践的な解決策を提供できる枠組みと考えていると主張している。

　第2章で示されたように，同様の意見がSSTに関するものにかかわらず科学的な文献に広く反映されている。例えば，理論的な位置づけや短期・長期などの治療経過の嗜好性とは別に，治療成果の大部分は技法よりも**治療的関係性**（Norcross, 2011）が関連していることが明らかにされている。前述のAsay & Lambert（1999）は，一連の同様の研究をもとに心理療法の効果要因について，説明変数の40％が個人のリソースに，30％が治療関係に，15％が患者とセラピストの変化への期待に，そして15％がセラピストのモデルや技法に起因すると

示している。これは SST のガイドラインが，セラピストの技術的なスキルよりもその人のリソースを引き出すことを優先する傾向があることの理解を手助けする。いずれにせよ，心理療法が選択する手段は面接であり，そこには個人の幸福，発達，進化を促進するプロセスを活性化する力がある。

Frank & Frank（1993）は，『*Persuasion and Healing*（邦訳：期待と治療―心理療法の共通要因）』という書籍で，あらゆる心理療法的介入における最小公倍数のいくつかを定義している。

- クライエントにとっての肯定的な同盟を特徴とする**対人関係**の一形態である。
- 安全かつ明確に定義された**設定**で，その関係性が起こり展開される。
- **新しい視点**とそれに基づく新しい考え方や行動について考える機会がセラピストによって提供される。
- セラピストの仕事を推し進める，良識的ではっきりと表現され，統合された**手順と技法**がある。

このように，心理療法はクライエントという**コンテンツ**の専門家と，セラピストという**プロセス**の専門家が出会う一連の過程である。Yalom（2002）はこの考えをうまく要約している。「効果的なセラピストは，どのような内容であれ，決して議論を強要してはならない。**セラピーは理論主導ではなく，関係主導であるべきだ**」（p.12）

前章で示されたように，SST が技法や基礎理論よりもマインドセットに大きなスペースを割いているのは，より重要であるからという理由もある。

また，Urso & Corsetti（1991, p.41，原著者訳）は，多くの専門家が主張するように，セラピーよりもセラピストが，具体的にはセラピストが作り出すことのできる関係性が決定要因だと主張している。

> 心理療法の効果は，使用する心理療法よりも，セラピストのパーソナリティに左右される。心理療法が成功するかどうかは，率直に，関心を示し，寛容で，関わりを持ち，理解し，尊重し，正直である人物とクライエント

が接する機会を持てるかどうかと関係している。心理療法のセッションのはじめに共感的関係を確立することは，実際，心理療法が成功することの最も良い予測因子の一つだった。熟練のセラピストは，最も良い解決策や効果的な介入は，本質的に技術的なアプローチから得られるのではなく，自分の人間としての可能性を完全に，真剣に，そして純粋にクライエントのために発揮することから生まれるものであることを知っている。

したがって，どのようなセラピーのオリエンテーションであれ，それぞれの治療の開始時に，セラピストは治療関係の構築をサポートする細かく明確なルールを決めるのは間違いないだろう。話はYalom（2002, p.15）に戻る。「私の独特な介入を特有の手順を示すコツと見なしてはいけない。これらは私自身の視点と，私自身の姿勢と声を見つけるために内側に到達する試みを表している」

クライエントをプロセスにおける能動的な主体であり主役とみなすことで，変化のプロセスにおけるクライエントの主体性を明確に取り戻せるなど，それぞれの介入の効果を最大化することができる。

Bandura（1971）は，**人間の主体性**，すなわち，外部からの刺激に単に反応するのではなく，世界の中で能動的かつ変容的に行動する能力について論じている。自分の成長に積極的に関与することは人間の心の特性のひとつである。この着想は，経験から可能な限り学ぶ力が，個人の効力感に変わることを強調するものだ。「自分の能力に対する信念は，何をするかという最初の選択，必要とされる努力の量，困難に直面した際の忍耐力，自己啓発や落胆に関連する思考パターン，困難な状況で経験するストレスや落ち込みの度合いに影響する」（1996, p.9, 原著者訳）と述べている。

この認識された自己効力感は，ある活動に対する有効な統制力を発揮できるという経験に基づく信念に対応する。とりわけ，自分が十分な人間であるという能力と自信を成長させることで，さまざまな活動で成功するために必要な自己防衛と自己宣伝の過程を作り上げることができる。人々の注意を自分自身の個人的なリソースに向けさせたときに明確になるように，セラピーはこのような能力を発揮させるための場となる。

要約すると，SSTのガイドラインの背景にある基本的な着想は，「どのような

ものでも SST になり得る」という観点で，一つの方法から独立した恣意的な手順を採用していない。しかし，実践者の指針となる特定の運用ガイドラインの重要性を最小限に抑えたいわけでもなく，私たちのメソッドで定義することを約束する（第5章参照）。むしろ，クライエントを治療プロセスの中心に据え，治療に実質的に貢献できる能動的な主体であると考える必要性から出発している。実際，セラピストはクライエントがすでに持っているものや，できていることに貢献すると言ったほうが正確だろう。

どんな場合にもうまくいく……それとも？

　従来のパーソナリティ心理学と比較した際の社会的認知理論の非常に特徴的な要素は，個人間の差異を，その人の存在全体をあらかじめ決定する気質としてではなく，時間と共に自己を再構築し再定義する世界への主観的な関わり方として捉えていることだ。

　前述したように，個人はそれ自体が一つの世界であるという前提のもと，SST のグループは厳格な治療プロトコルの形式化を避け，代わりに専門家が独自の介入モデルに適応しやすいガイドラインを作成した（Hoyt & Talmon, 2014a ; Talmon, 2012）。しかし，この先で紹介するように，SST をより構造的に実践する方法を開発した者もいる。

　アメリカの精神科医であり，現代催眠の父であるミルトン・エリクソンは，それぞれの個人とその固有の価値に合うように調整されたテイラーメイド・モデルを必要不可欠なものと見なした最初のセラピストの一人であり，**どんな場合にもうまくいく画一的な方法はない**という考えを実証した（例えば，Erickson, 1967 を参照）。エリクソンは，クライエント一人ひとりに合わせた"計画書"を作成し，クライエントの目標達成を可能にした（Short, Erickson & Erickson-Klein, 2005）。さらに，Leslie（2014）が述べるように，彼はしばしば1回のセッションで十分である症例をよく目にしていた。実際，エリクソンが記録した症例のほとんどが1回のセッションで終わるセラピーだったことは強調しても良いだろう。たとえば，夫の性的不全に取り乱してエリクソンに援助を依頼した女性の症例（Watzlawick, Weakland & Fisch, 1974）を見てみよう。エリク

ソンは，彼女の身体の驚くべき美しさのせいだとクライエントの認知を再構築し，（夫婦別々の面接で）彼女の夫をこの新しい視点に巻き込んだ。エリクソンの相談室を後にした夫妻は，このような新たな視点を持ち，その結果は驚くべきものだった。つまり，活発で満足のいく性生活を取り戻したのだ。

　SST を提供する者にも，どんな場合にもうまくいく画一的な方法はないということは明らかだ。実際に面接の最後にならなければ 1 回のセッションでは不十分かどうかはわからない。こうした意味では，SST は時間的に定義され決定づけられたものではなく，制約がないと言える。マイケル・F・ホイトのあるワークショップのライブ質疑セッションで，「1 回のセッションの後に新しい問題を提示する人がいたらどうしたらよいか」という質問があったが，ホイトは笑顔で「クライエントに新しいセッションを提供する」と答えていた。

　ニコラス・カミングス（Cummings & Sayama, 1995）は，間欠的療法（intermittent therapy），ないしライフサイクルを通してのセラピーについて最初に述べた一人である。このセラピーでは，クライエントはすぐに解決でき，そうしなければならない特定のニーズに対して，必要に応じてその都度セラピストを訪れる。Hoyt（2009）に戻ると，セラピストとして私たちは，「ブリーフセラピーとロングセラピー」（あるいは「シングルセッションと複数セッション」）という考えから立ち去り，「それぞれの個人に合った個別の治療を行う」という考えに移行すべきで，必要なセッションの数自体も人によって異なると考える。こうした理由で，SST のようなアプローチは，現代社会の課題や要求に軽快に対応できるだろう。Talmon（2012）は，優れた SST の "DNA" は，効果的な心理療法に非常に近いとみなしている。すなわち以下のようなものである。

- セラピストの共感，受容，励ましによって育まれる治療関係の確立。
- 「共通の和音（pivot cords）」の特定。
- クライエント個人とそのさらなる治療的要素，すなわち，クライエントから見た自身に関する強みと支援に関わる要素の動員。

　このようないくつかの要素により，1 回 1 回のセッションをクライエントだけのものにする。

最初のガイドライン

　ここで，タルモン，ホイト，ローゼンバウムが初めて体系的な SST 研究を実施して以来，過去 30 年間に作成された主なガイドラインの概要をみていこう。読者の皆さんはすでにご存知のように，それ以前にも，後にもシングルセッション・セラピーと呼ばれるようになる現象が，他の研究者によって注目されていた。中でも注目すべきは，1981 年にバーナード・ブルームが編集したサイモン・バドマンの『*Forms of Brief Therapy*（ブリーフセラピーの形態）』の中に「シングルセッション・セラピーに焦点を当てる――初期の開発と評価」という章がある。その中でブルームは初めて，1 セッションで終わるセラピーを実践する際に考慮すべき点について，一連の提案を行っており，その一部は現在にも通じる。

- 焦点となる問題を特定する。
- クライエントのリソースを過小評価しない。
- 慎重かつ積極的になる。
- 探索し，慎重に解釈を示す。
- 感情表現を促す。
- 面接を問題解決のプロセスを始めるきっかけにする。
- 時間を記録する。
- 野心的になりすぎない。
- 事実関係の質問は最小限にとどめる。
- きっかけとなる出来事に集中しすぎない。
- 遠回りを避ける。
- クライエントの自己認識を過大評価しない。
- 社会資源の利用を支援する。
- 情報が不足していると思われる場合は教える（提供する）。
- フォローアップの計画を立てる。

これらのガイドラインはRosenbaum, Hoyt, & Talmon（1990）から始まり，この後示すように，彼らのSSTの手法を出発点とした他の人々によって引き継がれた。
　しかし，ここで私たちが説明を加えても良いだろう。
　前述の通り，SSTには創始者がいない。タルモンはこのテーマに注目し，この現象を体系的に研究するグループを結成した最初の人物として認知されているが，このアプローチの創始者とも，開発や方法論の革新のために参照すべき指導者とも考えられていない。むしろ，タルモンらの一連の調査や研究は，それぞれのセッションの効果を最大にしようとする者の出発点であり，今もそうであると言えるかもしれない。とはいえ，ICSSTでは，タルモン，ホイト，ローゼンバウムの研究を出発点とした，主に三つのSSTの方法を特定している。もちろん，これらの方法だけではないとわかるが，科学的な文献，方法論の体系化，臨床例の報告という点で，最初の主要な貢献をしたと考えられている。また，彼らの研究は他の研究や今後の研究の刺激となる大きな影響力を持っている。
　以下にわかりやすく三つのモデルに分けて紹介する。

1. **カリフォルニア・メソッド**　タルモン，ホイト，ローゼンバウムの最初の研究と，当時3人が働いていた医療機関カイザー・パーマネンテでの研究から始まる（Hoyt, 2009；Hoyt, 2000ab；Hoyt, 1994b；Talmon, 1993；Hoyt, Rosenbaum & Talmon, 1992；Rosenbaum et al., 1990；Talmon, 1990）。
2. **カナダ／テキサス・メソッド**　アーノルド・スライヴとモンティ・ボベルに代表される。前者はカルガリー（カナダ）でイーストサイド・ファミリー・センター（EFC）を立ち上げ，SSTを取り入れたウォークインのサービスを展開した。後者はスライヴと出会った後，サンアントニオ（テキサス州）のOur Lady of the Lake大学で同様のサービスを立ち上げた。それ以来，二人は積極的にSSTのメソッドを開発してきた（Bobele & Slive, 2014；Slive & Bobele, 2011, 2013, 2014；Bobele, Lopez, Scamardo & Solórzano, 2008；Slive, 2008；Slive, McElheran & Lawson, 2008）。
3. **オーストラリア・メソッド**　メルボルンのブーヴェリー・センター（ジェ

フ・ヤング率いるファミリーセンター）で行われた活動に代表される。書籍はまだ出版されていないが，1994年以来ブーヴェリー・センターでは数百人のオーストラリア人（および外国人）のセラピストと数十の医療施設にSSTトレーニングを提供してきた。例を挙げると，2004年にビクトリア州福祉局が同センターに委託し，地域の医療施設のセラピストや管理職数百人を対象に研修を実施している。このセンターの手法は，さまざまな専門家（心理士，心理療法士，精神科医だけでなく，看護師，ソーシャルワーカー，ヘルスマネージャーなど）に適応できるため，しばしば**シングルセッション・ワーク**，最近ではシングルセッション・シンキングと呼ばれている。それらに関する論文も数多くある。参考までに，2012年に発刊されたAustralian and New Zealand Journal of Family Therapyの第33巻1号は，シングルセッション・セラピーの特集が組まれている（Hoyt et al., 2021, 2018, 2014も参照）。

ここでそれぞれのメソッドの主要なガイドラインについて詳しく見ていくが，その前に三つに共通する前提を九つのポイントにまとめた。そのうちのいくつかは，直接的に作用する結果であり，マインドセットの議論に重ね合わせることができるだろう。

1. **変化は可能だが，すべての問題を1回で解決できるわけではない。**調査によると，SSTはおおよそどのような問題にも適用できるが（Hoyt & Talmon, 2014a ; Hoyt et al., 1992），誰もが1回のセッションで効果を得られるわけではないことが示されている[原注2]。約40〜60%の人が1回のセッションで十分だと感じているという調査報告がある。そのうちの60〜80%はフォローアップ時にこの結果が維持されていた。ブーヴェリー・センターでは「セッションが終結する前に，それが最後のセッションになるかどうかはわからない」と明言している。イタリアン・センターでは，「最初のセッションが最後のセッションになるかどうかは3週間のフォローアップより前にはわからない」と，より慎重な姿勢をとっている。

2. **それぞれの出会いをそれ自体で完結するという視点で見る。**マインドセッ

トに示されるように，それぞれの出会いはセッションの最後までに達成すべき目標によって定義されたひとまとまりとして考えなければならない。多くの治療的オリエンテーションの設定には，この可能性の余地がほとんどない。まるで，一度の出会い（特に最初の出会い）で何かを開いて閉じることは不可能であるかのようだ。ここでまたしても，認識論的な解釈に直面することになる——つまり現実的には，セッションをそれ自体で完結させることを妨げるものは何もないのだ[原注3]。もちろん，必ずそうしなければならないというわけではなく，可能だということである。

3. **現在に焦点を当てる**。この目標は，過去の内在するプロセスやダイナミクスよりも「今，ここ」に焦点を合わせる多くのブリーフセラピー（Hoyt, 2009）に典型的なものである。すべてのシングルセッションごとに現在に集中することで，セラピーは効果的になると同時により効率的になる。すべての問題は過去に生じたものだが，それを維持させているのは現在の行動と認識であり，私たちはそれらに取り組む必要がある。過去や個人の無意識のダイナミクスを扱うことに慣れているセラピストは，両方の水準に働きかけやすいので，このような側面を容易に自分のアプローチに統合することができるだろう。

4. **セッションで達成すべきゴールを特定する**。セネカの言葉にあるように「どの港へ向かうのかを知らぬものにとっては，いかなる風も順風たり得ない」（Lettere a Lucilio, letter 71 ; 1975, pp.458-459, 原著者訳）。このように，セッションではその中で達成すべき具体的なゴールを明確にすることが重要である。それができない場合もある（次章参照）が，個々の面接の効果を最大にするためには，常に具体的なゴールを示す必要がある。それはその人にとっての大きなゴールである場合もあれば，より大きなゴールの中の小さなゴールの場合もある。

5. **焦ったり素晴らしくあろうとしてはいけない**。この点については，前の章で説明した。現実的には，セラピストは1回のセッションに1時間，2時間，あるいはそれ以下というように，自分たちが必要と考える時間を確保しなければならない。しかし重要なのは，「到達しよう」「結果を出そう」と焦ったり，「素晴らしくあろう」と一生懸命になることではない。セッ

ションは現在の問題に対する解決策を見つけることができてこれで最後となるか，あるいはならないかである。繰り返しになるが，最速のサービスを提供することではなく，クライエントの問題に最も適したサービスを提供することが論点である。

6. **強みを特定し強調する。**誰もが資源，強み，対処法を持っており，それを活用している。セラピストは，その人のとても貴重な問題解決のリソースとなる「宝箱」を少し覗いて探ることができる。エリクソンの業績（Haley, 1973；Erickson, 1966）に戻ると，彼は欠点や機能不全的な行動に焦点を当てなかったことに注目する必要がある。人はそれぞれ大きな可能性と自己治癒力を持っているという前提で，セラピストはその人がそれらを発揮し変化できるようにしたいのである。エリクソンは，誰もが自分が持っているリソースを見失うことが非常に多く，このプロセスの目的は自分たちが必要なものをすでに持っていることを思い出させるようにすることであると主張した。次章では，このモデルを実現するための方法をより詳しく説明する。

7. **大きな問題には，必ずしも大きな解決策が必要とは限らない。**私たちは，長い間続いている問題や，誰かの人生に大きな影響を与えるような問題の解決には，同じように極めて大きな介入が必要だと考えがちである。私たちは，これがしばしば真実ではないことをすでにみてきた。多くのアプローチは，シンプルであることを強みとしている（解決志向ブリーフセラピーを考えてほしい）。複雑にするよりも単純化することで，問題の複雑さを「便利で扱える具合に」減らすのだ（Poerksen, 2004, p.184）。問題が「大きい」のであれば，シンプルだという前提で問題にアプローチし，介入を展開すべきだ。大きな問題と同じように大きな前提や行動をとることで問題を大きくしてしまう危険性がある。セラピストは常に最小限の介入から始め（次章のフィードバックの仕方を参照），必要に応じてより複雑な技法を追加していく。

8. **面接を適切に締めくくり，問題を残したままにしない。**特にSSTにおいては時間の管理が重要である。これまで述べてきたように，それぞれの面接には始まりと終わりがなければならない。つまり，その人たちが中断し

たまま，あるいは未完了の問題を抱えたままではいけないということだ。よって，セッション中は特定のゴールに集中する必要があり，セラピストも脱線しないよう軌道修正が必要である（次章を参照）。
9. 「ドアを開けたまま」にする。各々の1回限りの出会いの効果を最大にすることが目的であれば，必要と感じたときにいつでも追加のセッションを求めることができる機会を与えるべきである。これについては次章で説明する。

SSTの三つの主要なメソッド

ここで，主要な三つのSSTモデルについてより詳しく見ていこう。

上述したように，世界にはタルモンらの下地を出発点としたもの，あるいは完全に独自の方法でSSTを実施している施設が数多くある（後者の場合，SSTという言葉は必ずしも使用されない）。しかし，以下の三つのモデルは最も完成度が高く，シングルセッションに関する文献に最も大きく貢献していると思われる[原注4]。既存の資料が多いため，ここでは詳細な検証を避け，参考文献に触れることにする。ただ，私たちは必要不可欠なポイントをすべて集約したいと考えた。

カリフォルニア・メソッド（タルモン，ホイト，ローゼンバウム）

SSTの先駆者たちの取り組みから議論を始めることが必要不可欠である。以下の一般原則（Rosenbaum et al., 1990で初めて体系化された）は，著者らが初期の調査で行った観察により明らかになった。ビデオ録画を注意深く観察したことから，他のモデルにも共通する10の一般原則を定義し，それらをもとに運用ガイドラインを導き出した。早速，目を通してみよう。

1. 変化を期待する。1回のセッションで変化があり得ないと思えば，必ず現実となる。
2. 一つひとつの出会いをそれ自体で完結するものとしてとらえる。長い旅の

最初の部分だけとしてみない。
3. 慌てず，奇をてらわない。最も悪い結果は，その1回でまとまらず別の面接が必要になるということ。
4. 病気や限界に焦点を当てるのではなく，その人の能力や長所を強調する。
5. セラピーではなく，生活が偉大なる師である。週に1回のセッションを受ける古典的な枠組みでは，クライエントはあなたのオフィスで1時間，社会で167時間を過ごすことを思い出してほしい。あなたはその時間をどう活かすことができるだろうか？
6. 必ずしも多ければ良いということはない。むしろ少ない方が大きな効果を得られる。心理療法の期間を比較すると，多くの研究（Harnett, O'Donovan & Lambert 2010；Baldwin, Berkeljon, Atkins, Olsen & Nielsen, 2009；Feaster, Newman & Rice, 2003）は，ほとんどの結果が最初のセッションで得られることを示している。最初のセッションを，最初の1分間から，最大限に活用しよう。
7. 大きな問題は，必ずしも大きな解決策を必要としない。深刻な問題を抱えたクライエントは，自分の心の奥底を探ろうとするよりも，現実的な助けを求めていることが多い。
8. セラピーの本質は「クライエントが自分で自分を助けられるよう援助すること」であり，「セラピストの要求を満たす」ことではない。
9. 多くのクライエントは（時間的，金銭的に）限られた時間しか利用できない。これらを考慮し尊重する必要がある。
10. クライエントに役に立つような余地を残し，新たな可能性を開き，示唆を与えるような形で締めくくる。

この一般原則から，彼らは以下のガイドラインを作成した（Hoyt et al., 1992；Talmon, 1990）。

1. 導入と準備を通じて変化の「種」をまく。エリクソニアン・アプローチに詳しい方は，「種まき」と「散りばめ技法」の概念を知っているかもしれないが（Erickson, 1966；次章も参照），一般的には，どんなセラピストで

も簡単に適用できる原理である。セッション全体を通して（可能であればセッションの前の段階でも），その出会いの中で変化が起こりうるという考えを植えつける必要がある。これははじめにそのセッションが最後になる可能性があることを説明したとき，またはそのために作成された質問票を使用して行われる。次章では，このアイデアをどのように発展させたかを説明する。

2. **作業同盟（治療同盟）を構築する。** これがあらゆる心理療法の基本原則であるとすれば，SST では特に，具体的で達成可能な治療目標をクライエントと共に創りあげることで同盟関係を構築する必要がある。これを行うことができれば，最初の数分間でも確かな治療関係を築くことができるだろう（Norcross, 2010 ; Hoyt, 2009）。クライエントと目標を共に創るという着想は，援助関係を動かす原則は専門家のみが知識を持ち主体となることではないという考えに由来する。問題を先験的に定義したり，解決策を単独で決めたりするのではなく，当事者と一緒に問題解決に向けたプロセスを構築していく。そのため介入全体は，決められた方法論の型をそのまま適用するのではなく，クライエントの参加を促し，クライエント自身であることに価値を見出す共同の過程となる。

3. **十分な時間を確保する。** 目標は，セッションの終わりに，必要なことを処理し，空白や問題の放置を回避することである。これはセッションの長さとは関係ない。実際，シングルセッションのセラピーや，世界的に日々提供されている多くのサービスでは，経験的に1セッションは30～150分までである。SST を異なるオリエンテーションを持つセラピストが実践できる枠組みとして理解すると，その面接時間は，文脈，セラピストのスタイル，設定に関連する。

4. **「ピボット・コード（共通の和音）」に注目する。** セッションで設定したゴールを達成するための鍵となる瞬間，課題，ポイントを確認する。つまり，その目的は，セッション全体の中心となるべき核を特定し，それに焦点を当てることだ。彼らは「ピボット・コード（共通の和音）」を作る核心を見極めるには，解釈を避け，耳を傾けるだけで十分だと示唆している。それを活用するために，セラピストは相手の用いた言葉を使い，彼ら自身が

セッションに持ち込んだテーマ，比喩，逸話を使う必要がある。このように，「ピボット・コード」を特定することで，その面接の後も雪だるま式に良い効果が続く一連の変化を引き起こす起点となり得る。

5. **ゆっくりと，その人の強みを見極める**。これは間違いなく，あらゆるSSTの鍵となるものである。問題に集中したり広げたりせず，リソースに焦点を当てることで，クライエントは自分自身の新しい表現を構築したり再発見することができる。そしてそれらは発達のプロセスを確実に活性化し，自己効力感やエンパワーメントを促進する。タルモンたちは，シングルセッションの成功例の研究は，「アンコモン・セラピー」[原注5]ではなく，病的な側面ではなく，人々の強みに焦点を当てた「コモン・セラピー」であったと報告している。

6. **セッション中に可能な解決策を試す**。希望，変化への意欲，将来の展望が刺激されるような積極的な解決策を探索し，試行できるようセッションを利用する。SSTの原則は「1回のセッションの効果を最大化すること」であり，そのためには面接中にも解決策を提案することが有効である。しかし，「その場しのぎ」の説明よりも，「今，ここで」体験したことの方が，より大きな治療効果が得られる場合がある。クライエントが今までとは違う考え方，感じ方，行動をするような強烈な体験は，有効な治療的手段となる。それらによって，クライエントは行き詰まった地点から動き，望ましい変化を現実的かつ即座に実現し，自由な感覚が生まれ，自分を押しとどめ，動けなくしていたあらゆる考えが妥当なものでないことがわかる。SSTにおける経験的要素の使用は，特定の技法や理論に限定されてはならない（Talmon, 1990, pp.44-45）。

7. **ブレイクをとる**。セッション中に浮かび上がったポイントを指摘し，焦点を合わせるために，面接中にブレイクを取る可能性を考えることは，システミックアプローチのトレーニングを受けた人々が広く用いる手法だ。彼らはまた，ブレイクがあることでその後に続くメッセージが強調されると指摘している。

8. **最後に数分考える時間を設ける**。彼らは，面接の最後に疑問や質問を残ったままにするのではなく，最後のわずかな時間を割いて，クライエントに

他に聞きたいことがあるかどうかを尋ねることを提案している。
9. **納得のいくフィードバックをする。**クライエントが変化を理解しそれを進める力を回復させることはSSTの本質的な部分である。クライエント中心であり，そして面接室の外では彼ら自身が人生に対処する。彼らは，クライエントのリソースと，セッション後にクライエントが変化のプロセスを継続するために取らなければならないステップとの関連性を強調するよう求めている。
10. **セッションを終了し，ドアを開かれたままにしておく。**セッションの終わりに，彼らはクライエントに「次の予約を取りたいか，それともこの出会いで十分だと思うか」と尋ねている。その際に，将来的なニーズにも対応できるよう「ドアは開けておく」ことを明確にする。

これまで見てきたように，必ずしもこの方法を遵守する必要はない。タルモン，ホイト，ローゼンバウムの3人は，一つのやり方ですべてに対応できるわけではないことを常に強調しており（彼らは本書の序文でもこのことを述べている），彼らのガイドラインはまさにこの精神に基づくものである。セラピストは，自分たちのモデルや理論的視点（3人の著者が全く異なる理論と実践のバックグラウンドを持っていることを忘れてはならない），そして自分たちのやり方に従って行動する自由を与えられている。この方法の限界は，基準が非常に流動的で，運用面であまり洗練されていないことかもしれないが，新しいSSTを開発し検証をするために最も適した下地と言えるだろう。

カナダ／テキサス・メソッド（アーノルド・スライヴ，モンティ・ボベル）

Bobele & Slive（2014, 2011）は，先述したHoytら（1990）のガイドラインに沿ったSSTセッションのフォーマットについて述べているが，それらを主にメンタル・リサーチ・インスティテュート（Mental Research Institute：MRI）のブリーフセラピーの手法（Fisch, Weakland & Segal, 1982；Watzlawick et al., 1974），解決志向ブリーフセラピー（de Shazer et al., 1986）およびミラノ派モデル（Boscolo, Cecchin, Hoffman & Penn, 1987）から引用した原則や実践と統

合・拡張している。また，ナラティブセラピーや戦略的アプローチといった他のアプローチや，システム論，構成主義，エリクソニアンといった思想の影響も顕著に見られるようだ。カナダ／テキサス・メソッドは，サービスの種類においてカリフォルニア・メソッドと部分的に異なる方法を取る。それはウォークイン・クリニックという構造である。すべては EFC から始まる。この施設は予約なしで直接利用でき，時には同じセラピストに再度診てもらう機会もある[原注6]。スライブとボベルが開発した手法は，現在さまざまな文脈で応用され，Our Lady of the Lake 大学のトレーニングセッションにも用いられている（Slive & Bobele, 2011）。特に直接サービスにアクセスすることに関連して，このセッションの主な狙いは次のように三つある。クライエントに精神的な安らぎを与え，問題解決への希望と期待を高め，達成可能な結果を明らかにさせることである[原注7]。

　これらの結果は，いくつかの基本原則から出発して，この後に示す構造化された方法によって実現される。

- **その人が望むものは何か**。セラピストは，「今，ここ」に焦点を当て，期待や要望を明らかにするための具体的な質問を通して，クライエントの要求を理解する必要がある。多くの場合，セッションは次の質問から始まる。「今日の面接に何を期待しますか？」あるいは，「このセッションで，ここに来たことが役に立ったと言えるようになるには何が必要ですか？」。つまり，まずはクライエントが何を求めているのかを理解することが大切である。
- **コンテクスト（文脈）の理解を深める**。「なぜ今なのか」という，非常に具体的な質問をする。その問題が個人の日常生活の中でどの程度問題になっているのか，Stern（2004）が言うところの「今この瞬間」に，なぜこのタイミングで相談をすることになったのかを調査することで，依頼全体の文脈を把握し，クライエントの限界やリソースをある程度把握することができるようになる。
- **クライエントのリソース**。すでに見てきたように，すべての方略に共通する点は，クライエントの強みとリソースに焦点を当てることである。誰も

が問題解決のために使える内的・外的なリソースを持っており，それをすでに使っているという前提でスタートする。専門家の仕事は，人々がすでに持っているものを再発見できる道筋を提供することである。

- **解決努力を分析する**。MRIのブリーフセラピーモデル（Fisch et al., 1982；Watzlawick et al., 1974）に沿って，問題を解決しようとして特に行われる一連の行動によって，問題が発生し，維持されていると仮定する。これについては，次章で述べる。

- **クライエントの動機づけを利用する**。ド・シェイザーらの解決志向ブリーフセラピーモデル（1986）によると，彼らは「抵抗」（de Shazer, 1984）の概念に固執せず，治療的作業を協同の観点から考えることを好んでいる。クライエントは変化することに強い意欲を持っていると見なされ，抵抗は，クライエントが，セラピストによって明示的または暗示的に要求したり，特定された方法で協力できないことを示す方法にほかならないと考える。したがって，セラピストはより適切な協同の形を構築することにコミットしなければならない。

- **小さく考える**。EFCでは，年間約3,000件の相談を受けているが，そこでは最近，危機的状況を経験した人の相談が多いとスライブとボベルは指摘している。これまでの経験では，そうした状況では，時間を絞り，小さな一歩から始めることがその人にとって有益であり，非常に満足度の高いものになる。

- **解決志向ブリーフセラピーの技法を用いる**。例外の探索，問題がもはやなくなった未来にクライエントを導くこと[訳注1]，具体的なゴールの設定，本人の能力を引き出す質問など。これらは，解決志向ブリーフセラピー（de Shazer et al., 1986）から取り入れた要素で，この方略の実践に十分に統合されている。

- **クライエントの変化の理論**。この原則は，Duncan and Miller（2000）を引用しており，何が問題を維持しているのか，問題を解決するために何が必要なのか，クライエント自身の考えを引き出す。次章では，この点をさらに掘り下げていく。

- **コンプリメントを行う**。介入課題をチームで共有するためのブレイクを挟

み，そこから見えてきたことや実践的な戦略をフィードバックする前に，セラピストはチーム全体を代表して，クライエントが問題に対処するためにこれまで発揮されたリソースとスキルを称賛する。そうすることで，長所が強調され，批判を覚悟していたクライエントも驚き，能力があり行動できる感覚を取り戻し，一般的にはその後の提案をより受け入れやすくなる。

現段階で，私たちはカリフォルニア・メソッドよりも構造化されたカナダ／テキサス・メソッドのガイドラインに行き着く。スライブとボベルが監修，設立，または着想を得たウォークイン・センターでは経験上，通常3～6人の専門家のチームが対応する。チームのうち一人か二人のセラピストは面接室で，他はワンウェイ・ミラーの後ろで待機する。クライエントは待合室に迎え入れられ，簡単な質問票に回答する。質問票には，詳細な個人情報，ワンウェイ・ミラーから観察されることの許可，現在のストレスレベルを1～10までのスケールで記入する。また，セッションで取り上げたいその人の希望やテーマについての質問も含まれている。

シングルセッションは通常，以下のように構成される(Bobele & Slive, 2014)。

1. **事前説明**　質問票により，個人情報，治療目的などの一般的な情報を収集する。その情報をもとに担当者を決め，最初の介入計画が立てられる。
2. **面接**　この段階では，担当者にはいくつかの課題が課される。協力的な治療関係を即座に確立すること。サービスの仕組みや，今回が最後のセッションになる可能性があることをクライエントに伝えること。問題とゴールを定義すること。リソースと限界を検討すること。
3. **コンサルテーション・ブレイク**　セラピストは部屋を出て，チームと一緒に数分かけて面接の前半で特定されたリソースと強みを見直し，個々の介入計画を作成する。
4. **クロージング**　部屋に戻るとセラピストはクライエントのレジリエンスとこれまでの進歩を称賛し，セッション中に明らかになったことや特に自分とチームが気づいた強みとリソースについてフィードバックを与える。

5. **介入課題** 必ずしもということではないが，一般的にこの段階で治療者は望ましいゴールを達成するために，今後，数日間で実行すべきタスクや戦略を提案する。
6. **デブリーフィング** チームはミーティングを行い，介入で起こったことを記録し，リソース，重要な問題，改善のためのポイントを指摘する。

ご覧のように，スライブとボベルのモデルはより図式的に定義されている。おそらく，ウォークイン・センターという特殊な状況に対して明確な構造が必要だったのだろう。そうした状況で訓練を受けたセラピストが容易に実践できるような明確な運営方針を示す必要があり，その結果，明確な形を持ったモデルが生まれたのである。他の手法と異なり，技術的，理論的，認識論的な出発点が明確であるため，それらが異なるセラピストのアプローチに適応することが容易ではない可能性がある。しかし，このことはまた，個々の専門家の実践においても，このモデルを実施しようとする機関においても，より容易に伝達され，より容易に統合されるとも言える。

オーストラリア・メソッド（ブーヴェリー・センター）

オーストラリアでは，ジェフ・ヤングの運営するブーヴェリー・センターにおいて，SSTと**シングルセッション・ワーク**（SSW）という言葉が同じように使われているが，最近では**シングルセッション・シンキング**という包括的な言葉が好まれている。このように，ブーヴェリーでは，心理士，心理療法士，精神科医だけでなく，看護師，ソーシャルワーカー，医師，保健所長など，医療システムに関わる人物を，それぞれの職業規則に配慮しながら，定期的に研修している。私たちはこの選択を高く評価する。「セラピー」という言葉をなくすことで，それぞれの面接で最大限の利益を得るための多くの原則が，異なる専門家によって，異なる文脈で，異なる目的のために適用されるようになる。

ブーヴェリー・センターで行われた研究，あるいはセンターとある程度関係のある研究者が独自に行った研究は，おそらく最も盛んなものの一つである。しかし，何よりも，このセンターを最前線に押し上げたのは，豊富なトレーニ

ング経験だ。20年以上にわたって，個人的にも専門施設でも，何百人もの専門家がトレーニングを受けている。さらに，同センターは主に家族のためのセンターであるため，この立場からSSTの特殊な形（シングルセッション・ファミリー・セラピー）を開発した。

　オーストラリア・メソッドでは，SSWを大きく三つのフェーズに分け，原則を共有している。

- **契約**　クライエントはセンターに連絡し，センターはどのサービスを必要としているかを評価し，SSWの全体のプロセスを説明する。そして，半数のクライエントは1回のワークセッションに満足し，残りの半数はさらにアポイントを取りたがるという調査結果があるが，どちらの状況も前向きで，善し悪しはないことを伝える。また，事前に質問票を送付し，記入して予約当日に持参するようお願いしている。
- **セッション**　一人または複数のセラピストと対面で面接を行う[原注8]。リスクがあると判断された場合，セラピストは緊急時のプロトコル（an ad hoc studied protocol）に従うが，そうでない場合は通常のセッションが行われ，終了後2〜3週間後に電話でのフォローアップが行われる。
- **フォローアップ**　電話によるフォローアップでは，セラピストがセッションのフィードバックを求め，新たな面談が必要であるかどうかを本人とともに評価する。通常，選択肢は，2回目のシングルセッション，継続的な治療コース，センターの他のサービスへの紹介，地域の他のサービスへの紹介，または何もしない（通常，必要であれば今後センターに連絡するようにとの案内がある）などである。この段階で，セラピストは面接結果について質問票をクライエントに送り，満足度を評価してもらう。

　ブーヴェリー・センターのSSWセッションは，おそらく最も構造化されており，非常に柔軟でオープンな方法論を提供すると同時に，具体的なガイドラインを与える。この方法論の多くはセンターの教育に組み込まれており，同センターはまだその理念をまとめた書籍を出版していないが，私たちは研究結果，利用可能な論文や章に基づいて，いくつかのガイドラインを作成した（例とし

て Rycroft, 2018；Young, 2018；Rycroft & Young, 2014；Young, Rycroft & Weir, 2014；Young, Weir & Rycroft, 2012；Young & Rycroft, 1997；およびHoyt et al., 2014, 2018, 2021 の章を参照）。

- SSWの枠組みと効果の説明。カリフォルニア・メソッドにも見られるように，専門家（とクライエント）が1回のセッションで十分かもしれないと知っていることで，セッション内外で最大限の力を発揮できる。さらに，必要に応じていつでもセッションを受けられるので，クライエントも安心できる。
- ゴールを明確にし，優先順位をつける。たとえ一度きりであっても，各面接でクライエントが何を望んでいるかを探ることが重要である。セッションを通じて，最も重要なゴールを特定し，優先順位をつける必要がある。
- 要点をつく。温かみがあり，思いやりのあるアプローチにより，お互いに正直で率直な関係を築くことが必要である。
- 時間を味方にする。セッションに使える時間を明確に，かつ敬意をもって伝えることで，クライエントにとって重要なことを治療するための時間を適切に管理することができる。
- 常に確認をする。進むべき道の上にいることを確認し，最初に決めた目標から離れたところにセラピーが流されないようにするために，常に確認することが重要である。これは，クライエントが提供するコンテンツに対する感受性を示す最も簡単な方法である。
- フィードバックを行い，考えを共有する。クライエントはしばしば，自分の問題，アイデア，行動に対してセラピストがどう考えているかを知りたがる。セラピストは，自分の役割が与えるプラスとマイナスの意味合いを共に考慮し，セッションの場を利用して本人とフィードバックや考えを共有する必要がある。
- 心もドアもオープンに。読者はもうおわかりだと思うが，1回1回の出会いに対して，それが最後かもしれないと思いながら，さらにセッションを提供する可能性にオープンであるべきである。調査によると，40〜60％の人は1回のセッションで十分だと考えているようだ。彼らは常にドアが

開いていることを告げられる。もちろん，もっと多くのセッションを受ける人もいる。

　オーストラリア・メソッドは，非常に具体的なガイドラインを提供する方法だが，同時にセラピストを定義された理論や実践の文献で縛るものではない。トレーニングでは，使用されるべき治療的オリエンテーションに言及する要素はなく，ガイドラインは非常に明確だが，容易に変更できる手順が含まれている。これはおそらく，イタリアン・センターに最も影響を与えた手法の一つであり，私たちのモデル開発の最適な出発点となった[原注9]。

結　論

　この章では，一般的なガイドラインと，現在までの三つの主要なSSTのメソッドと考えられるものについて，簡潔ではあるが概要を説明した。先ほどから述べているように，これらの方法だけでなく他の応用例もあるだろう。しかし，これまでのところ，これらのメソッドの著者らがこのテーマについて最も多く執筆し，SSTのトレーニングや情報に最も大きな影響を及ぼしているように思われる。次章では，私たちの研究と，これらの文献や他のモデルの統合であるICSSTのメソッドについて見ていこう。

▶原注
1────この用語は，SSTなどのモデルと介入を定義するために使用されてきた。私たちは決してこの用語を使わないし，個人的にはそれが限定的で，役に立たず，不愉快に感じている。
2────実際に，引用した著者の中には，生物学的要因の強い状態や自殺のリスクのある人など特定の問題や障害をSSTの対象から除外した方が良いと考える者もいた。しかし私たちは異なる見解を持っている。前述のように，SSTは私たちの同僚であるニコラ・ピッチニーニの表現を借りれば，上部構造，あるいはメタモデルである（同義語だが，無関係な概念であるNLPと混同しないでほしい）。このアプローチと実践は，神経症の患者に対してであれば，セラピストが目標を「問題の解決」から「問題解決のためのツール，

戦略，封じ込め，処理のスペース，施設の情報などの提供」に変えることで使用できる。ブーヴェリー・センターが他の医療従事者を容易にトレーニングできるのは，いったん目標が定まれば，SSTの原則は目的に適応されやすいためである。

3————ワークショップでは，参加者が二人一組になって30分のSSTを行うが，その様子が印象的である。はじめの講義でSSTの基本を学び，トレーニングの要件を満たすために決められた時間枠の中で，参加者全員がオープニングとクロージングをうまくこなし，なんとかセッションを完了させることができた。演習ではクライエント役には実際の問題を語ってもらい，セラピスト役にはそれぞれの手法にSSTの原則を適応させて用いてもらうが，驚くことに多くの人が30分の簡単なエクササイズを終えると，「信じられない，問題が解けた！」と言うのだった。

4————ここで説明した三つのモデル以外も含むすべてのSSTの発展について最新情報を把握したいと考える方のために，私たちはポータルサイトを開設した。このポータルサイト（www.terapiasedutasingola.it）では，専門家向けの記事を定期的に掲載しているが，わかりやすい言葉で書かれており，それぞれの実例についてはすべて引用文献が掲載されている。

5————この引用はミルトン・エリクソンの卓越した能力を高く評価したジェイ・ヘイリー著の同名書籍（1973）を指す。しかし，私たちは，タルモンたちがすべての著作を通してエリクソンの業績を否定しているわけではないと考えている。エリクソン自身の作品によく見られる，華々しい行動をとらずに大きな効果を生み出すことのできるシンプルな介入に注目するようにと呼びかけているのである。

6————患者は当然，再びセッションを受けに来ることができる。ただし，同じセラピストが担当することを保証するものではない。

7————彼らによると，あるクライエントは，誰か（セラピスト）が自分の話を聞いてくれたということを実感し，またあるクライエントは物事を新しい視点で見るきっかけとなり，また別なクライエントは，今後どこに助けを求めればいいのかがわかるようになる。その他にも，さまざまなことが考えられる。

8————なお，ブーヴェリー・センターではセラピストではなく，ワーカーという言葉を使う。なぜなら，彼らの開発したSSTは，さまざまな職業に適用できるためである。

9————フラビオ・カニストラは，マイケル・F・ホイトのもとでトレーニングを

受けた後，ICSSTが設立されるまでの間，このメソッドをイタリアの状況に適合させるための最初のアイデアを，最初はひとりで，その後チームと共同で考案しはじめた。その後，ブーヴェリー・センターでの経験を経て，それまで学んだこと，実践してきたことを発展させ，チーム全体でイタリアン・メソッドをさらに構造化し，洗練させる機会を得た。

▶訳注
1————たとえば，ミラクルクエスチョンなど。

第5章
イタリアン・シングルセッション・セラピー

フラビオ・カニストラ

　イタリアン・シングルセッション・セラピー・センター（The Italian Center for Single Session Therapy：ICSST）が SST に関心を持ったのは，ごく最近のことで，このことは強みである。国際的な文献から学び，その主要な創始者たち（最初はカリフォルニアのマイケル・F・ホイト，次にオーストラリアのブーヴェリー・センターグループ，それから徐々に他の主要な人物も）から直接学び，既存の方法を発展させ，イタリアの文脈に適応させるための確かな基礎を築くことができた。2019 年，私たちはオーストラリアのメルボルンで開催された第 3 回国際シングルセッション・セラピー・シンポジウムに招待され，そこで初めて私たちの考えを発表した[原注 1]。

　この章では，イタリアン・センター独自の SST の実践について詳しく見ていく。まず，私たちが他の方法から学んだことを述べ，次に私たち自身のメソッドについて述べる。そして，セラピストが効果的なシングルセッションを行うために必要なスキルを詳しく説明し，最後に特定のケースに役立つコミュニケーション技法を紹介する。

3大メソッドからイタリアン・センターのメソッドへ

　前の章では，三つの主な SST のメソッドについて見てきた。それらに共通する一般的なガイドラインとともに，私たちはそれぞれから異なるアイデアを取り入れ，シングルセッションを提供する独自のメソッドを構築するための基礎を築いた。イタリアン・メソッドを開発しようと考えたのは，次の二つの理由

からだ。一つ目は，SST の理論的根拠と原則を，アメリカやオーストラリアのものとは異なるイタリアの環境に適応させる必要があったこと，二つ目は，既存の文献を分析した結果，概要を把握することができ，それを補完するようなまとめを作成することができたことである。

　タルモン，ホイト，そしてローゼンバウムのカリフォルニア・メソッドから，私たちは SST の一般的な考え方と**変化の種まき**という重要な原則を採用した（Rosenbaum, Hoyt & Talmon, 1990）。前章で述べたように，**散りばめ技法**（*interspersal technique*）と**種まき**（*seeding*）は伝統的なエリクソン催眠の一部である（Erickson, 1966）。

　　散りばめ技法では，重要な要素や戦略的な暗示があちこちに落とされ，すべてが同じ重要性，同じ重み，同じ価値を持つ。種まきでは，クライエントがすでにさまざまな意識状態で独自に取り組み始めている，以前に提案された暗示を拾い上げ，発展させるように治療が組み立てられる。このプロセスは，ある種のクレッシェンドのように何度も繰り返すことがある。（Ducci, 1995, pp.55-53, 原著者訳）

　より一般的には，セラピストは，変化はたった 1 回のセッションで可能であるという考えを散りばめることができる。これは，心理療法のプロセスは必ず数回のセッションで構成されなければならないという誤った信念（クライエントはしばしばこの考えを持ってセッションに臨む）を打ち破ると同時に，問題解決に必要な要素がそのセッションで特定できる可能性と，要素そのものにクライエントの注意を向けることができるため，重要な鍵となる。私たちは最終的に，クライエントの焦点を導き，問題と解決の可能性をとらえる新しい方法を提案している。ある同僚を頭から追い出すのに何カ月も苦労していたクライエント（彼は彼女を振ったが，彼女を「やきもきした状態」にし続けていた）が，セッションのはじめに，一度の出会いで十分かもしれないと私が言ったとき――すなわち「(1 回のセッションで終結するという) 保証はない」「でもその可能性はある」と私が言ったとき，驚いた様子だった。セッションが終わったとき，微笑んでいたのは彼女自身だった。彼女は，この 50 分間で，自分自身，

その男性，そしてその状況について，全く新しい別の認識を得たことを認め，彼について考えたり，「まるで私が彼の小さな犬であるかのように」振る舞ったりすることを，やめることができると自ら確信していた。2週間後のフォローアップでは，彼女は完全に彼のことを気にしなくなり，もはや彼のことは考えず，代わりに自分の人生で重要なことに集中していると言った。

私たちがカナディアン・メソッド（Slive & Bobele, 2011）から得た主なものは，**機能不全に陥った偽解決**を特定し，それを阻止するという実践であった。すでに説明したように，この概念はパロアルト（カリフォルニア州）のMRIブリーフセラピー・センターで開発されたものであり（Watzlawick, Weakland & Fisch, 1974），人が問題を解決するために（あるいは問題に対する反応として）行っている行動でありながら，実際には問題を維持したり，悪化させたりしているものを指す。著者らが言うように，「ある環境下では，問題というものは純粋に元の小さな困難を変えようとする誤った努力の結果から生まれるということである」（Watzlawick, Weakland & Fisch, 1974, p.35；邦訳, p.57）。実のところ，イタリアン・センターのチームメンバーは全員，ブリーフセラピー・センターのさまざまなブリーフセラピーのモデル（**戦略派やMRIブリーフセラピー・モデル**とも呼ばれる）のトレーニングも受けているので，私たちはこの考え方に非常に精通している。しかし，スライブとボベルのアプローチを知ることでそれを1回のセッションに統合する方法を学んだのだった[原注2]。私たちの方法を，機能不全に陥った偽解決の理論的起源と結びつける必要はないと考え，私たちは「機能不全行動の阻止」という表現を好む。

最後に，オーストラリア・メソッド（Young, Rycroft & Weir, 2014；Young, Weir & Rycrof, 2012；Young & Rycroft, 1997）から，主に（SSTの）プロセスの体系化と，1回のセッションを効果的に提供するために必要と考えられるいくつかのスキルを取り入れた。

重要なことは，説明したような側面は，あるメソッドが他のメソッドに対して**排他的**であるということではなく，むしろそのメソッド特有の特徴であると私たちは捉えている。さらに，シングルセッション・セラピーは治療的アプローチではなくメソッドであり，理論的な定式化よりも実践に関連するため，明確に定義されていないステップもある。最終的には，すべてのメソッドに共通す

る他の要素も取り入れた。

　私たちのメソッドは，特にコミュニケーションと抵抗を扱うことに重点を置いており，また，必要に応じてさまざまなパーツを使用できるよう，プロセスを高度にモジュール化している。

イタリアン・シングルセッション・セラピー

　すでに述べたように，イタリアン・センターでは，1回のセッションを実施するためのモジュール式のプロセスを開発した。しかし，最初に言っておかなければならないことがある。

　私たちのセンターの目標は，1回1回のセッションの効果を最大化する方法を研究することである。私たちがSSTを高く評価しているのは，それが理論的なアプローチではなく，各セッション，すなわち一つひとつが最後になるかもしれないセッションから最大限の効果を引き出すことを目的とした，統合された一連の実践と原則であるという点だ。このため，私たちは当初から，この結果を達成するために何ができるかを研究し，適用し，検証することに全力を注いできた。

　その意味は二つある。

　一つは，読者にはもうおわかりだろうが，私たちは，この分野の他の人物も強調しているように，SSTを「1回のセッションで行われなければならないプロセス」とは考えていない。そうではなく，各セッションから最大限の効果を得られるような要素をまとめることを目的としている。セラピーは，1回，1カ月，1年，それ以上と，常に長く続く。私たちの目標は，治療の総期間をできる限り短縮すること，そしてクライエントが毎回の予約から有益なものを確実に持ち帰ることを目的として，各セッションから最良の結果が得られるような実践方法を研究し，適用し，検証することである。

　もう一つは，絶え間ない研究，ひいては絶え間ない学習と探求を意味するということである。ここで説明する方法は，私たちの研究において最も最近開発されたものであるが，終点ではなく，新たな出発点であることを自覚している。

　とはいえ，読者が自分の仕事にSSTを使い始めるために，このメソッドの実

際を紹介する。

　ここでは，シングルセッションの原則と実践を，メソッド，中心となる介入，コミュニケーション技法の三つのグループに分けて説明する。**メソッド**は，最初の出会いからセッション中，そしてフォローアップに至るまで，何をすべきかを段階的に分析するものである。これは，SST全体のフレームであり，枠組みである。**中心となる介入**は，セッション中に行うアプローチや実践である。これらは，セラピストが各セッションを最大限に活用するために不可欠な要素である[原注3]。**コミュニケーション技法**は，特定の状況に対処するために役立つものである。それらは唯一の技法ではないし，それらについて深く述べることは本章の範囲を超えているため，参考文献と共に触れる。

　イタリアン・メソッドは「モジュール式のプロセス」としてデザインされている。これは，三つのセットのそれぞれが，他のセットから独立して適用したり，使用できるようになっていることを指している。また，可能であれば，セット内の各要素（たとえば，後で述べるように，メソッドの一つのステージだけを選択する）にも適用される。読者は私たちの言葉が何を意味するのか，もうおわかりだろう。専門家は必要に応じて，自分のニーズや，クライエント，面接のセッティングに合わせて，最も適したセットや要素を使用することができるのである[原注4]。

シングルセッションのメソッド

　シングルセッションの段階的なモデルを作るために，私たちはマイケル・F・ホイト（Hoyt, 2009）の一般的なブリーフセラピーのセッションを研究した。私たちのモデルには五つの段階があり，そこにはいくつかの戦略（Hoytから取り入れたものと私たち独自の新しいもの）が含まれている。読者は，いくつかの戦略が強調されていることに気づくだろう。これらは，前述した**中心となる介入**であるが，この点については後で説明するので，今は無視していただきたい。

　このメソッドの五つの段階と，関連する戦略は以下の通りである。

1. **治療前**　第一印象をつかむ。質問票を実施する。
2. **序盤**　シングルセッションを紹介する。実際的な言葉で問題を定義する。ゴールを明確にし，優先順位を決める。常にフィードバックを求める。作業同盟（治療同盟）を結ぶ。
3. **中盤**　クライエントの変化の理論を調査する。問題に対するリソースと例外を調べる。機能不全に陥っている行動を調査し，クライエントにコンプリメント，フィードバック，提案を与える。セッションの中で解決策を探ったり，試したりする。順調に進んでいることを確認するためにフィードバックを求める。
4. **終盤**　抜け落ちている要素がないかの確認。介入課題の提示。このセッションの評価。「ドアが開かれていること」の説明。フォローアップや次回の来談に関しての説明。事務手続き。
5. **フォローアップ**　後日，フィードバックを求める。新たな面接の必要性を評価する。「ドアが開かれていること」について説明する。

これらの段階と戦略を詳しく見てみよう。

治療前

　治療前の段階は，クライエントとの最初の出会いからセッションの開始までである。私たちはこの段階でもシングルセッションを促進する実践ができる。
　はじめに，解決志向ブリーフセラピーから取り入れた技法である「スケルトン・キー・クエスチョン」（Weiner-Davis, de Shazer & Gingerich, 1987）を使う。この技法は，クライエントに，最初のセッションで出会った際のポジティブな要素をすべて書き留めてもらうというものである。一連の研究では，この課題が治療前に（問題の）改善につながったことが示されている（Allgood, Parham, Salts & Smith, 1995 ; Lawson, 1994 ; Weiner Davis et al., 1987）。しかし，文献を掘り下げていくと，この実践が効果的でないことを示している研究（Johnson, 1995）や，あるいはマイナス面さえも発見している研究（ただし，著者らはこれにはさらなる調査が必要であるとしている（Throckmorton, Best & Alison, 2001））にも出くわした。

したがって，私たちは今のところ，セラピストが最初に連絡を取る際には，次のことに限定するように勧めている。

1. **セラピーを希望する人と約束を取りつける**。通常，私たちは，誰かが第三者を（面接場面に）呼んでいるなど，そうしない理由がない限り，私たちに連絡をくれた人と約束を取りつける。この場合でも，可能な限り「患者とみなされた人」（Selvini Palazzoli, Boscolo, Cecchin & Prata, 1978）と連絡を取るようにしている。しかしながら，このことを強く主張することは避ける。というのも，第三者が申し込んでくるという事実そのものが，問題が存在していることを示しているからである。
2. **問題についての当初の考えを把握する**。電話中に，セラピーを希望する理由を教えてもらえるか尋ねる。理由は後で予約の日付の横にメモとしてまとめる。これは二つの意味で有益である。一つは，その**問題**に対してシングルセッションが可能かどうかがわかることである（セラピストは，特定の問題に対してはSSTを使わないという選択をすることができる）。もう一つは，SSTをその人に提案するかどうかの仮説を立て始めることができることである。場合によっては，この最初の答えに基づいて，セッションの最初にSSTを紹介することが逆効果かどうかを評価することができる（セラピストは最後にSSTを提案することをいつでも検討できる）[原注5]。

ここで，SSTの「紹介」と「使用」を区別しなければならない。SSTの方法論は，たとえその段階（あるいは開始時）で，セラピーが1回で終わる可能性があることを明言しないという予防策をとったとしても，常に使用することができる。

治療前の段階における二つ目の戦略は，質問票の実施である。セラピーにおいて質問票には二つの機能がある（Slive et al., 2011）。それは，最初のセッションから，具体的で評価できる変化が可能であるという考えを植えつけること[原注6]，クライエントとセラピストの双方が問題とゴールを定義し始めるのを助けることである。ブーヴェリー・センターの研究と文献レビュー（Slive et al., 2011）から作られたこの質問票（付録A）は，シンプルでわかりやすく，問

題とゴールを速やかに設定できるようにデザインされている。クライエントは，来談するとすぐに待合室で5〜10分ほどの時間をかけて記入する。その後，セラピストは彼らを面接室に招き，彼らの前ですぐに質問票を読む。その時点でセッションが始まり，セッションを進めるガイドとして，また問題とゴールを定義するためのものとして質問票が参照される。はっきりしていることは，質問票は柔軟に使われなければならないということである。クライエントは実際には別の問題に取り組みたいと気づくかもしれない。セラピストはクライエントに修正する機会を与えなければならない。

序盤 (Initial phase)

序盤は，セッションが始まるときに始まる。理想的な1時間のセッションの場合，最初の10〜20分が序盤となる[原注7]。

まず，この段階では，**セラピストが口頭でシングルセッションの概念を紹介することが不可欠である**（先に説明したように，それを避けることが適切でないと思われる場合）。これには複数の目的がある。

a. 心理療法や心理カウンセリングには，必ず複数回の予約が必要だという思い込みを打ち砕く。
b. 重大な変化がそのセッションで起こるかもしれない，あるいは少なくとも始まるかもしれないという考えを散りばめる（Erickson, 1966）。
c. クライエントの目に映る問題を再構築する（ノーマライゼーション・テクニック（Carpetto, 2008 などを参照））。

より一般的に説明すると，次のように言える。セラピストは，セラピーが終わるころには，クライエントがすでに，さらなるセッションが必要かどうか，セッションで得たものが問題を一人で処理するのに十分かどうか，あるいは問題はすでに**解決**したと感じているかどうかを評価できる状態にある可能性があることを伝える。これは，セラピストの役割を再定義する上で重要なことである。つまり，セラピストは，個人が問題を解決するのを助けるだけの存在ではない。セラピストは，クライエントが治療プロセスを開始するのを助けたり，

クライエントが自分で問題に対処できるようにするための戦略やリソースを提供したり，問題の処理と話し合いの場を提供したりすることもできるのである。
　イタリアン・センターでは通常，このように伝える。

> 　始める前にお伝えしたいことがあります。セラピーを受けるためのドアはいつでも誰にでも開かれているので，1回のセッションで必要なものを得たと感じ，自分ひとりで前に進もうとする方もいらっしゃいます。しかし，もっとセッションが必要だと思う方もいて，次の予約を取ることもあります。人によって抱える問題が違うのですから，どちらの状況でも構いません。なぜなら，このセッションが終わったときに，あなたは，次のセッションが必要だと思うか，もしくは，このセッションで十分だと思うかを，私に伝えることができるからです。もちろん，セラピーを受けるためのドアはいつでも開いていますよ。

　このようなコミュニケーションは，（クライエントに）セッションの中での変化が期待できないとしても，可能ではあるという考えを植えつける。さらに，セッションを重ねることが必要である可能性を**ノーマライズする**（Carpetto, 2008）。こうすることで，「何かうまくいっていない」とか，次の予約を取りたいと思ったとしても，自分の問題が「特別に深刻」だとは思わないようにするのである。最後に，セラピーを受けるためのドアは，いつでも開かれていることを繰り返し強調することで，「1回セッションを受けて，それで十分でなかったらどうしよう」という潜在的な恐れを軽減させている。後でも説明するが，これはセラピーの最初に行うと同時にセラピーの終わりにも行う。
　シングルセッションという考え方が紹介されたら，セラピストはまず**実際的な言葉で問題を定義**し，次に個人のゴールを定め，最後に優先順位を決めなければならない。
　問題の定義から説明しよう。
　シングルセッションを成功させるためには，焦点を絞らなければならない（Bobele & Slive, 2014 ; Talmon, 2012 ; Rosenbaum, Hoyt & Talmon, 1990）。セラピストは，取り組むべき具体的な問題を特定しなければならず，問題はク

ライエントの言語とクライエントの認識に基づいて，クライエントと共同で定義されなければならない。これは，ブリーフセラピー（Hoyt, 2009, 1996ab, 1994ab；Budman, Hoyt & Friedman, 1993；Wells & Giannetti, 1990；Budman & Gurman, 1988）の名残である。問題が漠然としていたり，幅広かったりすると，取り組むべき具体的なものがないため，シングルセッションを行うのが難しくなる。同時に，セラピストの言葉や表現だけで問題を構成すると，クライエントが自分のリソースを使って問題に取り組むことを手助けできない可能性があるだろう。

　私たちの経験上，最も良いアプローチは，問題を可能な限り実際的で扱えるものにすることである。相互作用，行動，思考過程がどのように機能しているのかを正確に理解したいのである。曖昧で，専門的で，多義的な用語を使う場合は，説明を求めるなどして，クライエントに自分自身の言葉で表現させ，その言葉に合わせることが望ましい（Watzlawick, 1977）。例えば，個人が自分の問題を「自尊心の問題」だと考えていたり，「不安があります」と言ったりする場合には，「自尊心」や「不安」とはどういう意味なのかを尋ねる。「私はうつ病に苦しんでいます」や「パニック障害に苦しんでいます」と言う場合も同じである。ラディカル構成主義者（radical constructivist）（von Glasersfeld, 1981）や社会構成主義者（social constructionist）（Gergen, 1999）の視点を取り入れることで，私たちは自分の語彙や表現，文化がクライエントのものと一致することを当然だとは決して考えない。私たちは常に，クライエントが私たちに語っていることが彼らにとって何を意味するのかを理解しようと努め，扱えるものにしようと努力する。「扱えるものにする」とは，感情，思考，態度，行動をできるだけ具体的に説明するようクライエントに促すことである。例えば，「自尊心の問題」は，「私は人と話すとき，いつもその人たちよりも能力がないと感じる」となるかもしれない。「うつ病」は，「私はほとんど毎日家で何もせず，何もする気が起きない」となる。問題を扱えるものにするための最も良い方法は，具体例を挙げてもらうことだ。

　ここから，問題をより明確にするための重要なポイント（誰が，どこで，いつ，どのように）を調べることに移る。例えば，次のような質問をする。あなたは誰と比べて劣っていると感じますか？　人生のすべてで，それとも一部で

ですか？　それはいつ起きますか，いつもですか，それとも特定の時間や時期だけですか？　それはいつ起こるのですか，いつも，それともある時期だけ？　どのように違っていますか？

　このように問題を明確にすることで，セラピストとクライエントは，取り組むべきことの概要を正確に説明することができ，変化を測定するための変数を特定することができる。さらに，非常に具体的な問題が浮かび上がってくることも珍しくない（Nardone & Salvini, 2004 ; Talmon, 1990 ; Bandler & Grinder, 1975 ; Watzlawick et al., 1974）。クライエントは，**歪曲**や問題についての**一般化**に気づくことができ（Bandler et al., 1975），しばしば問題や問題に対処する自分の能力を再定義することになる[原注8]。

　問題が明確になったら，**ゴールを明確**にしなければならない。問題とゴールが対応している場合もあれば，その違いが曖昧な場合もある。セラピストの中には，ゴールから始める者もいる（あるいは，いわゆるプロブレムトーク（problem talk）を避けてソリューショントーク（solution talk）を優先し，ゴールだけを考える者もいる(Iveson, George & Ratner, 2014 ; Hoyt, 2009))。また，以下のような質問でセッションを始める者もいる。

- 今日のセッションで最も期待していることは何ですか？
- このセッションで達成したいゴールは何ですか？
- ここにきてよかったと思うには，今日何が必要ですか？

　私たちのこれまでの経験では，問題を明確にすることから始めるのとゴールを明確にすることから始めるのとでは，大きな違いは見られない。問題志向のアプローチよりも解決志向のアプローチを採用したほうが良いという研究結果もあるが，要は，ある人は一方のアプローチに，ある人は他方のアプローチに，より良い反応を示すということである。多くの場合，その判断はセラピストやクライエント自身の好みを反映しているように見える[原注9]。あるケースでは，問題は何かを尋ね，達成したいゴールについて話す。あるケースでは，ゴールは何かを尋ねることから始め，クライエントは問題について話す。ある最初のセッションで，私はあるクライエントをソリューション，つまり問題が解決し

た後の状況に集中させようとしたが，彼がやりたかったのは，結婚して10年も経つのに自分を裏切ったパートナーを非難することだった。自分が嫌な気分になること（問題）に焦点を当てる人もいれば，自分が心地よい気分になるために達成したいこと（ゴール）に焦点を当てる人もいるだろう。解決志向アプローチでは，最初からゴールについて話す傾向があるが（Iveson et al., 2014），私たちは，間違いを避ける最善の方法は，クライエントが最も重要だと考えていることから取り組むことだと考えている。クライエントが問題について話す場を求めているのであれば，（配慮しながら）その機会を与えるべきである。

　優先順位の問題はさておき，**ゴールを明確にすること**は必要不可欠なことである。SSTの文脈では，セラピーの目的とセッションの目的を区別しなければならない。前者が一般的にセラピーに期待することであるのに対し，後者は「このセッションが終わるまでに達成すべきこと」である。私たちは，次のような質問をする。「このセッションが終わるまでに達成したいゴールは何ですか？」[原注10]

　セッションのゴールは，問題が決定的に解決されることとは関係ないかもしれない。「自尊心が低い」人のゴールは，「他人に対して，もっと自信を持って関わる方法を学ぶこと」かもしれない。このことは，明確に定義されたゴールがその論理的帰結（logical consequence）となるように，問題を実際的な言葉で説明することの重要性を強調している。

　ここで，SMARTゴールの考え（Doran, 1981）が助けになる。つまり，ゴールは以下のような視点から設定される。

- **具体的である**（*Specific*）。明確で，実際的で，漠然としていないこと。例えば，「幸せであること」や「気分が良くなること」は，「気分を改善する方法があること」や「この問題を乗り越える希望が持てること」，「ストレスが少ない状況であると感じること」などとは異なり，具体的で実際的な定義ではない。
- **測定可能である**（*Measurable*）。変化が定量化できるように定義されなければならないが，必ずしも数値で表す必要はない（与えられたことを〇回行うなど）。しかし，少なくとも，頻度，持続時間，強度の観点から変化を

測定できなければならない。「不安が少なくなる」というようなゴールは，より具体的にすべきである。もちろん，セッションの開始時と終了時の両方で，問題を 1 〜 10 までの尺度で評価するなど，数値を使用することもできる。
- **割り当て可能である**（*Assignable*）。誰がそのゴールを達成すべきかが明確でなければならない。言い換えれば，夫婦や家族の中で誰が何をするかが明確に定義されていなければならない。個人が，他人を巻き込む問題やゴールについて語る場合も同様である。
- **現実的である**（*Realistic*）。その人のリソースを考えると，達成可能でなければならない。ある生徒が，何カ月もの間 1 ページも勉強できていないにもかかわらず，2 週間後の難しい試験に合格するというゴールを持っていると言って相談に来た。私たちはそのゴールを一緒に検討し，彼自身，（2 週間後の試験の）次の試験に向けて準備したほうが良いことを認めた。
- **期限が明確である**（*Time-related ; Scheduled*）。クライエントがどのくらいで結果や最初の変化を期待できるかが明確でなければならない。例えば，「3kg 痩せる／太る」というのは具体的なゴールであるが，達成するのにかかる期間も明確にする必要がある。これをセッションのゴールと混同してはいけない。3 週間で 3kg 痩せる目標を立てたとしても，セッションが終わるころに達成したいのは，どうすれば痩せられるのか，どうすればはじめようという動機を見つけられるのか，なぜ過去に失敗したのかを理解すること，などかもしれない。

もちろん，SMART ゴールは柔軟性のないルールというよりは，ガイドラインのようなものであるべきだ。ゴールをできるだけ現実的なものにするためのヒントを得るのに役に立つ。問題と同じように，個人はゴールを実際的な言葉で説明するよう求められ，曖昧な点や不明確な点は明確にされる。例えば，「もっと自信を持って人と接したい」と言う人がいたら，こう尋ねる。

- 「『もっと自信を持つ』とはどういうことですか」（具体的である）
- 「今より自信があるかどうか，どうすればわかりますか？　今の自信は 10

段階評価で何点ですか」（測定可能である）
- 「それはあなた次第ですか？　それとも他の人が何かすべきだと思いますか？　何を？」（割り当て可能である）
- 「もっとよく理解できるように教えてください。もっと自信を持って，何をしたいですか，何ができると感じますか」（現実的である）
- 「どれくらいで（の期間で），より大きな自信を持ったという兆しが見られると思いますか」（期限が明確である）

　上述したように，問題とゴールの定義は治療上極めて重要であり，一般に曖昧ではっきりとしない問題よりも良い結果をもたらす（Levitt, Butler & Hill, 2006 ; Macdonald, 1994）。これらの戦略は，感情や認知の再構成，カタルシス，問題解決のプロセスを活性化させる。人が「専門家」に問題を説明し始めると，その人は新しいナラティブを通して問題を理解し，セラピストの質問によって示された路地や小道へと向かう。それまで影に隠れていた，あるいは真っ暗闇だった一角が照らされることによって，目標が具体的に描写されたので，彼らはゴールに到達できることに気づくのである。私たちの研究でも，他の研究でもそうであるように，初回面接の後，多くの人が再度来談しないことを選択するのは偶然ではない。
　この時点で，**優先順位を決めるプロセスに入る**。
　問題やゴールを明確にするとき，クライエントは複数のトピックを挙げるのが普通である。多くの問題，多くの目標，あるいはその両方である。各セッションの効果を最大にするために，セラピストはクライエントに優先順位を尋ねなければならない。つまり，提示された問題や出された目標のうち，どれを優先させるか，ということである。ここでも，クライエントの選択に任せる。最も深刻な問題・目標でも，最も解決しやすいものでも，最も差し迫った緊急のものでも，その他の理由でも，最も「重要」と思われるものでもよい。
　しかし私たちは，セラピストをこの問題から完全に排除すべきではないと考えている。セラピストの経験と訓練は，クライエントが優先順位を明確にする方法を理解する手助けとなる。例えば，中退の恐れがあり，飲酒をし始めた12歳の子どもを持つ親は，学業不振による留年を直ちに取り組む必要のある問題

と考えるかもしれない。しかしセラピストは，より深刻だとセラピストが考える問題（飲酒）をまず優先し，それから学業の遅れを取り戻すことを扱うのはどうかと探るかもしれない。私たちが強調したいのは，例外的な場合を除き，セラピストはクライエント本人の判断に取って代わるべきでないということである。とはいうものの，クライエントが決めかねている場合は，その判断の手助けをすることはできる。不安の問題で来た若い男性が，数年間パートナーとセックスをしていないと，何気なく話した。私たちはそのことについて尋ねたが，彼はそれを問題だとは思っておらず，そのことに取り組もうとはしなかった。私たちは，しつこく聞いて関係を損なうリスクを冒すよりも，私たちがそのことを重要だと考えていること，もし彼がそのことに取り組みたいのなら，私たちはいつでもその問題を扱うことができるということを知っておいてほしいとだけ伝えた。

　優先順位の定義に戻ろう。これは会話中に流動的に発生する。一つの問題と一つの目標しか口にしないクライエントもいれば，複数問題を口にするクライエントもいる。クライエントの話を聞いた上で，セラピストは次のように言うことができる。

> 取り組みたい問題がいくつかあるようですね。私の経験から言うと，一度にひとつのことに集中したほうが良いでしょう。もちろん，他の問題を無視するわけではありませんが，一度にひとつの目標・問題にエネルギーを集中させたほうが良いと思います。さて，今回はどの問題に取り組みますか？　あなたがここを去るとき，このセッションでどんな問題に取り組んでいたらよかったと思いますか？

ここからは，私たちが共に決めた優先順位に沿ったセッションとなる。
　最後のポイントは，「常にフィードバックを求めること」である。実際には，このポイントは序盤に限ったことではなく，セラピー全般に当てはまる。
　それは二つの必要性から生じる。
　最初に述べたように，セラピストとクライエントが治療上の優先順位を決めたら，それに集中する。しかし，セッション中に，クライエントが提案したゴ

ルから外れたり，新しい問題を持ち込んだりすることがあるかもしれない。セラピストはそっと，自分たちが軌道に乗っているかどうかを理解するために，フィードバックを求めなければならない。そうでない場合は，クライエントを以前に設定したゴールや問題に戻す必要がある。そのためには，次のような表現を使うことができる。

- ごめんなさい。この話は私たちが取り組んでいた問題／ゴールについての話ですか？
- ちょっとよろしいですか？ これは……（問題／ゴール）の話でよいですか？ ゴールから少し逸れたような気がしますが，いかがでしょうか？
- この問題はかなり重要なようですね。ですが，私の経験では，一度に一つのことに取り組むほうが良いでしょう。この問題は心に留めておきますので，私たちが取り組んでいた問題に戻るというのはどうでしょう？

セラピストは，どのような方向性の変化も把握できなければならない。最初に設定した問題やゴールは，必要があれば，いつでも変更することができる。「必要があれば」としたのは，セッションの効果を最大化するという点では，一つの問題を選んでそれに集中するほうが生産的であるが，クライエントが別の問題を何度も持ち出したり，別のゴールのほうが重要だと考えているようだと気づいたら，説明を求めるのが適切である，という意味である。例えば，「すみません，あなたが何度もこの話題に戻ってくることに気づきました。私たちが設定したゴールや問題とは違いますよね。それなら，こちらのほうを扱いませんか？」。

　常にフィードバックを求めることは，セラピストが常に軌道に乗っていることを保証するし，1回のセッションをそれ自体で完結したものと考えるのであれば，不可欠なことである（第3章参照）。

　もう一つは，近年の Feedback-Informed Treatment（FIT）の研究（Prescott, Maeschalck & Miller, 2017；Lambert, 2010）から派生した実践である。これらはセッションの進捗を測定するためのツールを用いるが，常にフィードバックを求めるという実践は，セッションの効果を最大限に高める方法として，個々

のセッションの中でも十分に使えると思われた。マイケル・F・ホイトの勧めもあり，私たちは個々のセッションで，自分たちが軌道に乗っていると思うかどうか，私たちが話していることが実際に取り組みたいことなのかどうかをクライエントに尋ねる場面をいくつか導入した。また，介入，リフレクション（反映），提案，助言が適切で，正しく，役に立つと思うかどうかも尋ねる。

「今私が言ったことをどう思いますか」，「これはあなたの役に立つと思いますか」，「（セラピーは）うまくいっていると思いますか」，「これまであなたがしてきたことはあなたの役に立っていますか」，「もっとうまくやれると思いますか／何かを変えるべきだと思いますか」と尋ねることは何の問題もないだろう。また，セラピーの中で行き詰まりや意見の相違が起きたと感じたり，ミスが起きたかもしれないと心配になった場合，私たちは喜んでこう言う。「えっと，今私が言ったことに十分納得していないように見えます。気のせいでしょうか？」，「すみません，思ったのですが，あなたの気持ちを傷つけてしまったかもしれません。いかがですか？」，「私は慎重になっています。これはあなたにとってとてもデリケートな話題だからです。だから，気を悪くさせてしまったかもしれないと思ったのです[原注11]」。このような質問を導入することは，セッションがどのように進行しているかを常にチェックすることになり，以下のようなポジティブな効果がある。

- セラピストとクライエントの作業同盟（治療同盟）の質を向上させる（Miller, Duncan, Brown, Sorrell & Chalk, 2006）。なぜかというと，（セラピストとクライエント間の）関係の亀裂の確認と，その修復を容易にするからである（Norcross, 2010）。
- セッションにおいてクライエントが望むことに正確に着目し，その人にとって実用的であることを確認することで，さらなるポジティブな作業同盟（治療同盟）の構築，セラピーの効果や効率に影響を与える（Hoyt, 2009）。
- セラピストが変化に関する「誰もが認める専門家」としての役割を返還することで，クライエントの有能感を回復させる（Fisch, Weakland, Watzlawick, Segal, Hoebel & Deardorff, 1975）。

もう読者は理解されていると思うが，この段階全体が，**正しい作業同盟（治療同盟）を確立**する鍵でもある。実際，セッション全体がそうなのだが，Hoyt (2009) は，（これまで見たように）フィードバック求めたり (Lambert, 2010 ; Miller et al., 2006)，治療のゴールを共に定義したり (Norcross, 2010) することに加えて，好奇心を持ち，クライエントについて尋ねたり，クライエントに対し純粋に興味を抱くことが，いかに作業同盟（治療同盟）の構築に貢献するかということを気づかせてくれる。

中盤 (Middle phase)

中盤は最も時間がかかり，だいたい 20 ～ 30 分である。

この段階では，クライエントのフィードバックを求めたり，活用することを目的としたアプローチの自然な流れである「クライエントの変化の理論 (Duncan & Miller, 2010)」という概念が不可欠である。

心理療法は，変化とは何か，変化はどのように起こるべきか（あるいは，何が健康で正常か，何が病気で異常か）という独自の見方を押しつけることによって行われることが多かったが，クライエントが（彼らが考える）問題を維持しているものと，望ましい変化を達成するために必要なものとの両方をどれほど説明できるかには驚かされる。個人の強みに焦点を当てたリソースベースのアプローチは，クライエントの描く世界，つまり，何が問題を維持し，何が問題の解決に使えるかについてのクライエントの考えを考慮しなければならない。

問題とゴールが明確になれば，セラピストは次のような質問をすることができる。

- 問題を解決するために何が必要だと思いますか？
- ゴールを達成するために何が必要だと思いますか？
- 人はしばしば，自分の問題の原因と，解決するために必要なことについて知っています。あなたはいかがですか？
- このセッションは，どのような点であなたのゴールの達成に役立つと思いますか。
- 何が問題解決／ゴールの達成を妨げていると思いますか。

原則は，クライエントの変化の理論を明らかにすることである。クライエントの考えていることが，クライエントの回復に役立つ場合もあれば，そうでない場合もあるからだ。私たちの経験では，これは非常に価値あるアプローチであることが証明されている。良くなるために必要なことは何かという**私たちの理論が最も有用で効果的であることは言うまでもない**が，これはセラピーが作用する範囲を限定することに等しい。個人を変化させ，より良く感じるためには何が必要なのか，個人の意見を聞くことで，その人の特性，信念，動機，可能性に完璧にマッチするため，より協力的で有益な道に踏み出すことができ，そうすることで抵抗も減る（de Shazer, 1984）。セラピストは，クライエントの旅路を支援し，クライエントの自然な発達をサポートするファシリテーターである。しかし，これはセラピストが自分自身の理論や好みの道筋を放棄しなければならないということではない。クライエントの変化の理論を明らかにすることで，治療のための道筋を可能な限り目の前の個人に合わせたものにすることができる。ダンカンとミラーが言うように「クライエント独自のものの見方をセラピストの形式的な理論に置き換えるのではなく，クライエントの個人的な信念に適用可能な理論を適合させることで，クライエントは治療的な選択肢を選べるのである（2000, pp.178-179）。このステップの背後にある二つの基本原則は，a）クライエントの話す内容を治療プロセスの出発点とすること，b）個人の視点を優先し，それがクライエントの持つ意味にそぐわない場合には，プロセスを修正したり放棄したりすることを常に厭わないこと，であると言える。

　ここで，これらの質問に対する答えから出発して，はじめに立てた目標を達成するための計画を立てよう。時には，クライエントが自分たちに必要なものをほとんど正確に理解していて，私たちの仕事は単に細部を詰める手助けをするだけのこともある。時には，クライエントとセラピストの双方が最善の治療戦略を定義することに大きく貢献し，その貢献が半々となることもある。また，何が問題を引き起こしているのか，それを解決するために何が必要なのかを理解するのに苦労する場合もある。このような場合，私たちはクライエントが提供する要素からセラピーを組み立てていく。たとえるなら，土地と道具と種が用意されている場合もあれば，道具を使って仕事の半分をこなさなければなら

ない場合もある。そして時には，クライエントが一緒にセラピーを"成長"させるための，たったひとつの種を持っていることもある。

多くのセラピストは，自分が良くなるためには何が必要なのか，その明確な考えを持っている人がいること，そしてその考えに従って行動することがいかに効果的であるかを目の当たりにして驚く。しかし，何が問題を維持しているのか，変わるためには何が必要なのか，クライエントに意見を求めると，「わからない」と答える人もいる。同僚のサルヴァトーレ・イザイアと議論する中で，解決志向ブリーフセラピーのテクニックである「あなたは知っていると仮定してください」という質問を応用することが話題に上がった。繰り返しになるが，この再構築（as if テクニックの応用，Watzlawick, 1987）に直面すると，多くの人が有用な解決策を思いつくことに驚かされる。

この時点で，私たちは，**クライエントのリソースと，問題に対するポジティブな例外**を調べることになる。前述したように，SSTは，リソースベースかつストレングス志向のアプローチであり（Hoyt & Talmon, 2014a），すなわち，個人のリソースやストレングスを特定し，問題解決のプロセスでそれらを活用できるようにすることに重点を置いている（Rapp & Goscha, 2011）。セラピストの仕事の多くは，個人が問題を解決するための内的リソース（感情的，認知的，態度的，行動的，対人関係など）と外的リソース（家族，職場，ピアグループ，地域資源など）を特定することにある。

中盤では，これらのリソースについてより具体的に尋ねるかもしれないが，セラピストは，セッションが始まる直前でなければ，セッションの最初からリソースに関する情報を収集する訓練をしなければならない。例えば，誰かが，その問題に対処する能力を1〜10のスケールで評価する質問票に記入した場合，私たちは，なぜそのスコアを選んだのかを尋ねることからセッションを始めることがある。点数が高ければ（たとえば6点とか7点とか），「すばらしい！この問題を乗り越えようという意欲があるようですね。どうやってこの強い意欲を身につけたのですか？」。また，点数が低い場合（例えば2点）には，「なぜ1点と書かなかったのですか」と尋ねる。多くの人は，その点数を選ぶことができた理由を1〜2個挙げて答える[原注12]。

リソースは，いわゆる**ポジティブな例外**を探ることによっても明らかにする

ことができる（de Shazer et al., 1986）。これらはすべて，その人が問題に対処できた，あるいは問題が顕在化しなかった状況である[原注13]。このような状況を探ることで，セラピストが問題を乗り越えるのために再び利用できたり，拡張できるような，誰かがすでに行っている，あるいは以前に行ったさまざまなことを特定することができる。

　リソースを調べることと並行して，**機能不全に陥った偽解決**[原注14]も，セッションを通して調べる必要がある(Fisch, Weakland & Segal, 1982 ; Watzlawick et al., 1974)。この概念は，パロアルトにあるMRIのブリーフセラピー・センターで開発されたもので，人が問題に対処するために行うが，実際には問題を維持したり，悪化させたり，別の問題を引き起こしたりするものすべてを指す。前述したように，現在では，**機能不全行動について調べる**，つまり，問題に対する反応や文脈の中で，その人が実行し続けているが，問題を助長するだけになっている行動について調べることである。例えば，不安を誘発する反応を恐れて特定の場所を避けることは，その人がその場所に行って不安と向き合うことができないという考えを確認することになるため,機能不全行動となりうる。また，病気にかかったり罹患したりすることを恐れて，継続的な安心感や医学的検査を要求することは，不安状態とその結果として生じる身体感覚を維持し続けることになる。セラピストの主な目標は，これらの行動を特定し，ブロックし，修正または置き換える手助けをすることである。

　そのために,私たちはしばしばHow Worseテクニック（Nardone & Watzlawick, 1990 ; Fisch et al., 1982）を応用し，以下のような質問をする。

> いいですか,ちょっと変なことを聞きます。問題を全く解決したくない，あるいは，自分を助けたり，気分を良くしたりはしないが，逆に今の状況を維持する，あるいは悪化させるような一連の行動をする，あるいは続けることによって，問題を悪化させたいという状況を想像してください。その行動とは何でしょうか？　あなたならどうしますか？

　人々はほとんどの場合，問題を存続させたり悪化させたりする可能性のある行動や行為を特定することができる。この目的は二つある。避けるべきことを

意識化し，やめるべきことを特定することである（Cannistrà, 2019 も参照）。この気づき自体が，自発的な治療行動を生み出すのに役立つことは明らかだが，ここでもまた，阻止すべき行動に対する自発的な気づきが起きない場合，あるいはクライエントがその方法を知らない場合，クライエントの答えは，それを築くための土台を形成することができる。

　機能不全に陥っているリソースや行動を調査した後，この時点で**セラピストからの（いわゆる）フィードバック**を含む段階が始まる。実際には，この段階もセッションの至るところに散りばめることができる。セラピストは，クライエントについて学んだことに関して，主にクライエントのリソースや強みを強調し，際立たせる目的で，一連の観察結果とコメントをクライエントに与える。クライエントが適切なときに，適切な形でリソースや強みを使うことを学べば，クライエントの現実を再構成する効果をもたらす。このことに関する研究によると，クライエントに肯定的なフィードバックを与えることは，ほとんど常に有益な効果をもたらすことが示されている（Claiborn, Goodyear & Horner, 2002, 2001 ; Claiborn & Goodyear, 2005）。

　具体的には，セラピストは 3 種類のフィードバックを提供できる。

1. **コンプリメント**　個人が持つリソース，強み，見つけた解決策，あるいはその時点までの問題に対処したり，耐えたりする際に示した粘り強さや頑張りについて，個人を褒めることは非常に有効である（de Shazer, Dolan, Korman, Trepper, McCollum & Berg, 2006）。クライエントは，権威ある専門家から，自分が賢かった，有能だった，優秀であったということを（おそらく人生で初めて）聞かされるのである。また，改善していくプロセスにおいて，期待と変化する能力が重要であることを示す研究結果もあることを思い出してほしい（Asay & Lambert, 1999）。イタリアン・センターでは，クライエントによくこんなことを言う。「まず……これまでよくやってきました！　あなたが話しているとき，どうやってこのようなことに耐え，ここまでやってこられたのか不思議に思っていました」。また，別の場面において，クライエントが同意しないかもしれないと思えば，さりげなく褒めることもできる。

2. **観察** 観察は，セラピストが気づいたこと，感じたことであればどんなことでも扱うことができる。それは，クライエントが話したことについての考えや内省を声に出したものだと考えるべきである。観察する対象には，リソースと機能不全行動の2種類がある。前者を観察することは機能的で肯定的なものすべてを強調する役割を果たす。人に自分のリソースを示すことは驚くほど役に立つ。例えば，クライエントに次のように伝えることができる。「パニック発作に何年も耐えてきたということは，一つのことを物語っています。それは，あなたがあきらめない人だということです」とか，「あなたのような状況で，まだ荷物をまとめず，家族の絆を保つためにここに残ると決めたことに驚きました。あなたが本当に家族を大切に思っているのがわかります」などである。これらは，おそらくクライエントが見たことのない自分自身のイメージをフィードバックすることを意味する。さらに，どの解決策がすでに功を奏しているのか，どのようにすればさらに役立つことができるのか気づくこともできる。一方，二つ目の観察は，役に立たない行動を阻止し，機能不全に陥っていることをクライエントに示し，それをブロックする戦略を立てるために使われる。
3. **提案** セラピストには，クライエントに行動上の提案をしたり，クライエントの行動に対する新しい意味的枠組みを与える機会がある。これは常にクライエントとクライエントの信念体系（あるいはよく起こる状況）を尊重して行われなければならないが，個人のゴールの達成に役立つ行動，態度，思考を促進するチャンスでもある。「クライエントとクライエントの信念体系を尊重する」というのは，セラピストが自分の世界観を押しつけるのではなく，クライエントが役に立つと思えたり，快く受け入れて実行できるような意味や態度や普段の行いを示すことを意味する。クライエントが反対しても，押しつけるのではなく，このケースでは何がより良いかを一緒に考えようとする。

コンプリメント，観察，提案をどのように伝えるか，例えば，より直接的なコミュニケーションの方法やテクニックを好むか，間接的なコミュニケーションの方法やテクニックを好むかなどについては，章を設ける価値がある。詳し

くは，本書の後半や専門書（Del Castello & Loriedo, 1995；Watzlawick, 1977；Bandler & Grinder, 1975）を参照されたい。

　セッションの中盤は，**可能な解決を探り，試す**ために使うこともできる。これは，単に話し合いによる探索から，より体験的なものまで，幅広い方法がある。言い換えれば，どのような解決がクライエントの問題に取り組むのに役立つかを話し合い，セッションの中でそれらの解決策を試してみることも提案できる[原注15]。その選択は主に，セラピストの理論モデルや典型的な介入方法に依存する。

　SSTの立場からは，セラピストがこのスペースを確保することがいかに重要であるか，つまり，セッションの時間を使って解決策の概要を説明する機会を無駄にしないことがいかに重要であるかを簡単に説明する[原注16]。これはまた，セッションの終盤で課題（または処方箋）を提案する道を開くことにもなる。頻繁ではないが，常にクライエントの変化の理論（Duncan & Miller, 2000）を参照することを視野に入れながら，クライエントが自分の問題に対処するために何ができるかを尋ねることから始める(リソースやポジティブな例外を探り，ブロックすべき機能不全行動を特定する)。クライエントが提案した解決策が説得力のあるものであれば，私たちはそれを受け入れる。しかし，それが十分でないと思われる場合（あるいはクライエントがそう言った場合），私たちは何かを提案し，クライエントの協力を常に土台としながら，最後に課題を出す。

　実際，何ができるかを直接尋ねるだけでも，いくつかの利点がある。第一に，クライエントが身近なことを実際に試してみることで，自分自身の改善に全責任を負い，役に立ちそうなアイデアを提案することができる。第二に，（私たちが正しいと思うテクニックを押しつけるのではなく）一緒に取り組むという考えが強化されるため，私たちの他の提案を受け入れやすくなる。最後に，クライエントが提案した解決策を知ることで，セラピストはその重要な要素をできる限り守った課題を紹介することができ，クライエントが課題を実行できる可能性が高くなる。例えば，クライエントが「文章を書くのが好きだ」と言えば，私たちは書くことを用いたテクニックを勧めることができる[原注17]。

　前述したように，セラピストはこの段階を通してクライエントにフィードバックを求め，与え続け，まだ軌道に乗っているかどうか確認する必要がある。

セラピストは，たとえ善意であっても，自分の見立てを**提案する**というよりも，**押しつけている**ことに気づかないことが常にあり，特に"権威"に疑問を投げかけたがらない人をクライエントにする場合はなおさらである。クライエントにフィードバックを求め，言われたことについてどう思うか話してもらうこと，そしてクライエントが主導権を握っていることを忘れないこと（私たちはせいぜい副操縦士である）が，抵抗を減らし，治療プロセスを促進するための最善の戦略である。

終盤 (Final phase)

　セッションの終盤は一般的に最後の10～15分で，目的を要約し，言い残したことがないか確認し，ドアが開かれていることを示した上で，課題を出して締めくくることである。

　本当の意味でのお返し（restitution）[訳注3]ではないが，この最後の段階で，セラピストは**セッション中に浮かび上がった最も重要な点を強調する**ことができる。セラピストは，セッションを通して常にフィードバックを求めることが重要だが，何か聞き漏らしたことがないかどうか尋ねることも必要だ。そうすることで，最後に「びっくり」するようなことがなくなる（「実は，話したいと思っていたパートナーとの関係について話していませんでした」など）。問題とゴールが最初から明確に定義され，軌道に乗っていれば，ゴールが別のものであったことを示すのは簡単で，すでに話したことの価値を下げたり，クライエントに別のセッションでそれを扱いたいかを尋ねたりすることはない。

　この段階で，セラピストは**介入課題**を提案することもできる。以前は，セッションの最後に必ず課題を設定することを勧めていた。別の章で述べたように，クライエントは私たちのオフィスで週に平均1時間，オフィス以外では167時間を費やしている。さらに，フランツ・アレクサンダーの提案に従えば，これはセッションの外で**修正感情体験**を生み出すもう一つの方法でもある。より一般的には，クライエントが日常生活の中で問題に対処する機会を与えるようなことを提案するのが有効だと考えられている。Lambert（1986）によると，治療結果の40％はクライエントに起因し，セラピストのオフィス外での変化や出来事に関連しているということを思い出してほしい。しかし，現在ではこの点

についてより柔軟になり，介入課題を設定するかどうかはセラピストとそのスタイル，そしてクライエント自身のニーズに任されている。

　この段階でセラピストは，このセッションだけで十分なのか，それとも他のセッションが必要なのかを**検討する**。私たちは決まってこう言う。

> さて，私のドアは常にあなたに対して開かれていて，いつでも私に連絡することができます。今の時点で私が知りたいのは，このセッションで十分と考えるか，あるいはさらに予約をとりたいかです。どんな場合でも，**私のドアは常に開かれています**。

　私たちはドアが開かれていることを強調する。個人の自律性を伸ばし，作業同盟（治療同盟）を強固なものにする上で，ドアが開かれていることが効果的であることを目の当たりにしたからだ。

　セッションが1回で終わるかどうかの決定は，セラピストとクライエントが共同で行うべきである（Talmon, 1990）。しかし，私たちはクライエントに決定権を与える傾向がある。もし私たちが1回のセッションで十分だと考えていても，クライエントがもっとセッションが必要だと考えている場合，次の予約を取ることは問題ない（クライエントは次のセッションで，実は1回のセッションで十分だったと気づくことが多い）。同様に，もし私たちがもっとセッションが必要だと考えていても，クライエントが1回で十分だと言う場合，私たちはそれを受け入れ，常にドアを開けておく。当然，リスクが高いと思われる状況には気を配る。セラピストが最初にSSTを提案し，セッションの途中でそれが適切でないかもしれないと気づいたり，1回のセッションを行うというクライエントの選択が適切でないと考えたりする状況では，セラピストは「専門家」としての意見を表明し，例えば，他のセッションを少なくとも1回行うよう提案することができる。もちろん，クライエントはいつでも，次のセッションは必要ないと判断することができる。このとき，押しつけないほうが良いだろう。無理強いしてしまうと，クライエントが私たちを必要としていることに気づいたときに電話をかけてくるといった可能性が低くなるからである。

　この段階で，セラピストは**電話でのフォローアップ**を準備する。一般的には

フォローアップは 3 週間後に行い,「思い出したほうから電話する」こととする。というのも,こちらが「電話してください」と言っておいて,相手が電話してこなかった場合,その後こちらから連絡を入れることになると押しつけがましいと思われる可能性があるからだ。クライエントとセラピストの判断により,フォローアップの期間は短くしたり長くしたりすることができる(クライエント自身にどのくらいの期間が必要だと思うか尋ねることもある)。研究目的でない限り,電話だけでなくメールやテキストメッセージでのフォローアップも可能である。もちろん,セラピストはクライエントと一緒に最適な形を決めることができる。

　最後に,セラピストは事務的な手続きと支払いについて説明し,セッションを終了する。

フォローアップ
　フォローアップは研究の特権と思われがちだが,私たちの SST モデルでは不可欠な役割を果たしている。しかし,これはモジュール化されたアプローチの一部であり,専門家や施設は,フォローアップを含めるかどうかを自由に選択できる。これはセッションの最後に決めるべきことである。いったんフォローアップが合意されたら,それは尊重されるべきである。

　フォローアップを正式なセッションとして行わない場合,分単位でもメッセージ単位でも,あまり長くならないようにする。これは,新たなセッションとして扱うことを決定した場合を除き,目的をセッションの結果が維持され,クライエントが当分の間,これ以上のセッションは必要ないと考えているかどうかを知ることに限定していることを明確にするためである。このアプローチは,常にクライエントを中心に据える必要性に由来する。そして,セラピストが「ドアが開かれていること」のコンセプトを伝えれば,クライエントは必要なときに連絡を取ることができる。

　私たちは,電話によるフォローアップは通常,長くても 10 〜 15 分としている。セッション後の 3 週間はどうだったのか,クライエントは改善したと思っているのか,うまくいっていると考えているのか,次のセッションが必要なのかを尋ねる。ここでも私たちはとても柔軟である。ドアは完全に開かれており,

同じ問題や他の問題に関して，いつでも好きなときに電話してくださいと言うこともできるし，クライエントに自信がないと私たちが共に判断した場合（例えば，良くなったと感じているが，結果を維持する自信がないなど），少し離れた日（例えば，さらに3週間後）に確認するための予約を提案することもできる。

何が起ころうとも，重要なのは常にドアを開けておくことである。

七つの主要なSSTの介入

私たちは，SSTの文献（Hoyt et al., 2018, 2014ab, 1992 ; AA. VV., 2012 ; Slive & Bobele, 2011 ; Hoyt, 2009, 2000, 1996, 1994ab ; Weir, Wills, Young & Perlesz, 2008）を研究し，マイケル・F・ホイトのもとやブーヴェリー・センターで直接トレーニングを受けることで知識を磨き，各セッションの効果を最適化するための一連の重要な介入方法を採用，開発した。ブーヴェリー・センターは，「基本的なスキル」と呼ぶ興味深いアプローチを考案しており，この七つの介入を開発する作業は，そこから始まった。

実際のところ，読者は各段階の中でこれらの要素に触れただけである。メソッドについての説明（p.119）では，太字で示した部分である。他の要素と異なる点は主に三つある。

1. **介入はSSTを行うにあたり必要不可欠である。**セラピストの仕事は，セッションの効果の最大化に貢献するすべての要因を特定することであり，私たちは，これらの主要な介入が，そのセッションから最大限の効果を引き出すための出発点であり，効果的なSSTを実施するために不可欠なものであると考えている。質問票を使わないことも，クライエントの変化の理論を明らかにしないことも，セッションで解決策を試さないこともできるが，セラピストがこれらの基本的な介入を使わなければ，その出会いを最大限に生かすことはできないと私たちは信じている。
2. **介入はセッションそのものに関係する。**介入は序盤から終盤までに存在するが，治療前やフォローアップには存在しない。

3. 介入はすべてのセッションにおいて見いだされる。何度も述べているように，SSTを提供するということは，個々のセッションを最大化するということである。したがって，このことは，セラピーが数セッションに及ぶ場合にも当てはまる。また，ある要素はその後のセッションには存在しないかもしれないが（実際，存在しても意味がないものもある。例えば，すでにセッションが多く設定されている場合は，電話によるフォローアップについて話し合う必要はない），重要な介入は，各セッションが最大限に活用されることを保証するものであり，したがって常に含まれるべきものである[原注18]。

前節でこれらの介入法について触れたので，以下に要約を示す。

1. **問題を具体的に定義する**。各セッションで具体的な問題を明確に定義し，セッションではそこに焦点を当てなければならない。そうすることで，セッションが終わるころには，クライエントにとって本当に重要で具体的なことに取り組んだと実感できるようになる。
2. **ゴールを定義し，優先順位を特定する**。問題が説明されたら，セラピー全体と，そのセッションの終わりまでという両方の観点から達成すべきゴールを定義しなければならない（もしこれが成功しなければ，単にシングルセッションではなかったことになる。これはアプローチを変更できないということではない）。もちろん，クライエントは現在の問題よりも多くの問題やゴールを持つ可能性がある。各セッションにおいて，セラピストは優先順位，つまりセッションで何に焦点を当てるかを設定する手助けができなければならない。
3. **常にフィードバックを求める**。クライエントにフィードバックを求めることで，セッション中，常に進捗状況をチェックすることが不可欠である。これにより，最初に設定したゴールと優先順位を達成するための軌道に乗っていることが確認され，作業同盟（治療同盟）の破綻を避け，セッションの有用性を最大限に高める方法を理解し続けることができる。これはまた，最初にリフレーミングを生み出すためのやり方でもある。

4. リソースと問題の例外を調べる。SST では，その人の内外のリソース，強み，対処方略を調査することが不可欠である。これは，クライエントがすでに持っているものを出発点として使うので，最も効果的な支援方法である。
5. **機能不全に陥った行動を調べる**。同様に，限界，機能不全に陥っている偽解決，一般的に誰かが行っているが問題解決に役立っていないことを調べるのもよい。
6. **フィードバックを与える**。フィードバック，提案，考え方は，セッション全体を通じて（序盤の一部を除いて）伝えられなければならない。主に，個人の現在と過去のスキルに気づかせ，その限界と可能な解決策を明らかにすることを目的としている。
7. **ドアが開かれていることについて説明する**。最初のセッション（または最後になる可能性のあるセッション）の終わりに，セラピストのドアはいつでもそのクライエントに対して開かれていることを強調することが重要である。

セッションのゴールを達成するためにとりうる五つの方法

　私たちは最近，セラピストの仕事を支援するために，（ポール・ワツラウィックの言葉を借りれば）さらなる「複雑さの軽減」に取り組んでいる。トレーニングデザインの要素を研究しているうちに，いくつかのトレーニングモデルの一部が，実は治療的な文脈でも非常に有用であることに気づいた。具体的には，これらのモデルのひとつは，クライエントが定めたゴールを達成するのを「どのように」助けるかに関するものである。

　問題とゴールが定義されれば，私たちセラピストは自分自身に（そしてクライエントにも，適切な質問を通して），ゴールを達成するために取り組む必要があるかどうかを問うことができる。

- **知識／意味**　クライエントが利用可能な情報や意味を拡大させたり修正したりする必要があると判断した場合，この方法を使う。例えば，特定の情

報を引き出したり，特定のトピックに関連する意味を創造したり修正したりする手助けをする。具体例を挙げると，パートナーとの関係が終わったために来談したクライエントには，私たちは，クライエントの元彼が彼女にふさわしい扱いをしなかったという事実に焦点を当てた。彼女が望んでいるのは，自分をコスチュームジュエリー（模造宝石）ではなく，貴重な宝石のように扱ってくれる男性であった[原注19]。別のクライエントは，同僚のセラピストから紹介されてきたのだが，その同僚は投影法検査を行い，クライエントには「心理カウンセラーが必要だ」と考えていた。話をした後，セラピストもクライエントも，（誰にでもあるように，彼女の人生にも浮き沈みがあるにもかかわらず）取り組むべき問題はないということに同意した。そこでセッションの焦点は，彼女が簡単なテストに基づいて「病気」や「心理カウンセラーが必要」というレッテルを貼られるべきでなかったことを説明することだった。

- **スキル／行動**　クライエントがすでに十分な知識を持っていたり，言語的に意味を再定義する作業が不可能であったりする場合，セラピストはゴールの達成を可能にするスキルや行動を提示することができる。また，このカテゴリーには，指示，課題，セッションの外やセッション自体で実施するさまざまな方略も含まれる。勉強を先延ばしにしがちなある青年は，勉強する時間を決められ，それ以外は本を開いてはいけないことにされた。このテクニックは，彼の「心の鍵を開ける」のに十分で，彼は徐々に勉強を始めた。

- **習慣**　問題が主に習慣と結びついていて，それを変える必要がある場合もある。クライエントは問題とみなすべきことを十分に理解しているかもしれないが，その解決には習慣の変化を伴わなければならない。つまり，長年の習慣を改め，それを阻止するか，他の何かで代用する必要がある。私たちは，抜毛症に長期間悩まされている若い女性に，抜毛症は特に何もしていないときに現れる自動的な行動であることを説明し，髪を抜いている自分に気づくたびに指に粘着テープを貼ることを提案した。数週間のうちに，その行動は完全に止まった。髪を抜くことができなくなった結果，その癖は徐々に消えていったのである。

- **環境**　時には，その人が生活している環境に対して取り組んだり，セラピーの中で考慮したりする必要がある。ここでは，システミックな視点（Watzlawick et al., 1967）を採用することを意味する。つまり，その人が置かれているシステムのひとつに介入したほうがゴールを達成しやすいかどうか，あるいはシステムの性質そのものを考えたときに，ゴール自体を修正することが適切かどうかを問うということである。前者の例として，パートナーの行動に不満を抱いて私たちのところに来た女性がいる。私たちは，二人を巻き込んだカップルセラピーがその解決策になることに気づいた。後者の例としては，自分のプロジェクトに課される制限や障害に不満を抱いていたある公務員を挙げることができる。彼は当初，「状況を変えるために何かをする」ことを目指していたが，公的組織における特定の力学を変えることは彼の手に余るものであることに私たちは共に気づき，現在の役割の制約にもかかわらず，彼が気持ち的に楽になれるようなゴールを再定義した。
- **動機づけ**　時に問題は，その人の動機づけに関わることがある。これは，セラピーとセッションの問題，特にゴールを注意深く定義することで，通常，回避または解消できる。クライエントがその場にいてセッションを行う最も意味のある理由を調べ，それに確実に取り組むことが，強い内発的動機づけを生み出す最善の方法である。しかし，クライエントがこれを意識的かつ明確に表現することは，決して当たり前のことではない。セッション中，物事がゆっくりと進んでいることに気づいたり，協力的なアプローチを行えなかったり，クライエントの強みやセラピーを継続する意欲を見つけることが難しい場合，あるいはクライエントの積極的に反対する行動が見られる場合，問題は動機づけにあるかもしれない。この場合，セラピストはいったん立ち止まり，提案されたゴールが本当にその人が望んでいるものなのか，取り組めるものなのかを，クライエントと一緒に理解しようと試みるべきである。あるとき，私たちは，失恋を乗り越えることが目的でありながら，セッション中はそのような試みも提案も拒否しているように見えたクライエントに，望む未来にいる自分を想像するように尋ねた（後の「**トゥモロークエスチョン**」テクニックを参照）。彼女はその未

来で，元彼が「帽子を手に謝罪して」戻ってくるのを見ると答えた。私たちは，「失恋を乗り越えたい」という動機は，おそらく「彼と再会したい」という動機ほど強くはないことに気づいた。そこで私たちは，その失恋を受け入れる方法を見つけることにした。

これらのポイントは，（シングルセッションで従うべきガイドラインをすでに持っているかもしれない）セラピストが，セラピーの方向性を見つけるのに役立つ。私たちはまだこのフレームワークを発展させている最中であるが，最初の定式化をここで共有したい。

シングルセッションにおける具体的なコミュニケーション技法

クライアントとのコミュニケーション，クライアントのニーズに基づいた最適なコミュニケーション技法，そして（ポール・ワツラウィックの本のタイトルを言い換えて）私たちが**「変化の言語」**と呼ぶことができるものについては，数多くの本がある。したがって，ここでは，セラピストが各セッションを最大化するために最も有用なコミュニケーション技法や戦略を列挙することは避けたい。これらはおそらく，セラピストが参照するモデルの特徴とより密接に関連している。

むしろ，比較的頻繁に起こり，何よりも SST の原則を挫折させる障壁を取り除く有用な技法をいくつか示した。

しかし，その技法について深く掘り下げることは避け，その代わりに，さらなる洞察については参考文献とそれに続く文章を参照されたい。

以下では，いくつかの状況と関連する技法を紹介する。

ゴールの特定が難しい場合

クライアントの中には，ゴールを特定することが非常に難しい者もいる。彼らは自分のゴールが何であるかを理解するのに苦労し，直接的な質問に答えることができない。このような場合，ド・シェーザーら（1986）が提唱した**ミラクルクエスチョン**から派生した 3 種類の技法が有効である[原注20]。

その第一が,「問題の先のシナリオ」と呼ばれるものである（Nardone, 2009）。このテクニックは,「『先生,ありがとう,問題は解決しました』と言えるようになるためには,何が必要ですか？」と尋ねるものである。クライエントが,問題が解決したその先の状況を想像できるようにする。これができたら,それを達成するための一連のステップ（ほんの小さなゴール）を作り始めることができる。

しかし場合によっては,その問題がなければどんな人生になるのかということを想像するのに苦労するケースもある。ここで,以下のような**ミラクルクエスチョン**を使うことができる。

今晩,眠っている間に奇跡が起こり,これまで話してきた問題が消えたとします。眠っているため,あなたは何も気づきません。目が覚めたら,何かが変わったとわかるために最初に気づくことは何でしょうか？

この質問では,文脈を未来の空間に置くが,想像上のもの（「奇跡が起こった」）であるため,受け入れやすいと感じる人もいる。より遠く,問題のない状況を想像する代わりに,最初に気づくであろう変化を想像し,そこから発展させるように尋ねる。

その応用として**トゥモロークエスチョン**（Iveson et al., 2014）がある。この質問は,次のようなものだ。「もし明日起きたら,気分が少し良くなっている／問題から遠ざかっていることに気づいたとしたら,何に気づくでしょうか？ 最初の予兆は何でしょうか？」。私たちは,この方法が,より具体的で呪術的思考[訳注2]の少ない人たちに非常に有効であると考えている。

最終的に,三つの異なる技法は,問題のない未来のシナリオを考えるようにクライエントを導く。セラピストとクライエントが共に探求することで,クライエントが,最初の小さな一歩を踏み出せる,実行できる目標を描くための側面や要素を特定できるようになる。

ゴールがない場合

　ゴールを特定することが不可能に思えるケースも存在する。時には，問題を定義することさえ難しい。前述のように，Rosenbaumら（1990）は「変化の種まき」という概念に注目している。目標や問題さえも定義できない状況では，セラピストの能力と焦点は，変化を生み出すことのできる示唆を散りばめ，以前に述べた種まきや呼び水に向けられるべきである（Ducci, 1995参照）。これは，セッションがまだ最初の小さな肯定的な変化を生み出すことを望めるようにする方法である。

　私たちが提案するのは，セラピストが催眠療法で一般的に使われる散りばめ技法に精通することである。それは，ある意味で例外的な状況（思っているほどまれではないが）であり，個人が起こりうる目的や問題を説明することが不可能な状況で使うことである。一連の暗示を挟むことで，クライエントが気づいていない重要なポイントや，まだ発展させるのに苦労しているアイデアをフィードバックするとともに，可能性を開くことに役立つ。

クライエントが自らのリソースを除外する場合

　もう一つの問題は，これまで見てきたように，SSTの鍵である個人のリソースや強みの活用を除外する場合に生じる。伝統的には，これは「変化への抵抗」と見なされてきた。このような場合，まずErickson（1967）によって表現され，de Shazer（1984）によって発展させられたアイデアについて考えてみる。抵抗とは，クライエントがどのように協力**できる**かを示す方法にほかならない。つまり，従来の「抵抗」という概念は，セラピストがある種のクライエントの行動を解釈するための有用な方法にすぎないのである。

　だから，クライエントがやめてくれと言っているときに，私たちは押したりしないが，セラピストは，クライエントを鏡のように映すことを避け，その代わりに状況に適応し，状況を解きほぐすような，一連の戦略的で相補的なコミュニケーションの方法を実践する訓練をすることができる。

　Fischら（1982, pp.119-120；邦訳, pp.158-159）はいくつかの例を挙げている。

「分裂病」の息子につけ込まれている親たちは，「息子に厳しくすべきである」という枠組みの中で，行動を規制されるように指示されても，受け入れない場合が多い。しかし，同じ指示された行動でも，「息子の混乱した生き方にしっかりした構造を与える必要がある」というふうに枠付けされるならば，両親は従うかもしれない。妻に腹を立てている夫は，「妻を助ける」というように枠付けされた指示よりは，「妻の一段上をいっている」というふうに枠付けられた指示の方を受け入れやすい。自分を個性的で人より偉いと思っている人は，誰にでもできるやさしい課題を指示されるよりも，特別な人しかできないと枠付けられた指示を与えられる方が受け入れやすい。自らを「冷静」で何でも知っていると思っている人には，「あなたはこの課題の重要さをお分かりでしょうから，今さら分かりきったことを説明するのは省きます」というふうに単純に枠付けして課題を受け入れさせるようにすればよい。冗談の好きな人あるいは型にはまるのが嫌いな人には，「理屈に合った」指示をするよりはむしろ，「これはあなたには，馬鹿げていて，わけがわからないでしょう。でも，あなたがこれをやったらどうなるか，知りたいと思いませんか」と枠付けした方が，協力が得られやすい。

　患者によっては，治療者をだしぬいて，「一段上の」立場に立ちたいと願い，治療者を不利益な立場に立たせることに興味を持っている人もある。たとえ明らかに大切な課題であっても，治療者がこのようなクライエントに急いでその課題をやらせると必ず失敗する。しかし，この課題を，遂行するのは大変むずかしいことですという指示をすれば，クライエントはそれを引き受けるであろう。「何人かの人はこれをやり遂げたのを知っていますが（患者にどんなことをさせようとしている場合でも治療者はこう言う），あなたの場合にはあてはまるかどうか。あなたの力に適っているかどうかはわかりませんが」という。

クライエントがその場にいたくない場合

　最後の提案は，どのような理由であれ，本人がその場にいたくないという状況についてである。スティーブ・ド・シェーザーは，**ビジタータイプ**，つまり

セラピストのオフィスにいることを本当に望んでおらず，自分が問題を抱えているとさえ思っていないような人々について述べている。親に無理やり通わされているティーンエイジャーから，リハビリ中の人，「妻を幸せにする」ために一人で通う夫までいる。このような場合，Hoyt（2009, p.85）が述べているような態度が非常に有効である

> セラピストが具体的な不満や目標を定義できないビジタータイプを含む関係であれば，共同して行うことは，クライエントがうまくいっていることに対して共感し，丁寧に接し，コンプリメントすること（課題や変化への要求もしないこと）以外の何ものでもない。

鍵のかかったドアを無理に開けようとするのは無意味だ。クライエントの心を開かせ，彼らがすでにやっていることを認識することで，クライエントの協力が得られるようになる。

ある男性が，25年以上抱えているアルコール問題に対処するために，妻に連れられてセラピーを受けに来たとき，私は最初のセッションで，彼が（セラピーへの期待は低かったとはいえ）セラピーを受けに来たという事実を褒めるにとどめた。というのも，それは彼が本当に家族を大切に思っていて，夫として父親としてふさわしい人間になるためなら，どんな努力も厭わないということを意味していたからだ。当時，私はまだSSTのことを知らなかったが，彼は私の相談室で最初に受け持ったクライエントだった。1年半あまりセラピーを行い，その結果，彼は問題を完全に解決した。今でも，私の言葉を聞いて彼の表情がどのように変わったかを思い出すと，あのように始めていなければ，最初のセッションを終えることはできなかっただろうと確信する。

結　論

ここで説明されているSSTのメソッドは，ICSSTでトレーニングを受けたセラピスト全員が適用している。というのも，私たちの関心は，セラピストが各セッションから最大限の力を引き出せるように，方法論を常に更新し続けるこ

とだからである。

　SSTの利点は，セラピストのオリエンテーションに関係なく，さまざまな文脈で，さまざまな実践者が活用できることである。実際，その目的は常に，1回1回の（しばしばたった一度の）出会いの効果を最大化することである。

▶原注
1───イタリアのローマで2023年11月に開催された第4回国際シンポジウムでは主催者を務めた[訳注1]。
2───SSTの実践には，戦略的療法モデル（ブリーフセラピー・センターの**戦略的セラピー**，ジェイ・ヘイリーとクロエ・マダネスの**戦略派家族療法**，アレッツォ（トスカーナ州）の戦略的セラピーセンターの**戦略的ブリーフセラピー**（Nardone & Watzlawick, 1990））のいずれかを訓練する必要があるわけではないことに留意されたい。前述したように，これら，特にブリーフセラピー・センターのモデルから，私たちは**偽解決**という概念だけを取り上げた。さらに，本書で繰り返し述べているように，SSTは理論モデルや方法論的アプローチに関係なく行うことができる。
3───上述したように，これらすべてを組み合わせることで，セラピストとの出会いから最大限の効果を得ることができる。しかし，中心となる介入とは，実際のセッション中に実施されるセラピストの行動のことであり，セッションの効果を最大化する鍵となるものである。
4───一例を挙げると，（移民問題に関連するような）緊急支援では，治療前とフォローアップの段階を含めることは難しい。臨床家はそれぞれのニーズに最も適したものを使用することができる。
5───キャリアをスタートさせたばかりの頃，メンタルヘルス・センターで働いていた私は，（被害者としても加害者としても）暴力，犯罪行為，薬物乱用の過去を持つ男性のセラピーを担当した。男性は10歳の頃からそのような行為を行っており，投薬や強制された「治療」を受けてきた。そのような状況で自分の限られた経験が役に立つかどうか疑問に思った私は，セラピーが適切かどうかをお互いに確認するために，3回セッションを実施することを提案した。誤解した患者は，怒ってテーブルの上に拳を叩きつけ，「3回のセッションで俺を治せると思っているのか!?」と叫んだ（この事例についてはCannistrà, 2019bに掲載されている）。これはSSTのケースではなかったが，少なくとも最初はSSTを提案することが不適切かもしれな

い状況を明確に示している。だからといって，私たちがSSTの原則を使うことができず，必要だと判断すれば，セッションの終わりに，クライエントに次の予約が必要だと思うかどうか尋ねることができないという意味ではない。

6———私たちはまた，Cialdini（2016）の**特権的瞬間**の概念（これ自体が，集中的注意に関する研究や調査に言及している）に感銘を受けた。1回のセッションで十分かもしれないことを示す一連の要素を最初から導入することで，その達成に貢献しうる追加的な要素に個人の注意を集中させることができる。私たちは現在，臨床経験から生まれた仮説を検証するための調査を行っている。質問票を渡された患者は，そうでない患者よりも2回目のセッションを必要とする頻度が少ないようであるが，これはおそらく質問票自体が問題とゴールへの集中を促し，クライエントのリソースを特定するのに役立ったからであろう。

7———実際には，各段階の時間を定義するのはやや難しい。なぜなら，セッションは30分，1時間，1時間半，あるいはそれ以上，もしくは，それ以下となることがあるし（その結果，各段階のタイミングも変化する），セラピストはどれだけの時間を与えるかを自由に選ぶべきでもある。加えて，ある段階の要素が別の段階に現れたり，別の段階につながったりすることもあるだろう。

8———この点について，家族支援センターで実施した私たちの調査を思い出す。そこでは，インフォームド・コンセントの後，治療を開始したい問題をより明確にするための質問をするだけで，多くのクライエントが来なくなった。

9———ただし，「問題がない」のではなく「達成すべきゴール」がある場合は除く。例えば，自分のパフォーマンスを向上させたいと思っているスポーツ選手のことを考えてみよう。

10———私たちはある質問が他の質問より優れているとは考えていない。セラピストは，その場に最適と思われる質問を使用することができる。想定される質問の簡単なリストはHoyt（2009）を参照のこと。

11———Maeschalck and Barfknecht（2017）が指摘するように，「フィードバック文化を作る」ことも不可欠である。そのため，フィードバックを求める際には，セッションの進め方に関するクライエントの意見がまさしく重要であること，変更したいことがあれば遠慮なく言ってほしいことをクライエントにはっきりと伝え，そうすることでセッションがよりうまくいくようになると私たちは説明している。

12———ここですでに，セラピストが果たす重要な役割を見ることができる。セラピストは，クライエント中心になっているにもかかわらず，治療プロセスにおいて不可欠な存在なのである。例えば，「1点ではなく2点をつけたのは，完全に絶望しているわけではないからです」と人々が答えたとき，セラピストはこの言葉を「変化への意欲」という観点から翻訳し，「わかりました，少なくとも意欲はあるのですね」とか，「少なくとも，あなたは本当に自分を貶めたり，もう終わりだと不平を言ったりしないのですね」と答えることができる。もちろん，ここでも，いつ，どのように言うべきかを評価するのはセラピストである。

13———例外とは，次のようなものである。「不満が生じないときに何が起こるか，家族はこの例外をどうやって起こすか（中略）私たちの考えは，セラピストとクライエントの双方が，クライエントが何をすることが効果的なのかを知る必要があるということである。このディスカッションは，介入と解決のためのいくつかのモデルにつながるだけではない。セラピストが，クライエントにとって良いことができるだけでなく，すでにやっていると信じていることを，暗黙のうちにクライエントに知らせることにもなる。ベイトソン的な言い方をすれば，例外は少なくとも暗黙のうちにクライエントに，うまくいくことといかないことの間の「差異の知らせ」を提供するのである（Bateson, 1979）」（de Shazer et al., 1986, p.6）。

14———「どのように問題が始まったかは重要ではない。それよりも私どものモデルの中心をなすのは，ともかく始まってしまっている問題が続くということである。というのは，クライエントたちが何とか解決しようとがんばっているうちに，その困った問題はまるで頑固なやり方ゆえに維持されていることになることが多いからである。こういうやり方を私たちは偽解決（ぎかいけつ）と呼んでいる（中略）偽解決努力について尋ねれば，例外なしに，ありふれた理屈や常識が現れる（中略）人は，評価基準を「何が理にかなっているのか」から「何がうまくいくのか」に移行させることが，とても難しいようである。同時に，自分たちが，ほんの少しだけ形を変えただけで，実は同じことを何度も何度も繰り返しているなんてことには，ほとんど気づいていない」（Fisch & Schlanger, 2002, pp.2-3：邦訳, pp.2-3）。

15———これらは，リラクセーション法から**エンプティチェア・テクニック**，トランス状態への誘導から恐怖症の対象物への段階的エクスポージャーなど，多岐にわたる。

16———**修正感情体験**の概念を発展させたAlexander（1963）が，セッション中と

セッション後の両方で修正感情体験を感じることができることの重要性を主張していたことを思い出してほしい。

17——もうひとつの例は，数日後に乗る予定だった飛行機が墜落するイメージを繰り返し思い描くことに苦しんでいた女性のケースである。最も適切な治療法は逆説的なものだった。それは，一日に数回，自ら進んで墜落を想像するようにというもので，決して楽しい作業ではなかった。しかし，セラピーの中で，この女性のポジティブな例外は「退屈」であることが明らかになったのである。以前にも，彼女はこのような不合理なイメージをうんざりするほど考えて，その結果イメージが浮かぶたびに事実上追い払うところまできていたのだった。私たちはそのエピソードを参考にして，今のイメージにも「飽きる」方法を見つけられるかもしれないと彼女に話した。女性は同意してくれたので，私たちはどうすればいいのか尋ねた。「飛行機が墜落するところを自発的に想像してみるのもいいかもしれない」と彼女は答えた。私たちは，それは素晴らしいアイデアに思えると言って，1時間に1回やってみるよう提案し，彼女はそれに同意した。彼女はその後，4回の旅行（往復2時間の旅行と16時間の旅行）を冷静にこなし，このテクニックの肯定的な結果を報告した。

18——最後の介入を除き，**ドアが開かれていることの説明は**，最初のセッションと最後のセッションでのみ行われるべきものである。

19——もちろん，この定義を彼女に押しつけたわけではない。セッションの間中，私たちは彼女がどんな人間になりたいか，どんなパートナーが側にいてほしいか，どう扱われたいかなどを尋ねるにとどめた。

20——ひるがえって，このテクニックは，アルフレッド・アドラーの質問（「もしあなたの問題がすべて解決したら何が変わるだろうか」（Adler, 1925））や，Erickson（1967）の水晶玉のテクニックに似ている。

▶訳注

1——原文ではシンポジウム開催前であったため未来形で書かれていたが，この翻訳原稿を執筆している段階で無事にシンポジウムが終了したため，訳者により過去形に改めた。

2——因果関係のないもの同士を関連づけ，そこに原因を求める思考様式のこと。

3——ここでは，セラピーの内容をクライエントに「返す」という意味でお返し（restitution）という言葉が使われている。

第6章
事例紹介

ヴェロニカ・トリシェッリ

　本章では，シングルセッション・セラピー（SST）を用いた臨床事例を紹介し，これまで学んできたことを実践的に感じてもらう。

　執筆する中で，さまざまなオリエンテーションを持つセラピスト，特にSSTを始めて間もないセラピストを含めることで，より興味深い章になると感じた。読者は，SSTの経験豊富な実践家よりも，初学者により共鳴するだろうというのが私たちの考えである。

　そこで，ICSSTの最初の2回のSSTコースの参加者に連絡を取り，SSTで治療したケースをまとめることに関心のある者を募った。その結果，オリエンテーションやアプローチ，仕事の領域が異なるイタリア各地の心理士や心理療法士[訳注1]による13のSSTケースが集まった。これにICSSTチームのメンバーによるケースが四つ加わった。

　私たちにとって，これらの事例を読むことは刺激的であった。SSTが個々の同僚によってどのように洗練されていくのかを見るのは勉強になる。同僚の中には私たちと協力関係にあったり，共同プロジェクトを立ち上げるために協力してくれた者もいる。

　事例提供者全員に事例を書き上げやすく，わかりやすく記述するためのガイドラインを配布し，統一したフォーマットを用意した。もちろん，各自が自分のやり方に合わせてアレンジしている。

　どの事例も，セラピストが概要を簡単に示した後，SSTのセッションを三つのフェーズに分けて紹介されている。できるだけ以下の3フェーズに沿うようにまとめた。

- **序盤** セッションで達成すべき具体的なゴールとともに，問題を実際的に説明する（その人の問題は何か，その人にとってどういう意味があるのか，など）。
- **中盤** クライエントの内的・外的なリソースを，問題や機能不全行動の例外となるものと共に探索する。そしてクライエントはコンプリメントと観察，提案を受ける。
- **終盤** 介入課題を設定し，フォローアップを行う。

　可能な場合，2～3週間後に行われたフォローアップについても報告し，1回のセッションの結果が長期にわたって維持されているか，さらなるセッションが必要であるかを調べている。

　また，フラビオ・カニストラが注釈で各事例について簡潔にコメントし，各事例に特徴的なテーマをまとめている。

　私たちは，各同僚の個人的なアプローチには付加価値があると考える。SSTは融通が利かず魂のないプロトコルである必要はなく，読者は各セラピストによってカスタマイズされた様子を知ることができる。したがって，中盤の要素が序盤に現れたり，その逆があっても驚かないでほしい。

　スペースの関係で，また，この章がヘビー級の読み物になるのを避けるため，同僚には2ページ程度でケースを執筆してもらった。当然ながら，結果的に（いくらかは計画的に），説明を省略している。読者はきっと興味を持つだろうが，なぜそのテクニックを使うのか，それは各自の理論的，実用的知識や，個別のやり方に関わることであり，執筆者には説明を求めないことにした。さらに，いくつかのステップは明示されていないこともある。例えば，問題の定義を進めた，あるいは絶えずチェックしたと全員が詳細にまで報告してはいないだろう。可能な限り（読者の邪魔にならない程度に），セラピストの介入の傍らにイタリアン・メソッドの関連する要素を括弧付きの太字で挿入した。もちろん，これが自明な場合（セラピストが「クライエントに課題を与えた」と書いている場合など），コメントは避けた。

　いずれにしても，全体としては，前章で見たSSTの中心的なポイントを読者に理解してもらうこと，そして最も重要なことは，読者が「生きた」SSTを身

につけることである。イタリアン・センターのメンバーを含む執筆者に連絡を取り，明確な説明や実りある議論をすることをお勧めする。

本章のもう一つの目的は，SSTがさまざまな状況や場面で，シングルセッションだけでなく，より長いプロセスの一部であるセッションにおいても，いかに役に立ち，取り入れることが可能であるかを示すことだった。SSTの応用の可能性を，不完全ながらも幅広く紹介することで，読者の皆様に楽しんでいただければ幸いである。

シングルセッション・セラピー———臨床事例

ケース1———思考を追放する[原注1]

　　　私はフランチェスカ・フォンタネラという。心理士であり，臨床では主に感情や人間関係の問題，死別，慢性疼痛を抱える大人や若者を対象としている。これは，目標達成を阻む侵入思考に悩む若い女性の物語という，ちょっと変わった内容である。彼女のプライバシーを守るため，ルナ（架空の名前）と呼ぶこととする。

序盤

ルナは，心配性で少し不安なところがありながらも，試験で合格する方法を心得ている良心的な学生である。大学生活も順調で，半年間の海外滞在も楽しんでいる。イタリアに帰国後，何かが変わってしまいルナは研究も仕事も手につかなくなった。これは大問題であった。なぜなら，彼女の自信は，研究を規則正しく進め，すでに始まっており，数カ月後に忙しくなるであろうプロジェクトに集中できるかどうかにかかっているからだ。この行き詰まりは，彼女のアイデンティティを揺るがすものであり，セッション当日，彼女は自分の価値を疑い，一刻も早く解決策を見つけようと悩んでいた。「この考えを払拭して研究に集中することが必要です。つまり，次のセッションで試験に臨みたいんです」

SSTのアプローチに則り，「私からの提案ですが，このセッションを唯一のセッションであるかのように扱って集中しませんか」[シングルセッションの紹介]と

述べた。ルナは静止し，驚いてうなずき，話を戻し，「私の思考は一秒たりとも休まらない！」と現状を要約した。「ルナ，それはどのような思考ですか？」と私は尋ねる。ルナは正確には表現できない。「思考，いろんな思考が頭の中をぐるぐる回っている。混乱して，座ってくよくよ考えてしまい，何もできない！」

　私は次のように提案をすることにした。「よし，ルナ，こうしてみましょう！こんなゲームを提案します。二人で60秒間，静かにしていましょう。この60秒の間に，思考が現れたことに気づいたら，その都度「Thought（思考）！」と言うことがあなたの課題です。準備はいいですか？」[**セッションの中で解決策を探り，試す**]。ルナはうなずき，課題に興味を持った様子だった。その60秒後に私たちは八つの思考を数えていた。電卓を片手に確認すると，1時間に480回，仮に12時間起きているとして5,760回の思考をすることになった。思考のために夜も眠れなくなるのは言うまでもなかった。ルナにとって，このゲームは「1日にたくさんのことを考えている」という仮説を裏づけるものだった。しかし，彼女はまた，自分にはさまざまな種類の思考があり，そのすべてが同じように「定着」するわけではないと指摘する。実際には，「粘着性のある思考」は五つだけで，「私の脳が出せる思考の数を考えると，多くはない！」とルナは安心する。その中でも，まだ四つある大学の試験への思いはぬぐえないようだった。彼女が研究や試験に臨むことを止めるのは，試験に対する思考そのものであった。そのため，（勉強のモチベーションを上げるために）まだ先の試験のことを考えるたびに，悪循環に陥ってしまうのだ。彼女は試験に全エネルギーを使っているため，研究のための時間がなくなり，今後数カ月で大学を卒業できる可能性が低くなっていた [**機能不全の行動を調査し，それをフィードバックする**]。

　私はルナに，試験のことが気になって研究から遠ざかっていることに気づいたときに使う，「手放す」イマジネーションのエクササイズを紹介した。数分で，ルナは応用の仕方を覚え，次の日から試すことができるようになった。

中盤

　私は，「最近，あなたの思考がより侵入的でなかった時期がありましたか」という，まだアセスメントしていない側面を尋ねるときが来たと考えた [**問題の**

例外を探索する］。ルナは，エラスムス交換留学中，このような思考に陥る頻度や強さが減ったことを記憶していた。おそらく，刺激的で，飽きなかったからだと説明する。私のリクエストに応えて，彼女は地元で刺激的なものを見つける可能性について考え，好奇心と想像力を発揮して，楽しくて珍しいものをいくつか挙げながら，顔を輝かせた［**内的・外的リソースを探索する**］。この二つは，退屈しのぎの優れたリソースと思われた。私の印象を伝えながら，「想像力と好奇心を使って，毎日何か変わったことを工夫してやったらどうなる？」と尋ねると，ルナは笑いながらその考えを支持した。「いいと思う！　しかも，簡単そう。何でも大丈夫ですか？　シンプルなアイデアでも？　例えば……今夜，サラダを食べずにアイスクリーム屋さんに行ったら，それはカウントされますか？」。私たちは変更や更新の余地を残しつつ，できそうな珍しいことをリストアップした。

　ルナは，毎日何か変わったことをすること，そして何よりもその理由を忘れないようにするために，いつも彼女が用いている作戦を選択した。腕には「新しいこと，大学卒業」と書いてリマインダーとし，アパートの部屋には同じスローガンのポストイットを貼り付けた。

終盤
　セッションが終わろうとしているとき，私はルナにこの1回の面接で十分に役に立ったか，もっと面接が必要だと思うかと尋ねた。気分も良くなり，アイデアも豊富にあるので，自分でやってみようと思うと彼女は答えた。そこで，2週間後に連絡を取ることにした。「2週間後に様子を確認すると手帳に書いておきましょうか？　先に思い出したほうが電話することにしましょう，いいですね」［**ドアが開かれていることについて説明し，フォローアップを手配する**］

フォローアップ
　2週間が経過する。私はルナに調子はどうかと連絡をした。彼女は感嘆符とスマイルの顔文字でいっぱいのメッセージを返してきた。「エクササイズは本当に効果があって，必死に夢中で研究する気分に戻りました。本当にありがとうございました!!　まだ信じられない！って感じです」

ケース2——「この怒りが離れてほしい」[原注2]

　　私は，統合的・戦略的アプローチを持つ心理士・心理療法士である，シモネッタ・ボナディスという（イタリアン・センターの元チームメンバーでもある）。移民の第1世代，第2世代，庇護希望者，難民の心理的サポートを扱っている。

　アーメッドは，同伴者のいない外国人未成年者で，エジプト国籍で，イスラム教徒である。2015年9月にプーリア海岸で下船後，アヴェルサ（カゼルタ）のレセプションセンターで約8カ月を過ごした。2016年5月，彼はコゼンツァ県の同伴者のいない外国人未成年者センター（a Centre for Unaccompanied Foreign Minors）に移送された。

　アーメッドは施設に到着したとき17歳で，イタリア語で十分なコミュニケーションをとることができた（ただし，母語はアラビア語）。対人スキルが高く，臨機応変に対応できるため，スタッフとの距離を縮めようとする傾向があり，ひときわ目立つ存在だった。

　アーメッドは，より良い未来を築き，エジプトにいる自分の家族（母，父，弟）の生活を保障する仕事を見つけるために，イタリアに来たと身の上話をした。

　父親は権威主義的で，しばしば暴力を振るう人物であったと言う。彼が勉強を続けるのをやめさせ，就職させようとしたのだ。アーメッドは決して祖国を離れたくはなかったが，エジプトのアレクサンドリアの資産家である父親は，彼の選択肢と資産を増やすために，エジプトに送金できるだけのお金を稼ぐことを目的に，移住を強要したのだとすぐに察しがついた。

　センターに到着して数日後，アーメッドは心理カウンセリングを受けられるかどうかを尋ねてきた。

序盤

　なぜ心理カウンセラーとの面談を希望したのかと尋ねると，アーメッドは「父親から何日も電話が鳴りっぱなしで，『仕事を見つけて自分と家族にお金を送

れ』と繰り返し言われます。私が 18 歳でないこと，まだ働ける時期でないことを理解していないのです」と話した。頻回の電話は，頻脈，発汗，コントロール不能感，怒りで顔面が赤くなる，筋肉がこわばる，拳を握るなどの明らかな身体反応を示す全般的な不安，さらに繰り返し起こる頭痛と不眠の原因となっていた［**問題を定義する**］。

　私たちはセッションのゴールを定めると，アーメッドはシンプルで鋭い言葉で説明した。「この怒りが，私から離れて，遠くへ行ってほしいのです！　もう，自分の胸から心臓が出て，手の中で温かく震えるのを感じたくない。17 歳の少年のように暮らしたい」

中盤

　児童労働，家庭内暴力，ネグレクト，子どもの権利の否定など，さまざまな問題を抱えるアーメッドは，「私は折れた枝のようだ」，「胸が燃えている」，「私は石につぶされている」など，イメージで表現することが多くみられた。文化的，人類学的な意味合いが詰まったそれぞれのメタファーは，他の方法では語られなかった，あるいは長い期間語られなかった，彼のストーリーのスナップショットであった。

　メタファーは，クライエントとセラピストの話し言葉が厳密には異なる場合，コミュニケーションを促進する。比喩的－象徴的－暗示的な言語は，コミュニケーションや人間関係の普遍的な側面を活性化させる。つまり，それは人々を近づけ，対話の中に置き，違いが特に顕著である場合，理解や共感的コミュニケーションを促進し，複雑であるものを例示し，抽象的であるものを具体化する（Barbuto, Cobras, & Ginnetti, 2017）。

　アーメッドの非言語行動は，彼の「私は折れた枝のようだ」という発言と合致し，彼の現在の感情状態を明らかにしていた。前かがみになり，目はうつろで陰気で，元気がないように左右に揺れながら歩いた。彼の細い脚は，体重を支えきれないようだった。

　このイメージを前にして，私は「あなたの言う折れた枝がはっきり見える」と同意した。「折れた枝にそっくりな姿に仕上げるなんて，すごいですね。あなたに会うまでは，体だけで折れた枝をこんなにうまく表現できる人がいるなん

て思ってもみなかった。すごいことです！ あなたは，自分の気持ちを言葉にしなくても表現できるユニークな方法を持っています！ あなたのこの能力はすごいと思う！」［リソースを調査し，フィードバックを与える］

　アーメッドは私を見て，かすかな笑みを浮かべながら，「誰も私が折れた枝をできるなんて思っていない，自分で思ってもみなかったよ！」と言った。しかし，共に確認したのは，折れた枝はまだ落ちないということだった。そして，折れた枝がその命の木に頑なにくっつき続けるには，どれほど強く，粘り強いものでなければならないかを考えた。

　そこで私たちは，アーメッドが移住という複雑なプロセスに対処し，生き延びることができたのと同じ，個人のリソースとスキルに注目した。

　アーメッドは見た目にはリラックスしているように見えるが，特に父親からの電話を受けたときに「枝が折れたようだ」と感じ，怒りや不満が抑えられなくなるのだと教えてくれた。

終盤

　残り時間が数分となったとき，私は大きな課題を出すために「アーメッド，とても大事なことを聞きたいから，私の言う一言一句に集中してほしい」と注意を促した。

　「これから話すことを理解してもらえるように，ゆっくり話しますね。今度お父さんから連絡があったら，センターでの仕事が多いのでお父さんからの電話に毎回出ることができない。なので，あなたからお父さんに電話をすると伝えてほしいのです。毎日電話をすることができますが，学校に行く前の午後3時に5分間だけ話ができます。5分経ったら通話を終え，イタリアでの生活に関わる多くの日常作業に集中しなければなりません。これをできると思いますか？」。私はこの処方を「不安の予約」と呼んでいる。アーメッドは深くため息をつき，課題を実行することに同意した。私たちは別れを告げ，2週間後の予約を入れた。

フォローアップ

　約束の数日前に予約のキャンセルの電話が入った。アーメッドは追加のセッ

ションは必要ないと告げた。彼は元気で，介入課題が効いたと私に言った。「自分の気分が良いことがわかると，それが正しい方法だったと気づきました」，「私の心臓は再び正しく動いています」

「不安の予約」課題を通して，アーメッドは自分の不安をコントロールできる体験をした。彼は，初めて自分自身に対する別の認識を持つことができ，怒りや不満といった難しい感情への対処法を身につけることができたので，気分が楽になった。

センターのチームの了解を得て数週間後にフォローアップの電話をすると，アーメッドは大道芸とジャグリングのワークショップに参加していることが確認された。アーメッドは火や釘，ガラスを扱うことで言葉を必要とせずに自分の感情に触れる新しい方法を経験していた。

特にファキリズム[訳注2]と火吹きは，アーメッドにとって，ネガティブな感情が症状として現れるまで抑圧するのではなく文字通り吐き出せてしまうという，継続的な治療効果をもたらすものであった。

「この怒りが自分から出て行ってほしい」，これがセラピーの主なゴールであり，それは実現した。アーメッドの比喩的な表現では，火を吐くことは，自分の怒りを体から吐き出すことを表していた。

「ミグラント・サーカス・カンパニー」はジャグリングと大道芸のワークショップから発展した。2016年12月，アーメッドはカタンザーロ劇場で公演を行い，魂をむき出しにして，観客の評価を恐れるといった外国人にとってよく見られる古典的な恐怖に立ち向かった。このとき，アーメッドは観客としてではなく，人生という素晴らしい物語の主役として，初めて劇場に足を踏み入れた。

ケース3——いつも相手を間違える……引っかけられている?[原注3]

私の名前は，アンジェリカ・ジャンネッティ。戦略的アプローチによるブリーフセラピーを専門とする心理士・心理療法士で，イタリアン・センターのチームの一員でもある。主に心理的サポート，子育て，個人，カップル，家族を対象にした心理療法を扱う。

Mは47歳の女性で，16歳の娘がおり，ファミリー・センターの子育て支援グループに8カ月間参加している（2週間に1回のミーティングがある）。コースの途中で，彼女は個人的な問題を深く掘り下げるために，シングルセッションでの個人面談を希望した。このセッションには，支援グループのカウンセラーも参加した。

序盤
　セッションの序盤で，Mは自分の主訴を次のように説明した。「自分の感情や他人との関係を調整したい！」。彼女は，過去に現在の家庭環境や原家族を扱う心理療法を受けたことがあったが，今はそれをより深く探求する必要があると報告した。
　冒頭より，彼女はいくつかの対人関係について話した。娘Vの父親との関係や，最近2年間交際中の，遠方に住み，同居していない男性との関係について語った。
　私たちはMに，彼女がセッションを求めた理由をよりよく理解するために，彼女が提起したトピックのうち，どれを最も緊急に取り組むべきと考えているか，または重要視したいかを尋ねた［ゴールを明確にし，優先順位を明らかにする］。
　ここで，彼女は個人的なゴールとして，理解することに焦点を当てる。「なぜ私はいつも間違った人を選んでしまうのだろう！　娘もそうなりそうで怖い！」。
　私たちは彼女の言葉を用いながら達成すべきゴールを再設定し，（彼女の視点からすると）「必然的に」二つのタイプの恋愛に踏み切りがちであり，それがどう関係しているのかを明らかにする必要があることを共有した。二つのタイプとはつまり，自分を見失いかねない永遠の愛と，いつかは飽きてしまう表層的な愛だった。
　まずは，最近2年間の交際から整理した。Mは，その関係に対する熱意がなくなり，自分の思い通りにはならないと悟ったと述べた。それは，彼女が言うところの「ティーンエイジャー」の恋愛で，最初だけつながりを感じた関係であった。

一方，初恋だった良心的兵役拒否の期間にあった大学生Gとの関係については，次のように語っている。この関係には強い絆を感じたが，「優れている」と思っていた男性に劣等感を抱き，その男性から別れを告げられたときには，父親に捨てられた体験とリンクして極度の苦痛を味わったという。

　この話をする中で，彼女は，自分の男性選びが，本当の意味での恋愛や感情的なつながり，相互の尊敬，選択の共有ではなく，一人になることへの恐怖に導かれていたことに気づいた。そして彼女は娘の父親であるPとの関係のように，自分が相手を愛しておらず，その相手を捨ててしまうことに気がついた。

　Mは，友人関係においてもこの傾向は繰り返され，自分が最も恐れ，避けようとしている「孤独」を経験することになる，と振り返る。そして人間関係では「与えすぎるか，ほとんど与えないか，他人と比べて劣等感を覚え，我慢することが多い」と断言した。

　この関係性への気づきが深まるにつれて，彼女はこう言うようになる。「私は満ち足りていないし，孤独に感じます。誰かに依存することが怖い。彼は私を捨てていくかもしれないし，そうすると私は精神的に破壊されてしまうかもしれない」

中盤

　私たちは，「焦点」が常に彼女自身，彼女のあり方，彼女の欲求システムに当てられており，あたかも相手が不変の存在で，どんな場合でも，常に彼女があらかじめ決められた決まり文句に反応しているかのようだと伝えた［**セラピストのフィードバック**］。人間関係とは，一対一の交流であり，二人の和以上のものを生み出すものであること，その発展の各段階において，相手のニーズや特徴に耳を傾け，未知への挑戦や予定外のものを生み出すことを，大変ではあるが受け入れなくてはならないことを伝えた。

　そこで，人生の中で同じようなことが起こった場面があるか改めて考えてみるようお願いしたところ［例外の探索］，彼女は即座に子どもを産むという「向こう見ずな行動！」をしたことについて語り，それが「私が愛することができず，私を愛してくれなかった」Pとの関係の結果だと言及した。

　このような状況の中で，彼女は自分から娘に焦点を移し，内なるリソースを見

つけて，お互いに支え合い，満足できる本物のポジティブな関係を築き，その関係に内在するリスクを十分に受け入れながら，「人生で最高のもの」を手に入れることに成功したことを私たちは強調した［内的リソースのフィードバック］。

このポジティブな関係の体験は，他の関係にも応用できることが容易に理解できる。最後に私たちは「もし，出会った瞬間に安定した関係性を約束しなくてよいとしたら，あなたはどう感じて，どう今とは違う行動をとりますか？」と尋ねた。「多分もっと自由に感じると思います。証明しなければならないものは何もないので！」と彼女は笑顔で答えた。

終盤

そこで出てきたものを出発点として，Mには，あらかじめ決められた制約から解放され，何も証明するものがないかのように，不確実性を試し，他者との出会いに臨むように勧めた。

セッションの終わりに，彼女は新しい視点について考える手助けをしてくれたことに感謝した。彼女はまだ，新しい人間関係の中で行動し，試す準備ができていないと思われたが，自分の経験に焦点を当てただけで，重要なステップになったようだった。

最後に，次の予約を取りたいか尋ねると，彼女はここでやり遂げたことで十分なので必要ないということだった。

ケース4——恋愛関係でリラックスすることは可能だろうか？[原注4]

私の名前はヴァレンティナ・ガブロー。短期戦略療法，簡易医療催眠，NLPを専門とする心理士・心理療法士である。臨床では，主に親子や夫婦間のコミュニケーションや人間関係の問題，意思決定の迷い，不安障害，心的外傷後ストレス障害などに対して，SSTを実施している。

序盤

私のオフィスを訪ねてきたロベルトは35歳で，洗練された上品な容姿をしていた。彼は2カ月ほど付き合っている女性にとても惚れ込んでいるという。彼

女は彼より5，6歳年下で，非常に知的で，知識も豊富な女性である。

　付き合い始めて最初の1カ月は，すべてがうまくいっていたが，その後彼は「嫌悪感」を感じるようになり，もう彼女に会いたくないと思うようになった。今は，数年前の彼の交際相手がそうであったように，彼女が自分のもとを去ってしまうのではないかと，行き詰まりを感じている。

　彼は，両親が"義理"で結婚したため，愛が何なのかわからないと私に話した。彼は人生の中で，まず弟の世話をし，次に両親の世話をしなければならなかったという。

中盤

　この問題を解決するために，ロベルトは友人に相談したが，より混乱して終わった。また，さまざまな自己啓発本を読んでみたが，何一つ実践することができなかった。最近では，彼は自分の意思に反して無理に外出してみたが，結局，終始嫌な気分のままだった［**機能不全に陥った偽解決**］。

　来談時彼は，一人になりたくないが同時に誰かと一緒にいることができないために，相当の怒りを感じていた。女性と付き合い始めるとすぐに，誰かを愛すること，そして去っていかれることに恐怖を感じるようになる。彼の目標は，リラックスした状態で親密な関係になれることだった。

　さらに詳しく聞くと，彼のこれまでの恋愛では，自分が別れたいと思ったときでも，必ず相手に別れを告げさせていたことがわかった。このとき，私は「自分が去るのと相手に去っていかれるのではどちらがよいですか」と問いかけ，「恋愛を恐れる人たちは，見捨てられるのが怖くて真剣な恋愛を避けることがありますが，そうすることで自分自身を置き去りにしてしまうのです！」と付け加えた。そして，「あなたの誰かを愛することへの恐怖は，あなたが誰かと一緒にいようとしているのか，それとも一人でいようとしているのかを教えてくれているのでしょうか」と尋ねた。

終盤

　セッションの最後に，私は彼に，毎朝自分に次のことを問いかけるよう提案した。「もし私が完全にどうかしていて，自分の問題を解決しようとせず，さら

に悪化させようと思ったとしたら，自分の状況を改善するのではなく自発的に悪化させるために，何をすべきか，何をしないべきか，何を考えるべきか，考えないべきか問いかけてください。もちろん，ただ考えるだけです。そして，考えたことを実行に移すのを避ければよいのです。それはこれまでもすでにできていることでしょう」[原注5]

最後に，2週間後にフォローアップすることを伝えて終了した。

フォローアップ

ロベルトは約束通り2週間後に電話をかけ，状況が大幅に改善されたことを伝えた。私たちのセッションと，見捨てられたことに対する彼の考え（専門用語で言うところの「再構成」）は，大きな影響を与えていた。また，毎朝「どうすれば事態が悪化するか」を問うことで，同じ過ちを繰り返さずに済むようになった。実際，彼は友人に愚痴を言うのをやめ，その女性と出かけるのも自分がそうしたいときだけにし，「しなければならない」と無理に行動することをやめた。彼は「大丈夫，今のところもうセッションは必要ない」と報告した。

ケース5──2回に分けてのSST[原注6]

　　私の名前はフェルッチオ・ゴバト。心理士であり，心理療法士として，人格的な問題についてのボディメディテーション心理療法と，短い催眠による危機介入を扱っている。特に，若者が機能不全家族から解放されるのを助けることを得意としている（そしてその仕事にやりがいを持っている）。

次のケースは，私としては数カ月間みていきたいと感じた一方で，そのような関わりを求めていなかったクライエントとの体験である。このケースは複数の理由から興味深いと感じた。とりわけ，精神力動的な観点から，このクライエントはマゾヒスティックな性格を有しており，障害の重さにかかわらず，短期間で変化を促すことが最も困難な症例であると考えたからである。

このような精神力動的な見方をある程度切り離し，「シングルセッション・マインドセット」に入ることで，自分が性格のどの領域を進んでいるのかを意識

しながら，2回のセッションで大きな変化を促すことができた。

最初のセッション
序盤
ミレーナ（36歳）は私が催眠療法を実施していることを知り来談した。彼女は座り，「禁煙に役立つ催眠の習得について調べに来た」，そして「いろいろな場面で落ち着きたい」と言う。ヘビースモーカーのミレーナは，実際には禁煙したいわけではないということがわかった。母親が肺がんと診断され，禁煙すべきだができていなかったのだ。ミレーナは言う。「多分，私がタバコを諦めたとしたら……せめて母の前でタバコをやめれば！」［ゴールの定義］。

初回面接で，鍵となる重要な情報が得られた。彼女の家族歴は，幼少期から思春期にかけての絶え間ない激しい言い争いの末の両親の別居によって特徴づけられていた。ミレーナは両親間の緩衝材となろうとしていた。今は労働組合の代表として働いている。

16歳までは外向的で明るい性格だったが，祖父母の死，両親の喧嘩の激化，失恋が重なり，風向きが変わってしまった。

中盤
この頃，彼女はタバコを吸い始め，体重が増え始めた。それ以来，彼女は太り気味であった。彼女は落ち着きがなかった。タバコを手に持っていると，（手が何かをしているので）落ち着き，他者からも同じように見られると思っていた。彼女は言う。「私はありのままのではダメなんです」

彼女の家族は皆，引き締まった体型で魅力的だった。自分を太らせることは，家族に対する（自虐的な）反抗であった。

それに加えて，絶え間ない自己卑下と強いマゾヒスティックなテーマを彼女がもっていることを私はわかりやすい言葉で返していった。私は，（彼女が基本的に楽しんでいる）喫煙よりもむしろ，このことについてもっと取り組むべきであり，そうすることで彼女自身に対する全体的な態度の変化が示されるのではと彼女に伝えた［セラピストのフィードバック］。

終盤

　私は10回のセッションを提案した。彼女にはどうするか検討してもらい，それについて話し合うために3週間後にもう一度セッションを行うことを約束した。

フォローアップ

　再会した彼女は，私が話したことはすべてその通りであり，食事のことを含めて自分をないがしろにしている自覚はあるが，今はこれらの問題をすべてセラピーで扱うことは望まないと言った。さらに，本気で禁煙するモチベーションがないことも認めていた。

2回目のセッション

序盤

　この時点で，私は完全にシングルセッション・モードに入る。「では，お会いするのはこれが最後かもしれませんが，何について取り組みたいですか」。彼女は「気まずさからくる自己効力感の低さ」をテーマに決める。
　私たちは問題を実際的な言葉で定義した。彼女は運動を再開することで，自分自身をケアすることを望んでいた［ゴールの定義］。私は，不可能なことをしようとしているように思えた。つまり体を動かすことで，自分の動作を統制している感覚をもつことができ，肺活量を増やすことができ（喫煙とどう両立するのだろうか？），週に2時間，家族に囲まれた環境から離れることができ，仕事以外の文脈で人と接することができるようになるということである。

中盤

　彼女にはスポーツの経験があることがわかった。ダンスとバレーボールのチームに所属し，両方の競技に励んでいたようだ。私は彼女に，たくさん運動したときの気持ちを語らせ，今，自分のために何かをしようという動機づけになる幸福感を思い起こさせた［セッションの中で解決策を探り，試す］。
　私たちはそれらに関して彼女のうまくいかなかった試みを探った。ミレーナは昨年，体操のコースに入学したが，数カ月で辞めたことを語った。「ええ，気

管支炎になったのであきらめました。私には自制心がありません！」。私は彼女がその出来事を再構成するのを手伝った。すると，彼女の中には「いつもジムに行くか，失敗しているかのどちらかだ」という非常に厳しい批判的な声があることがわかった。

　私たちは気管支炎になったときにトレーニングを中断するのは当然であり，これは「諦めた」という意味ではないことを確認した。つまり気管支炎が治ればトレーニングを再開できるということだった。このことが再構成されると，彼女は前年受講したダンス講座を最初から最後まで受けることができていたことをふと思い出した。「ほら，覚えてないんです。私，自分を追い込むの得意なのね！」。私は，彼女のこの洞察力を褒め，同じような経験から，激しいトレーニングをした人が「普通の」活動に戻るときにぎこちなさを感じるのは普通のことだと指摘した。さらに，ジムでの最初の15分間は，以前できたことと今できないことを比較してしまうため，困難が予想されるのではないかと伝えた［考えを言語化し，リソースをフィードバックする］。

　ギアを戻すのに時間がかかることもあり，挫折することもある。ミレーナは，どの身体的な鍛錬に身を投じるかに注力した。

終盤

　このとき，私は心が開かれた瞬間を活用して催眠の介入を行い，体を動かすことと，自分を大切にすること，きれいに呼吸すること，それがいかに難しいか，そしてそれが満足と幸福につながるかを暗示的に結びつけた。そして私たちは，3週間後にフォローアップを行うことに同意した。

フォローアップ

　約束の期間の内に，彼女は私にテキストメッセージを送ってきた。「物事はうまくいっていると言わざるを得ません。自分の問題について見知らぬ人に話すことができたのはよかった。とても感謝しています」

ケース6——カミングアウトすべきか，しないべきか[原注7]

　　　私の名前はパオラ・ビオンディ。心理士であり，心理療法士として，臨床およびビジネス環境における個人，カップル，グループセラピーを通して，主に性的アイデンティティに関連する問題を扱う。

　ピエロ（32歳，既婚，子ども二人）は，何年もの不安と疑問の末に，自分が男性にしか惹かれないことを自覚し，私に連絡した。

　彼はこのことに非常に動揺しており，サンフランシスコで誕生日を祝うことにしてLGBTの多いカストロ地区に行き，他の男性と手をつないで歩くことが普通であることに喜びを感じてショックを受けたと，泣きそうになりながら話した。彼は，何年も異性との性的関係を続けてきたのに，生まれて初めて男性を好きになったこと，そしてそれがどんなに幸せで満足なことかを，興奮気味に話した。

序盤

　彼は私が性的アイデンティティに関する相談を扱っていると知り来談を決意したこと，現在とても混乱していること，なぜなら妻に知られるかもしれないと思うと恐ろしいこと，そしてやっと自分らしくなれたのに妻を苦しめたくはないことを簡潔に説明した。

　彼は彼女に伝えるべきか迷いがあるという。なぜならこの問題に対処し，遅かれ早かれ，別れるかどうかを決めなければならない一方で，彼女がひどく反発しコントロールを失うことを恐れているからであった。さらに厄介なことに，二人とも10代の頃から同じ宗教団体に通っており，彼の友人関係（妻と共通である）はすべてその中で築かれ，発展していた。

　いくつかの質問により焦点を絞ると，彼は，妻に話すことで後戻りのできない状態になるだろうと確信していることがわかった。なぜなら，彼女は確実に関係を終わらせようとするだろうし，いずれにせよ，妻との関係を修復したとしても，カミングアウトすることは彼自身にとってもゲイとしての自分を完全に自覚し自己受容することを意味していた。

このセッションのゴールは，カミングアウトするかどうかの判断の是非を明確にすることだと共有した［ゴールの定義］。

中盤
セッションの目的を共有後，カミングアウトに関する彼の考え，特に彼の知人の経験や，この選択がもたらすプラスとマイナスの結果について確認することから始めた。
その中でも特に重要なのは，次のことである。

- カミングアウトは自由をもたらす，しかし苦痛である。
- カミングアウトは自分の大切な人を遠ざける。特に両親やパートナーなど。
- 誰にも言わなければ，一生異性愛者のふりをすることができる（彼は男性との性交渉があったにもかかわらず，何年もそうしていた）。
- 母親を傷つけたくない。彼女には耐えられないだろう。
- 妻はカミングアウトを受け入れないだろう。
- カミングアウトしたら，より孤独になるだろう。私の子どもたちはもう会ってくれなくなるかもしれない。

彼の思考はすべてではないにしても極めてネガティブで悲観的なものが多かったので，私たちは共にカミングアウトにまつわる偏見をひとつひとつ解きほぐしていく必要があった。
これにより，カミングアウトがもたらすポジティブな結果について健全な理解をもたらすことができた。特に親しい友人の二つのカミングアウトのエピソードにそれらを強く見ることができた。
自分の感情を表現できること，自分が深く求めていることや願望を認識できること，偽りなくありのままの自分を受け入れてもらえることなどが，妻に率直に話すということを積極的に後押しする内的・外的リソースとなった。拒絶されることなく友達とそのことについて話せるという思いと認識が十分に感じられると，それが自分の中に深い落ち着きと喜びをもたらし，彼は母親と妻にカミングアウトする決心をしたのだった。

私は，彼がこれらの過去の二つの出来事を詳しく述べる間，それがいかに成功したものであったか，また，最初は恐怖を感じつつも，話し始めるとすぐに自信を取り戻したことを強調しながら，彼の自己効力感を強めていった。そして，彼にカミングアウト後の心境と，この決断・行動後の1カ月間の心境の両方を思い描いてみるよう注意を促した［リソースのフィードバック］。

終盤
　1時間半のセッションの最後，彼はまず奥さんと一緒に同性愛のトピックについて調べてみる，ゲイの同僚について話してみる，その同僚を自宅での夕食に招待したりするといったことに合意した。そのうえで，彼がいかに幸せか，誰もが自由に自分らしさを表現できることがいかに重要かを強調しながら，彼女と話し合うようにする（この議論を支えるためには妻の個人的な経験も同様に活用する）。
　私たちは2週間後に結果を確認するためのフォローアップを行うことに合意した。

フォローアップ
　穏やかに，しかし直接的に妻に話すことを決意した結果，受け入れてもらうことができた。しかし，二人は別居し子どもたちに率直に伝えるというつらい決断を下し，彼はこのことに対処していくためにさらなるセッションを求めた。

ケース7──ダイエット[原注8]

　　私の名前はヴィルマ・イサルディ。フィレンツェで働く心理士，心理療法士である。主に不安障害，パニック障害，心的外傷後ストレス障害を扱う。

序盤
　Sは47歳の女性で，人間関係の問題で相談に来た。彼女はまず，9年前から夫との間に性的関係がなく，その必要性を感じなくなったことを説明した。彼

女は彼とショップで共に働き，息子を授かった。彼女は夫との関係への不満を仕事と食べ物で補い，無節操に食べていた。彼女の自由な時間は息子に捧げられ，自分のことを考えることはなかった。体重は20kg増加し，摂食障害に関連したさまざまな健康問題が生じていた。

　当初，彼女の希望は，夫婦関係を友愛から真の夫婦のものへと変えることだった（これは彼女個人で来談したときに述べられた）。しかし，カップルセラピーは二人で来談することが必要であり，パートナーの意志がなければ決められないことであった。

　このとき私は，「今日が最初で最後のセッションだとしたら，何に焦点を当てたいですか」と尋ねた。そして，私のオフィスは必要があればいつでもアクセスできる（ドアはオープンである）が，一度に一つの問題に取り組むほうが良いこと，そして，セラピーがいつまで続くかは，ケースごとに異なり，先に決めないことを彼女に伝えた［**ゴールの定義，シングルセッションの紹介**］。彼女は戸惑いながらも「家族に見つからないように，夜中に起きてこっそり冷蔵庫を空にするのをやめること。それが，このセッションの具体的なゴールです」と述べた。その段階で，彼女にとって夜の過食とは何を意味するのか，それが始まったきっかけは何か，いつ，どこで，どれくらいの期間続いているのか，誰に話したのか，問題解決のためにこれまで何をしたのか，など実際的な問題を探った。

中盤

　クライエントが試みた解決策はダイエットだったが，彼女は管理栄養士に相談したことはなかった。体重は減少するが，その後，彼女は元の状態に戻り，さらに体重が増加するのだった。

　私は彼女に目を閉じて過去にさかのぼり，あるダイエットを実践して成功したときのことを思い出すように言った。私は，彼女に心の中で洋服店をイメージしてもらい，Mサイズのドレスを買い，満足げに鏡の中の自分を見るように誘導した。彼女は魅力的に見え，彼女の「細いウエスト」を引き立てるようなアクセサリーを選びながら販売員に褒められている［**セッションの中で，新しい解決策を探り，試す**］。彼女が体験していたであろう感情は彼女の笑顔から読

み取れた。夫と交際していた頃のように，体型を維持し見とれられるような彼女自身を思い浮かべていた。彼女は，自分のふくよかな体型を隠すために使っていた暗い色でぶかぶかのつまらない服を二度と着る必要がないように，乱れた食生活に戻らないという強さと決意を持った。

　私は彼女に二つの鏡をイメージし，一つには理想の体型を，もう一つには現在の姿を映すように伝えた。私は，彼女がこれまでいかに上手く軌道修正をしてきたかに気づかせた。彼女はこれまで誰の助けも借りずにすべて自分でこなしてきた。これは彼女が内的リソースを活用できていたことを意味した。

　私は，オスカー・ワイルドの「人は快楽なしでは生きられない」という格言を示唆した。夫婦の生活にあった不満は，食の喜びに置き換えられていた。しかし，彼女は古い習慣を続けることで自分自身を傷つけていた。私は，戦略を変えたほうがいいかもしれないと伝えた［**セラピストのコメントとフィードバック**］。

　課題として，彼女の状況に合った食事を処方し体調を整えてくれる医者の連絡先を教えた。しかし，それは彼女の言う身体的な不調を検査した後でなければできないことも伝えた。彼女は，夫との問題を解決すると共に，代わりに他の楽しみを満喫することができると悟った。

終盤

　私は彼女が一歩踏み出すためにはこのセッションで十分かどうか確認し，万が一のときのために3週間後にフォローアップ・セッションを予約することを提案した。彼女は微笑み，自分でできそうだと言った。

フォローアップ

　1カ月後に彼女は再度来談し，私が紹介した医師から，いくつかの食品を完全に取り除く治療が必要であること，また，食事療法と一緒に薬物療法を行うことで，体の健康を取り戻すことができると告げられたと話した。

　その間，彼女は2キロの減量に成功しリバウンドしておらず，何よりも彼女自身が決めたSSTの具体的なゴールだった「夜中に冷蔵庫をあさる」ことをやめていたのである。

　一方，夫が親友と浮気していることを知り，すぐに弁護士に相談し，別居を

申し入れた。大きな失望を覚えたが，少しも道を踏み外すことはなかった。彼女は必要なときにその都度来談することを続けており，その体型は時間をかけて改善されている。

ケース8――夫婦でなくなることを受け入れる[原注9]

　私はミラノで心理士，心理療法士，ビジネスコーチとして働いているダヴィデ・アルジェリである。私は，成人とカップルにブリーフセラピーとSSTの心理療法的アプローチを用いている。また，SSTとコーチングを組み合わせ，経営者や起業家の成功を助けている。

　マリオとソニアは7年間の交際を経て，1年半前に結婚し，7歳の息子がいる。マリオは33歳で銀行に勤め，ソニアは32歳でミラノ中心部の商店に勤めている。二人は昔からとても仲の良い関係だった。

　彼らはカップルセラピーを受けに私のオフィスを訪ねた。彼らは夫婦関係を続けられるのかどうか知りたかったが，その一方で彼らの別居により子どもを傷つけたくはなかった。

序盤

　私は，SSTを紹介し，（いずれにせよ最後にはわかることであるが）1回のセッションで効果が得られるかもしれないとアドバイスし，問題を定義するための情報収集を開始した。

　2016年12月以降，ソニアは「マリオが他人であるかのように」感じていた。マリオは，2016年6月に，父親ががんであることを知ったと語り，それ以来，二人が完全に疎遠になっていることを認め，それがソニアの考えを裏づけた。

　一方，2016年8月，ソニアは職場で昇進し，ストアマネージャーとなった。その際，彼女は夫と一緒に祝いたいと考えていた。マリオがつらい思いをしていると理解していたが，それでも，彼女のこれほど大事な瞬間にもっとそばにいてくれることを期待していた。しかし，マリオがそばにいてくれることは実現しなかった。

ソニアはまた，彼の家族を"押しつけがましく邪魔な存在"と認識していたと話す（彼の母親は，二人が付き合って数カ月後にソニアが産んだ息子に自分の姓を与えることを望まず，二人の関係にしばしば干渉してきた）。そのため，ソニアは自分を守ってくれない彼を"小さい男"だと感じていた。

12月以降，彼女は彼とも距離を置き，同僚に二人の関係の問題を打ち明けるようになった。ソニアはマリオに同僚のことを話すと，マリオは彼女を失うかもしれないと理解し，2017年1月頃より，より存在感を示すことで関係を修復し，事態を収拾しようとした。マリオが言うには，ソニアはそれをありがたく思わず，罪を償うために戻ってきただけだと主張した。また彼女にしてみればマリオは「しつこすぎる」と言うのだ。そのため，彼は以前の自分に戻り，再び距離を置いたのだった。

マリオは今，ソニアに距離をとると不満を訴えられ，一方で近づくと困惑させるため，どう振る舞えばよいかわからなかった。二人が最後に親密になったのは3月だった。

現在の優先順位について尋ねると，マリオはソニアと以前のような良好な関係に戻りたいことが確認できた。それに対してソニアは，あまり納得していない様子で，彼女もセラピーを試したいと思っているが，100％の確信があるわけではなかった［優先順位とゴールを決める］。

中盤

彼らの偽解決を分析すると，マリオは，自分の過ちを理解した後，関係を再構築しようとソニアに近づこうとするが，ソニアの拒絶に直面し適切な距離を探そうとした結果，過剰な接近から極端な無関心に転じてしまい，結果として関係が悪化していた。逆にソニアは，マリオの行動をじっと観察し，評価していた。

二人の例外，つまり二人が一緒に幸せになれた瞬間を探ると，マリオは昨夜，裏庭で夕食をしたときのことを話した。私はマリオが夕食中に適切な距離を保ち，ソニアのニーズを尊重しながら関係を良好にしたことを称賛した。

マリオは続けて言った。ソニアにハグしようとすると，ソニアは離れていってしまい，他のときと同じように，どう行動したらいいのかわからなくなった

のだと。そしてこれは，対話から身体的接触に移るたびに起こることだと彼は続けた。ソニアは，そういうときは彼のほうが強引で，それ以上踏み込む気になれないと付け加えた。

　ここで，カップルセラピーを始めるにあたって最低限必要な条件である「本当に関係を継続したい意欲があるかどうか」を尋ねた［**セラピストのフィードバックと観察**］。ソニアは戸惑いを認め，今日来たのは娘に対する罪悪感からかもしれない，と言った。そして，夫ともう一度やり直したいかどうか，実はわからないと言った。マリオは，このときまで自分たちが夫婦関係を修復できるセラピーを受けていると信じていたため，ショックを受けた。

終盤

　このまま状況が悪化しないよう，またSSTの観点からも，私は一旦ブレイクをとり，特にソニアが本当にマリオと修復したいのかどうか，理解してもらうことを勧めた。この間に，二人は「接触しないこと」を決め，娘に会うことを調整する以外は，お互いに顔を合わせたり話したりしないようにすること，そして2週間後，お互いにどうだったか話し合うことを決めた。

　セッションの最後に，彼らがカップルセラピーを続けるかどうか，その決断をメールで連絡することを提案した。

フォローアップ

　それから2週間後，私はどうなったか知るために二人に連絡した。マリオの返事は，残念ながら，やはりソニアはすでに決断しており，今はこの状況をどうするか，特に娘のことをどうするか，考えているところだと言った。彼は最後に，失敗することがわかっているセラピーに無駄なお金を使わせなかったことに感謝していると綴っていた。

ケース9――異文化的な背景のあるケースのスーパーヴィジョン[原注10]

　私の名前はルカ・モデネージ。アメリカのNGO，拷問被害者センター（Center for Victims of Torture）の臨床顧問として，拷問やトラウマの被

害者のために臨床治療を行うカウンセラーやセラピストのトレーニングやスーパーヴィジョンに携わっている。

シルビア[原注11]は，母国で拷問被害者のために働くセラピストで，現地のカウンセラーのスーパーヴィジョンを行っている。ここで報告するセッションは，初回のスーパーヴィジョン・セッションである。セッションは2週間に一度，ビデオ会議で行われている。

序盤
「こんにちはシルビア，これからスーパーヴィジョンを始めます。あなたのスキルと現場での経験を踏まえて，私からはいつもとは異なる方法を提案したいと思います。この方法は，SSTに基づくもので，各セッションの効果を最大にすることを目的に，それ自体で完結するものであり，あたかもそれが唯一のセッションであるかのように進めます。普段のように2週間ごとに一度お会いすることはありませんが，この方法ならお会いする時間を有効に使うことができますね。

最大の目的は，セッションの終わりに何か有意義なものを持ち帰っていただけるようにすることです。言い換えればこの面接を"一回きり"であるかのように扱います」[原注12][シングルセッションの紹介]。

面接は「あなたの臨床経験全体から見て，スーパーバイザーの役割としてあなたが直面する最大の問題や課題は何でしょうか」という質問から始まった。

シルビアは当初，いくつかの問題を挙げた。事務的なもの（例：記録の書き方）や，より臨床的なもの（例：セッションの計画，信頼関係の構築，セラピーのモニタリング，クライエントへの還元など）であった。

その結果，彼女はセッションが終わると，クライエントに十分なものを与えることができなかったと感じ，フラストレーションを感じていることが明らかになった。彼女はこう述べた。「面接の最後に私は何も返せていないことが悔やまれます」。シルビアは，クライエントのために何か役に立ちたい，カウンセリングが役に立つことを信じさせたい，というプレッシャーを感じていた。

そこで，私たちはこの状況をよりよく理解することがセッションの目的であ

ると判断した。言い換えれば, シルビアは"物事を考える手助け"を求めたのだった。[原注13]

シルビアはクライエントに対し大きな責任を感じており, 各セッションの終了時に何かを「お返し」することが必要だと考えていた。このような考え方は, 人々(クライエント)が支払いの見返りを期待する文化と繋がっている。お返しをすることは, 彼女の文化的な習慣の一部であった。例えば「ケーキをもらったら, 空のお皿を返さず, 感謝の気持ちを込めて何かを乗せます」というふうに。

しかし, この「内的なプレッシャー」は初回のセッションにのみ存在し, 次の約束にクライエントが現れれば感情的にリラックスして続けられると彼女は言う。問題は, クライエントが即座に解決することを望んでいるような場合であった。そうした場合, 彼女は当惑してしまうのであった。

それらへの対処としてシルビアは自分自身に呪文のように言い聞かせていた。「これは単純なケースではない。私がやったことは十分である。複雑なケースだから。だから次のセッションまで待とう」と。シルビアは, この合理化の対処がうまくいっていないことに気づいているが, 他にどうすればよいかわからなかった。また他には, 解決策を考えずにただひたすら共感的に聴き続けるよう努めることがあるが, いつも成功するとは限らなかった。

中盤

私たちは, 状況がそれほど切迫していないと思われる場合について短く話した。私は彼女に, プレッシャーを感じながら共感的に傾聴することはとても難しいことだが, 彼女にはそれができるようだと指摘した [**例外の確認, セラピストのフィードバックとコンプリメント**]。シルビアはその言葉に納得しながらも, 常にできているわけではないと繰り返し, クライエントと信頼関係が築けたと感じたときだけだと言った。具体的には, セラピーには時間がかかること, 初回から変化が期待できるわけではないことをクライエントに伝えることができれば不安は減少するという。前述したように, クライエントが再来すると, 彼女は内なる自信を感じ, 2回目以降不安を感じることはなかった。

私は文化的な例外の可能性を探ろうと考え, 何かを載せたお皿をすぐに返さ

なければならないのか，それともしばらく経ってからでいいのか，と尋ねた。シルビアは，後でもよいと答えた。したがって，文化的にも，何かをすぐに返してもよいが，必ずしもそうすることが急務であったり必要であったりするわけではないということを確認した。彼女はこれに納得し，その結果，私たちはセッションの中でそれをどのように実践できるかを模索することにした。

　私は彼女に次のようにフィードバックした。彼女は適切な治療計画を立てる能力があるようで，大抵のケースで良い結果を得ている。しかし，いくつかのケースで感じるような内的なプレッシャーが生じると，落ち着かないと感じ，十分に実力を発揮できなくなるのではないか。一方で，面接がうまくいっているとか，「シンプル」なケースだと感じたときは，彼女は自分のスキルを感じ，前進できると思うのではないか。シルビアはその通りだと同意した。

終盤

　解決策を求めずクライエントの話を共感的に傾聴することに純粋に集中できるよう，彼女の内的プレッシャーを軽減する別の方法を見つけることを目指し，私は彼女に，初回セッションに臨む際のこれまでとは違う方法を提案した。そのため，私は彼女に自分の体の中でプレッシャーを感じるポイントを特定することから始めることを勧めた。彼女はその感覚を特に首に感じると答えた。そこで，彼女がこれらの緊張したポイントに気づいたら椅子にゆったりと座り（彼女はスペースを取らず，硬く座りがちであった），深呼吸をして体の緊張を解き，その間に解決策を提示せずにクライエントに共感的に傾聴するよう求めた［セッションの中で新しい解決策を探り，試す］。

　私は彼女にこの訓練を2週間続けるよう伝えた。

フォローアップ

　その2週間後，彼女はあるクライエントと接したとき，特に首のあたりに緊張を感じ，時々顔をしかめるなど，不安を感じたという。しかし，そのような場面で以前よりも不安に耐え，より聴く立場として自分を保つことができるようになり，落ち着いてセッションを行い，新しいクライエントにも対応できるようになったという。

今後，シルビアと一緒に取り組むべき課題や臨床的な側面は他にもたくさんあった。特に，クライエントとの関係や作業同盟（治療同盟）の作り方，新しいケースや「複雑な」ケースでの自分の不甲斐なさについて，多くの課題が見られた。しかし，1回のセッションの中で，私は彼女の共感的な傾聴スキルに焦点を当て，彼女が自分と向き合い，不安を解消し，クライエントとの接触を促進できるような身体的な指標を提供した。

ケース10 ── 優秀な妹 [原注14]

私の名前はジョルジャ・カラマ。イタリアのパドヴァとラグーザで心理士として働いており，主に不安やストレスの管理，そして自律訓練法などのリラクセーション・テクニックを使った自己成長について扱っている。

Eは29歳のキプロス人女性で，妹（M）との関係が難しいことを主訴に私のもとに来談した。彼女は妹との関係が淀み，冷え切っていると表現した。彼女が経験している問題は，彼女が妹とより絆を深めることが困難であるために生じていた。彼女は妹とこれまでに感情的に深い関係を築いてきていなかった。

そこで，Eは，もう何年も前から不変と思われていた状況を変えるために，彼女の人生の中のこの側面だけに働きかけるSSTを試してみたいと言った。

私たちは1時間半の英語でのSkypeセッションを行うこととなった。

序盤

Eは，妹との関係について，あるときは冷たく，あるときは対立し，具体的で日常的な事柄にだけ関心が向いていたと話す。彼女は，深い絆がなく，親しみを感じることができないことへのいらだちを，妹への愛情を表現しながら語った。Eは，妹が自分の生活やキャリアに嫉妬していると確信しているが，Eが家族の中で常に「いい人」であり，Mは反抗的な気質があるのでEにとって近寄りがたくなっているのではないかと考えていた。

Eのゴールは，妹に愛していることを示し，妹を助け，愛情と相互信頼に基づいた完全な関係で妹の人生の一部となることだった。

Eが妹との関係についてはじめに概要を話す必要があるか聞いてきたため，私はこのセッションでは具体的な問題と状況にのみ焦点を当てていくと答えた［<u>優先順位の確立</u>］。必要であれば，私たちはいくらか話を戻していくつかの出来事をより深く掘り下げていくことができると伝えた。

　はじめから，Eがセッションの最初に定めたゴール，つまり彼女の妹との関係を扱うことのみに焦点をあてようと必死になっていることに私は気づいた。実際には，彼女は知らず知らずのうちに，Mの人生の選択について，特にEがとても可愛がっているMの息子N（Eの甥）との関係について取り留めもなく語り始めていた。私たち双方が共通の道を歩むことで問題を紐解き，ゴールに焦点を当て続けることにSSTが役に立った［<u>フィードバックを絶えず求める</u>］。

　そして私は，彼女が焦点を当てたいのは妹が選択した人生の結果として経験している問題と繋がっているのか，彼女とMの関係性についてなのか尋ねた。これらの二つは全く別の問題と目標である。

　そして，私たちはこのセッションのゴールが，彼女と妹の関係を改善することであることに合意した［<u>ゴールの定義</u>］。

中盤

　私は彼女に妹との関係が良好だった時期があったかと質問した［<u>例外を探す</u>］。いくらか考えたあと，彼女は幼い頃はよく一緒に遊んで仲が良かったこと，しかし昔から性格が異なっていたことを語った。一方は常識的で思慮深く，もう一方は問題児で反抗的だったと。また，このような大きな違いがあるため，長年にわたり二人の関係は表面的で感情的に離れたものにとどまっていた。

　そして，私はEがMとの関係を改善するために，すでに実行した解決策を探ろうとした。彼女は，Mと両親との間でストレスが多かった時期に仲裁役になろうとしていたこと，Mが息子を育てるのを助けるために親子の関係に介入していたことを語った。そして，私はMとの問題を解決するためにこれまでやってきたことが，なぜうまくいかず，かえって妹の嫉妬や恨みを買ってしまったのか，その理由を尋ねた。すると，EはMが好んでおらず，怒らせるようなE自身の行動を次々と挙げていった。それらに共通していたのは，EがMに何をすべきか指示するか，むしろ「説明」することが多いということだった。

私は彼女が私に与えていた印象を伝えるように努めた。姉妹の役割はあらかじめ確立されており，常に固定されているようだった。一方は分別があり，他方は野性的である。つまり前者は良識があり後者はいいかげんである。この役割には意味があり，二人の関係を一定の方向に導くものである。しかし，この役割はEとMが一緒に遊ぶふたりの少女であったころに確立されたのと同じように，今も機能しているのだろうか？

　私は彼女の介入が逆効果になった場面で，妹を動揺させないためにできることがあるか聞いた。Eは何も思いつかなかった。そこで私は，「例えば妹と両親の間で自分には関係ない口論があった場合に，何もしなかったらどうでしょう」と提案した。

　彼女は，これに気づいており，多かれ少なかれMに（例えば，彼女と息子との関係について）何をしたらよいか伝える方法を変えてきたが，妹はこれらをEの努力として肯定的に受け取ることはなかったと答えた。

　そこで私はEに伝えた。「あなたはそれが本当に起こると思っていますか？ あなたは彼女があなたの態度の変化を認めて称賛してくれると思いますか？」

　「いいえ，彼女はそうはしないでしょう」と彼女は答えた。

　Eの問題の解決は，彼女の妹との関係について現実的なゴールを立て，「理想の妹」とMの現実的な姿を区別することにあるかもしれない。するとEは強い自己批判を感じた。妹のことについて相談に来たことさえ，達成しがたい懸命な解決策を得ようと自分が妹よりも上に立とうとしているように感じられたためである。クライエントは，二人の関係を改善しようとする自分の試みが，これまで自分（クライエント）が演じてきた役割により，どれほど台無しにされてきたかを自覚した。共通しているのは，妹を助けるために，妹よりも自分を高い位置に置こうとしていることだった。

　しかし，私はそれが完全には正しくないことを指摘した。相談に来て私の助けを求めることで，最大の課題を達成するために彼女は自分のリソース（共感，忍耐，知恵など）を使った。それをきっかけに彼女の考え方や視点は変わり，姉妹の間にある困難な関係をより強固なものにしていた妹に対する自分の行動に対してより大きな気づきを得ることができた。

終盤

　私は彼女に数週間後に連絡を取り，様子を窺うことになるが，その間に日常生活ですぐに使えるエクササイズを考えることを提案した。

　私は彼女自身が最大のリソースと思うものを使うよう勧めた。それは毎日の瞑想だった。瞑想の儀式では，二人のそれぞれ異なるキャラクターの強みを活かしながら，Mとの現実的な関係をどう作ろうか注意を向けていく。

　そして，彼女がどう感じているか，自分で決めたゴールを達成できたと思うかどうかを尋ねた。Eは，複雑で絡み合った網から，はるかに具体的で的を得た問題へと大きく前進したと考えていた。彼女は，SSTによって，視点と行動の根本的な変化，妹との関係の根底にある問題の特定，そして何よりもそれに対処するための既存の内的リソースの発見を促されたと感じていた。

　彼女は，Mとの関係において，より現実的なゴールを設定することを考え始めた。そして一度それができると，それらに取り組むために新しいセッションでは「姉のマインドセット」に逆戻りするのを避けたいと話した。

フォローアップ

　4週間後にEから連絡があり，次のように伝えられた。「セッションのあと私は以前と違うように感じています。自分の行動により注意深くなり，考え方が変わったように思います。妹とは明らかにコミュニケーションを取れるようになりました。これは本当に奇跡的なことで，本当に本当に感謝しています！　何があってどうしてこんなことになったのか本当にわからないほどです」

ケース11――不安はどのような形で現れるのか[原注15]

　　私の名前はマーラ・ヴェスコ。システミックアプローチの心理士であり，心理療法士です。若年層，カップル，視覚障害者の心理的サポート，職場の問題などを扱っています。

　マルコは28歳の既婚男性で，3歳の息子がいる。彼は，職場に関する問題について相談したいと私にコンタクトしてきた。彼は，ある大企業に5年間勤め

ているが，この半年で組織が激変した，と話し始める。この話をしながら，マルコは「自分がおかしいのだろうか。混乱している」と言う。会社の変化に伴い，以前のように効率よく仕事ができなくなり，ミスが怖くなり，不安を感じるようになったと説明する。帰宅後も仕事のスイッチを切ることができず，何か忘れているのではないか，あるいは仕事でミスをしているのではないかと悩まされている。このような思考は，特に夕方に起こり，睡眠の問題を起こしていた。

序盤

セラピーの前半では，マルコに具体的な質問をすることで，彼の不安な気持ちを具体的に把握しようとした。私たちは，彼が職場で感じている「不安」は，主に会社から「もっと自立的に仕事をするように」と言われていることに現れていることに着目した。マルコは，観察されたり，プレッシャーを感じたりする場面で不安を感じていた。

彼の話をよく聞いた上で，私は彼にセッションがこれきりしかないと考えたとしたら，何に焦点を当てたらよいかを尋ねた。この問いに直面したマルコは，しばらく考えた後，「自分自身と自分のプロフェッショナルなスキルにもっと自信を持ちたい」と言った［ゴールの定義］。

中盤

この段階で，マルコの資質を過小評価する傾向を回避するために，私はちょっとした物語を話す練習を提案した。私は彼に，彼のことをよく知っている人が彼の性格を説明するように，自分の性格を語ってみるように促した。マルコは驚いたがこの課題を受け入れ，徹底したこだわりや頑固さなどを含めた彼の性格の特徴的な部分を強調した［内的リソースを探る］。そして，私たちはその特徴を職場で生かし，自信を育んでいけるかどうかを考えていった。彼は，特に細部へのこだわりは，彼の仕事にとって重要な要素であり，それが自分の有能感にもつながっていると笑顔で答えた。私はこの資質を強調し，彼が話題にしたような社内で異なる役割を担う人たちと交流する能力など，他の資質についてはどうかとたずねた［クライアントのリソースに関するセラピストのフィードバック］。

私の求めに応じて，マルコは悩みを解決するためにこれまで自分で使ってきた方法を振り返った。彼はミスを恐れる気持ちと不安感から，与えられた仕事を正しくこなせたかどうか，何度も確認していた。しかしこの方略では，ある種の安心感が得られる一方で，他の仕事に費やせる貴重な時間を浪費していることも自覚していた。もう一つの戦略は，失敗のリスクを伴う仕事の場面を回避することだった［機能不全の行動を特定する］。

　この時点で私は，マルコは自分の仕事の出来をコントロールすること（自分の仕事を継続的にチェックすること）と，失敗にさらされる可能性のある状況を避けることでミスへの恐怖を減らすこととの間で揺れる問題にとらわれているように感じた。そこに出口はなさそうだった。

　ここで，私は彼に，問題がどのような形で現れるかを尋ねることで，問題を「取り出す」，つまり外在化するよう促した。これは，問題に直面したときに，彼がより強く，より自由に行動を選択できるようにするための試みである。まず，彼に問題を具現化してもらい，それをその場面に落とし込んでもらう［セッション中で新しい解決策を探り，試す］。マルコの想像では，この問題は中年男性の姿に擬人化され，机に向かっているマルコの隣に立っていた。彼のこのような側面に耳を傾けることで，彼が年上の男性を味方として認識するのに役に立つことがわかった。というのも「中年男性」は単にマルコの仕事をよりよくするための手助けをしたかっただけであると私たちは発見したのだった。

　そして最後に，私はマルコにこの中年男性とマルコ自身との距離を変えてみるとしたら何が起こるか聞いた。マルコは微笑みながら「中年男性もたまには会社を出て，コーヒーを飲みに行くこともあるのでは」とまで述べた。

　全体として，マルコが自分の中にある問題を引き起こす部分と「遊ぶ（play）」ことを許したことで，マルコはその部分から距離を置き，影響する範囲を弱め，自信を持つことができたようだった。

終盤

　最後に，私はマルコに今回のセッションは十分だったか，また予約を取りたいかどうか聞き，面接を終了した。マルコは，面接の中で出てきたいくつかの事柄について「考えさせられた」と答え，「当初よりも迷いがなくなった」と

言った。そこで，3週間後に連絡を取り合い，状況を把握することを提案した。

フォローアップ
　私たちは電話で状況確認をした。彼の新しい仕事への適応の問題は解決したようで，マルコはこれ以上のセッションは必要ないと考えていた。

ケース12——心理療法を受けた後にSSTを使用する場合[原注16]

　　　私はピエル・パオロ・ダリアという。心理士で心理療法士の研修生をしているイタリアン・センターの一員である。私はさまざまな原因で深刻な心理的問題を抱えたケースを扱ってきており，現在もそうである。次のようなケースはその一例である。

　この事例は，公的機関のようなさまざまなクライエントが来る臨床的状況においてSSTが適用できることを示す優れた例である。これは，私がイタリアのラツィオ州の精神保健センター（Centro di Salute Mentale：CSM）で大学院の研修生として勤務していた際に経験したケースである。ルカは初めて会ったとき35歳だった。
　ルカは，20歳で一度解離性の発作を経験して以来，長い間薬物療法を続けてきた。
　それ以降発作はなかったが，彼の問題のほとんどはこの時点から始まっていたと言うべきだった。さらに母親も慢性的な精神疾患を抱えているという困難な家庭環境によって問題は増幅されていた。
　民間の精神科医に投薬治療を受けながら，ルカは2015年に精神科医の指導のもと地域のCSMでの心理療法を受けることを希望した。
　初回面接時に彼があげた主な問題は，不安とパニック発作により日常生活が何度も中断されているということだった。彼は相当の時間引きこもって過ごさなければならず，頓用（症状に応じて服用すること）した場合でもかなりの薬を使用していることを意味していた。
　そこで，より活動的な生活に戻れるよう，不安を解消することをゴールと定

義した。この段階では，通常の戦略志向のセラピーで取り組んだ。後半に以下に述べるようなSSTを用いた。

　ルカは多くのリソースを持つ知的な男性だが，彼自身の症状に翻弄されるがままだった。

　他の治療法を試みてもうまくいかず，日常生活に対応するために必要に応じて薬を服用することが主な解決策となっていた。

　約8カ月の治療の後，ルカは大きな変化と前進を見せた。パニック発作と絶え間ない不安は，おおむね消失していた。彼は再び外出ができるようになり，親しい人たちと過ごすようになった。そして数カ月後には彼のきょうだいが家族で暮らす北イタリアに移住するまでに至った。

　そこでルカは治療を続け，眠っていたような能力を取り戻していく。

SSTの開始

　治療が終結した数カ月後，彼がこのサービスに再予約の電話を入れたところからSSTが開始した。実生活でルカには新たな困難が生じていたため，私にコンタクトをとってきた。彼はロンバルディアに移住していたため，継続的な治療ができないことを承知の上であった。そのため，1回のセッションで主要なゴールを取り上げ，それだけに取り組む「縦の（vertical）」アプローチに基づいてセッションを構成することに同意した。

　この第2期は2016年末から始まり，現在（2017年7月）までに3回のシングルセッションを行っている。これにより，ルカはCSMの予約を再度待つことなく，すぐに新しい目標に取り組むことが可能となった。

3回のSSTセッションの終盤とフォローアップ

　前述の三つのセッションと並行して，フォローアップを行った。これにより，私は介入を微調整すると同時に，ルカが達成したゴールを確認することができた。

　不安やパニック発作を伴う最も深刻な段階（継続的な治療をしていた段階）を克服した後，より一般的な人生の目標や家族から距離をおくことに集中した。

　例えば，1週間分のお金を持ち歩くのをやめて個人口座を開設したり，ジムに通って身だしなみに気をつけたり，社会的な関係（女性も含めて）を再び築

こうとしたりした。要するに，彼は今，自分の人生をより機能的で成熟したやり方で過ごしているのである。

ケース13──あるがん患者の苦悩[原注17]

私の名前はピエトロ・マデラ。私は心理士，心理療法士であり，ヴェローナ ULSS 9 の医療心理部門の責任者である。サン・ボニファシオ病院（ヴェローナ）では，さまざまな病気や実存的な問題に悩む患者の心理療法を扱っている[原注18]。

ラウラ（48歳）は中卒の肉体労働者で，結婚して22歳と17歳の2人の娘がいる。彼女は左胸の浸潤性乳管がん（NOS），グレード2の治療を受けている腫瘍科から紹介されてきた。がんは再発していた。彼女は1月に乳房再建を伴う乳房切除術を受けていた。また，8年前からパーキンソン症候群を患っている。

待ち時間に，ICSSTが作成した事前質問票に記入してもらった。心理療法を求めた主な理由を聞くと，「気分の落ち込みがあります」と答えた。その問題についてどのくらい心配しているかと尋ねると，彼女は1～10のスケールで8を選んだ。さらに彼女の生活にどのくらい支障があるかは「8」，そして，その問題にどのくらい対応することができると思うかは「7」だった。

それ以外に気になる問題には，「病気の娘」が含まれていた。そして，「セラピーが成功したとしたら，あなたは何に気づくか」という問いに彼女は「もっとリラックスした家族の時間をもてること」と答えた。

序盤

さらに詳しく見ていくと，彼女の苦しみの根源は，がんという病気やその心理的影響よりも，家族関係が困難だと感じていることだと明らかになった。彼女は困難な家庭の雰囲気，特に夫と長女の関係について語り，彼らから批判され，誤解され続けていると感じているとも語った。そのため，このセッションのゴールは，家族，特に夫や娘とより良い関係を築けるようになることだと定義した［ゴールの定義］。

この話は，誤解や議論，対立が何度も起こるところから始まる。具体的な質問を通し，彼女が普段このような葛藤にどのように反応し，対処しているかが明らかになった。お互いに攻撃的である関係が徐々に拡大し，フラストレーションとコミュニケーション不全を引き起こし，それは数日間続くこともあった［機能不全に陥った偽解決を特定する］。

中盤
　しかし，あるとき，彼女が家族に少し違った態度をとっていたことがわかった。具体的には，化学療法後の疲労が生じたとき，彼女自身がこの攻撃的で反発的な行動をやめていたのだった。彼女は体力が回復すると，すぐに戦闘的なやり方を再開し，こうした人間関係の戦いに勝とうとしていた。
　このような日常生活の例外を探ってみると，次のようなことが判明した。友人たちとのパーティーで，夫が友人と彼女の病気について，思いのほか理解ある言葉で話しているのを聞いてしまったのであった［問題の例外を探索する］。夫がなぜ自分にこのような温かい言葉をかけてくれたのかを尋ねると，クライエントは，攻撃的な行動に対して病気に屈しないように励まそうとする家族の試みであると肯定的な見方を持つようになった［問題状況に対する再構成を伴うクライエントからのフィードバックを求める］。この想定外の解釈を，クライエントは歓迎した。そして私は，クライエントの（否定的ではあるが）自分の経験を創造的に正確に観察し処理する能力を褒め，祝福することにより，それらを強調し確固たるものとし，妥当なことだと認めた。
　ラウラはそれを受け入れ，それを裏づけることとして自分の娘に関する小さな出来事を話した。彼女は明らかに，強い認知処理機能を持っているようであった。私はこのことを受けて，人が愛情や援助を示す方法に関連づけて他のポジティブな再構成と結びつけ強化した。すなわち，彼女がそうであるように，一見ネガティブな言葉を使っていても，その裏には大きな愛情が隠されていることがよくあるだろうと。彼女の夫や娘は攻撃的な戦略をとらないと効果がないと考えているに違いない。ラウラはほっとした様子で，この解釈を裏づけるような，彼らが自分に対して愛情深く，注意深く振る舞っていた例を思い起こさせる他の例を話した。

終盤

そして，セッションの最後では，家族の行動を肯定的に解釈することが繰り返され，彼女のスキルを再度強調し，彼女自身が自分で道を切り開いたことが祝福された。

今後，彼女の夫や娘とコミュニケーションをとる際の伝え方として，私は彼女に「あなたは〜しなければならない」ではなく，「私は〜できる」と言うことを課題として与えた。また，どの行動が彼女を最悪な気分にさせるのかをはっきりと伝えるように提案した。そうすることで，夫や娘が，彼女を励ます目的とはいえ，どこまで批判していいのか理解するためのツールとなる。

とりわけ，状況に応じて，別の表現方法を使うように助言した。例えば，「私は〜がしたいのだけど」，「私は〜だと嬉しい」など，自分の欲求やニーズをアサーティブに，宣言的に，提案的な形で表現することである。

ラウラはほっとした表情を浮かべる。不快な気持ちを理解され，助けられたと感じ，受けたアドバイスを実践する準備ができたことを確認した。そして，数週間後の変化を確信しつつ，8月末から9月初旬（休暇明け）の間にフォローアップの約束をすることを快く引き受けてくれた。

ケース14——「新しい庭を育てることは，古い庭を破壊することではない」[原注19]

　　私は心理士，心理療法士のアントネッラ・メグナである。不安障害やパニック障害，人間関係の問題，自己成長などを主に扱う。システム的・関係的アプローチから始め，変化を加速させるために有効と考える催眠療法や戦略的心理療法に代表される多くの技法を用いている。

アンナ・ラウラは33歳の独身女性である。パレルモ（シチリア州）で高い評価を得ている堅実なビジネス・コンサルティング会社で会計士として働いている。彼女は，自分のキャリアについて重要な決断をする必要があるため，私のオフィスにやってきた。

序盤

アンナ・ラウラは，6年ほど前から有名な専門家（父親の友人）の事務所で働いている。

彼女は，経済的な安定と同時に，専門性を磨く機会を与えてくれた雇用主に，大きな感謝の念を抱いている。彼女は1年以上前から，仕事をまともにできない状態であった。つまり，集中できなかったり，良い仕事ができなかったり，「息切れ」するように感じていた。この3カ月で状況は悪化していた。彼女は夜に目が覚めると，汗をかいており，呼吸が浅く，心臓がドキドキして死んでしまうのではないかという気持ちになった。このような発作が頻繁に起こるようになり，そうでないときでもまた起きるのではないかと心配でよく眠れなくなっていた。

アンナは仕事について6年間，経済的な安定と社会的承認を得られたが，もはや満足できない仕事を続けるのか，幼い頃からの夢であり保留しつつも捨てなかったイベントオーガナイザーを選ぶのか，どっちつかずの状態にいるように感じて悩まされていた。このセッションの2年前に，卒業直後にイベントオーガナイザーとして短期間共に働いた友人との再会が，彼女の情熱と，思考停止していた多くのプロジェクトに再び火をつけたのだった。

このセッションのゴールを尋ねると，彼女は「自分の考えを整理し，どっちつかずな状態から脱して決断したい」と答えた［**ゴールの定義**］。会計士としての仕事は，彼女の理性的な面や正確さ，時間への厳格さを活かすことができた。そしてもう一方のイベントオーガナイザーの仕事は，彼女の創造性，小物作りなどの手先の器用さ，センス，人間関係を構築する力などを発揮できると思われた［**クライエントのリソースを確認する**］。

彼女が自分の資質について話しているとき，私は彼女が二人の別の人間について話しているかのように感じた。そのため，彼女がどちらかを選択することで彼女自身の中の大きなパーツを失ってしまうのではないかと感じられた。つまり，会計士を続けるとすれば創造性や遊び心を，イベントオーガナイザーを選ぶなら合理性や正確性，安心感などを失うかのようだった。

中盤

　セッションのゴールが定義されると，私は彼女に，過去に今体験しているようなことと同じような状況に陥ったことがあるかと尋ねた。彼女はしばらく考え，3年前に父親の家を出て一人暮らしをすることを決めたとき，とても不安で何日も眠れなかったと話す。そこでも彼女は決められずどっちつかずの状態で生活を送っていた。彼女は父親を「かなり古風な人」と表現している。彼女の父は，たとえ経済的な自立ができても，娘が初めて実家を出るのは結婚したときだけであるべきだと考えていた。彼女は父親に対する忠誠心の葛藤に苛まれていたのだった。愛する父を失望させるのではないかという不安から，彼女は何カ月も何もできなかったが，成長し，充実した自立した女性でありたいという願望があり自分の家を持つ決心をしたと，勇気を出して彼女の計画を告白したのだった。それは，彼女にとって最大の財産である家族から逃れるためではなかった。

　彼女は父親に，自分を表現でき，振り返ることができる自分だけの空間が欲しいと説明した。彼は当初，彼女に反対し，恩知らずだと言って思いとどまらせようとした。アンナは，恐怖を感じたが自分の選択を貫き，マンションを見に行くたびに父親を巻き込み，アドバイスをもらい，その意見を大切にする，という成功する戦略をとった。

　反対していた父親も最終的には彼女の強い味方となり，新居を構えるあらゆる段階で力になってくれた。話の最後に，私はアンナが自分の決断を貫き通した強さを祝福した。そして何よりも，もしかしたら家から逃げたとみられることで関わる人々に怒りや恨みをもたらしていたかもしれないが，そうした父親の家との思いがけぬ断絶を避けつつ，彼女は家族から離れることができた。その代わりに，彼女は「旧」と「新」の間に連続性を持たせ，家族と自分自身を安心させ，平和で共有できる出口を作ることができた［**セラピストのフィードバックとコンプリメントによりリソースを確認する**］。

　私は種のたとえ話をした。種は親の植物から離れるとき，生物的，感情的，経験的な継承物を持っていくが，それは新しい植物が成長するための大きなリソースになる。アンナはその話を聞いていると，笑顔でとても感情豊かな顔で，表情の緊張が緩み，姿勢や背中，腕もリラックスしているように見えた。私た

ちが良好な関係を築けていることを確認した後，私は段階的な催眠誘導を行うことにした。成功したときの感情，行動，気分を呼び起こしながら，彼女の問題がすべて解決した未来を想像させた。さらに，過去を旅し，彼女の問題を解決する助けになるすべての出来事，行動，態度をイメージさせた［**セッションの中で新しい解決策を探り，試す**］。

催眠治療が終わると，アンナは感動し「信じられない。私が対処できている様子が本当に見えたし，とてもリアルだった」と言った。私は「それはすべて現実のことです。なぜなら，あなたの心が本当にそれらを経験していたのだから」と返した。

終盤

セッションの終わりに，私は彼女に話し合ったゴールについて満足しているかどうか尋ねると，彼女はイエスと答えた。彼女は幸福感があり，どっちつかずの場所から動き出そうとしていた。

別れの前に私は彼女に再度お願いした。家に帰ったら，問題を解決するためにイメージした行動一つひとつをもう一度考え，最も簡単でシンプルなものから始めること。そして，催眠で経験した成功に辿り着くまで，徐々に難易度の高いものに進めていくこと。最後に，3週間後にフォローアップの電話をする約束をした。

フォローアップ

フォローアップでは，彼女はイベントオーガナイザーになることを決意したと話してくれた。それは彼女が催眠下で見たものだった。彼女は上司に自分の決断を伝えるという，最もシンプルだが簡単ではない行動から計画を実行に移し始めていた。私は彼女の決断を支持し，何度も祝福した。

私たちは3カ月後に再度状況を確認することを約束した。電話の会話では，彼女は自分の決意を雇用主に伝え，その後深い危機に陥ったが，1年間のパートタイム契約に変更することで解決したと報告した。

この間に，アンナは後任者を十分に教育すると同時に，新会社を立ち上げる機会や時間を確保することになった。ここでも再度，「旧」との連続性のある期

間が「新」の舞台となったのである。

ケース15──最終セッション[原注20]

　　私は絵を描く心理療法士のロベルタ・グザルディである。そう，絵を描く人である。そして絵を描くからこそ，物事（心理学も含めて）をシンプルなタッチで表現することを好んでいる。そのため，NLPや私の専門である戦略的ブリーフセラピーから学んだ，問題を単純化し，人生の複雑な問題の解決策を見つけるために有効かつ効率的だと思われる考え方で，クライエントの問題にアプローチする。

　私は2015年からヴァレリオ（仮名）の治療を始めた。彼が深刻な失恋を乗り越えるために私のところに来談したとき，セラピーでは不安の扱い方，別れたのは自分のせいだという強迫観念，そして不眠症に焦点を当てた。彼の個人的な問題についてバランスが取れたところで，セラピーで扱う内容はストレスの多い仕事の状況や，仕事上の重大な決断に対処するための取り組みに移っていった。
　最初の数カ月は2週間に1回，約1年後には月1回，その後は隔月で「サポート」セッションを行うように変更した。
　この間，ヴァレリオは仕事の関係で海外に移住することになり，この変化をサポートするためにセッションを継続することを希望した。そこで，Skypeのビデオ通話を月に1回程度（彼のニーズに応じて）続けている。
　しかし，転居後新しい地に落ち着くとともに，ヴァレリオは新しい街，新しい社会集団になじめず，何よりも自分の人生に親密な女性がいないことに不満を持ち始める。
　私たちは強く信頼関係を築けていたため，私は時折，彼が持っているリソースを思い出したり，過去に本当に大変だった時期を乗り越えたことを話したりして，彼を励ますようにした。また，同僚や友人，仕事上の問題，特に新しい出会い，例えば新しい恋人との出会いに積極的になるように，直接アドバイスしようとしていた。

何カ月もセッションが続くが，ヴァレリオに改善は見られず，それどころか，私も心配になるほど落ち込むばかりだった。そこで，私は戦略を変え，励ますことから安心させることに切り替え，物事をゆっくりと進め，セッションの間に目指す目標は非常に小さなものにした。私自身そうすることで，引っ越しで遭遇した困難によって傷ついた彼の自信を徐々に回復させるだろうと信じていた。
　しかし，ヴァレリオは私についてくることができなかった。
　私は，彼をよりよくサポートするために，セッションのスケジュールをより近くすることに決め，月に2回の予約に戻したが，状況は変わらなかった。毎回，セッションの最後には体力と希望を取り戻したように見えたが，2日もすると，必ずと言って良いほど苦しみと落胆に満ちた絶望的なメールが送られてきた。
　4回のセッションの後，私は自分が見込みのないものを追っているように感じた。そして特に気になるEメールがあったため，私はSkypeの面接では，この扱いの難しい状況に対応できないと確信し，彼の街にいるセラピストを探し，対面治療を受けさせることを決心した。
　フラビオ・カニストラを通じて，ようやくヴァレリオを紹介できる相手が見つかった。私はこのときすでにヴァレリオとセッションの予約をしていたので，彼と話をして新しいセラピストへの引き継ぎを楽にし，安心させるためにこの時間を使おうと決めた。彼の人生のこの時点で見放されたと感じさせないためであった。
　私たちはセッションを始めた。
　私はすぐに話し始めず，彼の言葉に耳を傾けて面接を終結させようと決めていた。これが最後のセッションになるため，SSTの原則を意識して注意深く聴いた。長い間セラピーに関わってきたということもあり，最後のセッションは治療的に（個人的にも）濃密で意味のあるものにしたかった。しかし私が耳を傾けているとき，（まだケース全体を理解しようと集中していたまさに最初のセッションを含めて）これまで以上に集中し，注意深く耳を傾けていると，何かが起こった。この2年間で初めて，ヴァレリオの機能的メカニズムの一つである内的なダイナミクスが私の前に姿を現したのだった。私がこれまで気づけ

なかった偽解決だった。

　私はショックを受けると同時に，自分が愚かだったかのように思えた。どうして時間をかけながらこの細部に気づかなかったのだろう？　どうして，ヴァレリオがその決まった偽解決を用いており，それこそが，私たちの各セッションで設定したワークを狂わせるものだと考えもしなかったのだろう。

　個人的な感想はさておき，セッションは突然，全く違う展開をみせた。最後のセッションのはずなので，私が進むべき道は明白だった。

　私はヴァレリオに，観察された悪循環を明かした。そして，彼はそれまで影を潜めていたメカニズムを初めて知ったのだった。私は次のセッションまで2週間分の介入課題を出し，他のセラピストへの紹介はひとまず保留することにした。自分自身でも，次回までに何が起こるのか，これまでと比べて何か違いが生じるのか時間をかけて確認したかった。

　それから数日間は静かに過ぎていった。ヴァレリオからのメールも，絶望的なメッセージも来ていない。翌日も彼からのお馴染みのメールは届かなかった。そしてついにセッションの日がやってくると，画面越しに開始を待つヴァレリオの姿があった。いつものようにイタリアの天候や彼の住んでいる地域の気候について話をした後，私はこの1年間ヴァレリオがいつも「まあ，要するにあまり良くないということです」と答えていた予言的な質問をする。

　「この2週間はどうでしたか，ヴァレリオ？」

　彼は「良かったよ！」と答えた。

　信じられない，うまくいった！と私は思った。

　私はどういう意味で良かったのか，より明確に理解しようとしたが，ここから小さな奇跡が始まった。

　ヴァレリオは，ようやく重苦しさを感じない，ほとんど満足したような，楽な日々を過ごすことができたという。彼は，前回のセッションの課題を何度も行い，それが自分自身や気分の管理に非常に役立つと教えてくれた。彼は何カ月も何カ月も絶望感を募らせていたが，ようやく体調が回復してきた。仕事への集中力が増し，いつもなら崩れそうになるのを我慢していたが，自分を奮い立たせることができた。しかし，それだけではなかった。セッションの終盤には，かつて子どもの頃にはあった，この1年で失ってしまった自分の信仰心も

再発見したと打ち明けた。

　私たちはともに結果に満足し，2週間後に新しいセッションを行うことに同意した。それまでにヴァレリオがすべきことは，この自然発生的な身近な変化を持続させるために，課題を実践し続けることだった。

ケース16――「生活のすべてが順調。問題はただ，眠れないことだ」[原注21]

　　私はローマとオンラインで心理士と心理療法士として働いているヴェロニカ・トリシェッリという。主に食行動に関する問題（摂食障害，体重管理・やけ食い，セリアック病，糖尿病），夫婦問題などを扱う。私はイタリアン・センターの元メンバーである。個人およびグループのトレーニングを実施している。

　パブロは43歳のハンサムなアルゼンチン人で，イタリアに7年住んでいるにもかかわらず，イタリア語をうまく話せなかった。ローマ在住で，タンゴを踊る妻と出会い，現在は自分の学校で共に働く。アルゼンチンには前妻との間に16歳の息子がいる。

　彼は5年前から睡眠導入剤（スティルノックス，ソニレムなど）を使っていたが，ここ2カ月は効果がそれほど感じられず，疲れが取れないだけでなく，気分が落ち込んでいた。彼は，私に連絡する2週間前に，このことが最高潮に達し，ひどい不安発作を起こしていた。彼は，自分の問題に対する異なる解決策を絶対に見つけなければならないとわかっていた。そこで，妻のアドバイスで，私に電話をかけてきたのだった。

序盤

　彼は，かなり疲労し，意気消沈した状態で私のところへ来談したが，それにもかかわらず，自分の問題を解決しようという高いモチベーションを持っていた。ゴールを定義し明確にしようとする中で，パブロは絶望的な口調で，時折，短い間を挟みながら，私にこう言った。「本当にあらゆることを試したが，何も効果がなかった。もしかしたら私は誰かに頭の世話をしてもらう必要があるの

かもしれませんね。なぜなら私はこのままではいられないし，自分自身のこともよくわからない。妻は，私がまた笑顔になって，いつものように活動的で幸せな姿を見たいと言っていますし，私もそうありたいと思っています」。パブロは，いつも疲れていて，気分が落ち込んでいて，楽しんでいたこともやりたくなくなったと言う。睡眠の問題を除いて生活のすべては問題ない。今の仕事が好きであり，良い家族がいて，体型を維持するためにジムに通っており，料理が好きなので可能なときは自炊している。しかし最近はそれらができなくなり，それらをしなければならないときは苦労していた。

そして彼は付け加えた。「私の人生は素晴らしいし，私は幸せです。ですが，眠ろうとするといろいろな考えが頭をいっぱいにして不安になるのはなぜかわかりません」

中盤

私は彼がこれらの問題を解決するために，これまでどうしてきたのかを聞くことで，パブロの思考の本質と偽解決を探った。彼によると，ひどくはなかったものの，5年間はある程度この問題を常に抱えていたようだった。

彼は薬を処方してもらうとともに，お茶やコーヒーを断ち，マテ茶（南米の飲み物）しか飲まなかったという。可能な限り体力を消耗するために，ジムでの運動量を増やしたり，昼食後の昼寝で睡眠不足を補ったりしていた。私は，さまざまな解決策を試みた彼を褒め，以前にはおそらくうまくいっただろうが，今はおそらく別の何かが必要であることを伝えた［**セラピストのコンプリメントとともに偽解決を検討する**］。

私はとてもシンプルな提案をいくつかして，しばらく試して様子をみるように伝えた。午後のトレーニングは避け，ジムでのトレーニングを午前中に切り替えることで，アドレナリンを1日のうちに排出させる。コーヒーほど強くないものの刺激物であるマテ茶を飲むのをやめる。昼食後の昼寝を避け，就寝時刻までに疲労を感じられるようにする。そして最後に，何もすることがないときやタンゴのレッスンまでの時間は，テレビを見るのではなく（それについては彼自身は退屈で時間の無駄だと思っている），彼が最も楽しんでいること，少なくとも気分が良くなることをすること。特別な料理を作ったり，コンクール

の振り付けを準備したり，好きな音楽に合わせて練習したりと，さまざまなことがある。

そしてパブロに，自宅で繰り返しできるリラクセーション法（自律訓練法）を試してみるのはどうかと尋ねると，彼はそれを受け入れ，興味をもった［**セッションの中で，新しい解決策を探り，試す**］。実際に試してみると，「すごくリラックスできた」と驚いていた。言語の関係でわからない言葉もあったようだが，熱心に報告してくれた。「眠ってしまわなかった。つまり，目を閉じていてもそこにいた。でも，イタリア語でどう言えばいいのかわからないが，シエスタ（長い昼休憩）をとったような感じだ。私の頭はもう何もしゃべっていなかった」

終盤

パブロには，朝，昼，寝る前の1日3回，自律訓練法を行い，変化があるかどうかを確認するように指示した。提案されたように毎日の習慣を修正し，低用量の点眼を続けるよう念を押した。

パブロは，「どうしたらいいかわからない」と言いながらも，すでに少し気分が良くなっているようだった。実施すべきことはたくさんあるし，自律訓練法も試してみたいので，様子を見たいと言った。

そこで，2週間後に連絡を取り合い，その後の方針を決めることにした。

フォローアップ

2週間後，彼から電話をうけると，驚いたことに，この間毎晩5～8時間眠れていたという。彼は考えてしまうことがはるかに少なくなり，「悪い」習慣を改め，定期的に自律訓練法を実践していた。また，より元気になり，今のところ私に再び会う必要性を感じていなかった。彼は私に感謝し，プーリアでのタンゴのイベントに向けて，落ち着いた心境で出発した。

ケース17――戦士でもがんになる[原注22]

　私は健康心理士，コーチ，作家，ブロガーであるフランチェスカ・フラスカレッリという。私は不安やストレスに関連する心身のアンバランスに関心がある。私は，今日の問題に最も適した解決策であると信じているSSTを喜んで，積極的に使用している。

序盤

　乳房に悪性のしこりがあることがわかり，私のもとを訪れたアントネッラは，堂々とした体格と毅然とした態度の53歳の女性である。診断の結果，間もなく手術を受けることとなったが，一見すると彼女はこれについて心配はなさそうだった。彼女は自分の身体のことではなく，「外的」なこと，つまりできるだけ早く対処すべき問題について話したいのだ。実際，彼女が最も心配しているのは（そしてセッションを受けた明らかな理由は），数日間，日常生活から離れなければならないことであり，特に高齢で彼女を必要としている両親から離れなければならないことであった。

　彼女が危機に陥ったのは，プライベートな家庭生活におけるきめ細やかで力強く魅力的な女性像と，自分の身体が求めている「自分を大切にし，再び自分のことに集中する必要がある女性」という姿を調和させなければならなかったためである。アントネッラは，自分のことを「抜け目なく，いつも自分で物事を解決できる，さまざまな経験を積んできており，今回もまた乗り越えなければならない戦いがある」と語っている。私が病気の感情的な体験に注意を移そうとすると，彼女はとらえどころがなくなり，表情やボディーランゲージを閉ざしてしまった。彼女は自分自身が恐怖を感じることを許せなかった。彼女の唯一のゴールは，人生のバランスを病気をする前の状態に戻すことであり，病気が治ったらすべてが元通りになることであった。

　自分のゴールが何なのか，手術をしても，がんになっても，自分の人生は変わらないということを彼女がすでに知っているとわかったため，私はこの1回のセッションで，どのように彼女を助けることができるかを尋ねた。彼女は答える前に少し間を置き，自分がなぜここにいるのかよくわからない，おそらく

ただ憂さ晴らしをしたいのだろうと思い始めている，と述べた。そしてすぐにまた防衛的になり，「いつも自分自身で解決してきた。助けは必要ない」と矛盾したことを述べた［ゴールの定義］。

中盤

　私は彼女に，今回のこの（がんを経験しているという）「闘い」には何か違うところがあるのかと尋ねると，彼女は戦士に相応しいようなしっかりとした様で「あります」と返答した。

　私は，この状況がこれまでの他の状況とどう違うのか私が理解するのを手伝ってほしいと彼女を促した。彼女は，今回はエネルギーが不足しているのだと説明した。つまり，彼女は闘いたいのにそれが叶わないのであった。私は彼女に「闘う」とは何を意味しているのか詳しく教えてほしいと求めた。彼女にとって「闘う」とは，自分のすべてを捧げること，目標にコミットすること，自分の力を惜しまないこと，最後の一滴まで出し切ることだと言う。しかし，今回はすでに疲労し，体力も消耗しており，どこでどうエネルギーを得ればいいのかわからなかった。

　彼女の言葉を言い換えながら，私は自分が正しく理解できたかどうかを彼女に確認してもらった［**常にフィードバックを求める**］。そこで，彼女の普段の解決方法を尋ねたところ，彼女はだいたいこんな感じだと返答した。目標を定め，何も考えずに正面から取り組み，ただ即座に行動する。そして，誰かに相談したり助けや支えや愛情を求めたりせず，一人で取り組む。

　彼女はこの状況において強い存在であった。もし彼女が助けを求めたら，彼女のシステム全体が崩壊してしまうのだろう。私は，彼女自身がこのことを確信しているのだろうかと質問した。彼女はそうだと答えたが，しばらくすると「今回は違うかもしれない」と言った。その一方で彼女はこうも言う。大切な人を守ろうと，常に最前線に身を置いてきたが，彼らが苦しむことを防ぐことはできなかった。

　私はここで初めて彼女の緊張がほぐれたのが見えた。彼女の目には，ある種の解放感があった。まるでその質問により，彼らが痛みを受けないようにという尊い目的のため自分を犠牲にしていたにもかかわらず，実際には成功しなかっ

たことを理解できたかのようだ。

　彼女は，自分の戦略や人生への対処法がうまくいかないかもしれない，あるいは，ある状況ではうまくいっても，ある状況ではうまくいかないかもしれない，そしておそらく，がんの挑戦は後者である，ということをようやく認識しているように感じた。彼女はとりわけ何かを解き明かすためにやってきたのかもしれない。

　そして私はこの最初の小さなきっかけを使った。私が彼女に過去にも同じような「空しさ」を感じたことがあるかと尋ねると，18歳頃に一度だけあったという。彼女は，過敏性腸症候群に悩まされ，それが原因で一連の症状を発症したと話した。そのような状況でも，彼女は逃れようと，より具体的な検診や専門医の予約，検査などを行い，絶え間ない不調の原因を探したが明らかにならなかった。そして，信頼する医師から「あなたも心の葛藤に向き合う時期に来ているのでは」と言われ，そこから一気に変化していったと語る。そして，彼女の母親はもともと病気で娘の介護を必要としていたため，彼女は母親に受け入れられるために，自分を犠牲にしたり，不幸や病気になることを求められていたが，帰宅すると母に伝えたのだった。もう病気やうつや問題の話は聞きたくないし，「介護者」として一日中過ごすのは嫌だ。自分の人生を送りたいと。

　そこから徐々に状況は改善され，6, 7年前からアントネッラは過敏性腸症候群に悩まされることはなくなり，怒りを爆発させるのではなく，発散することを覚え，結婚して念願の娘二人を授かった。まるで，彼女が繰り返しつつも状況を改善しない有害な行動パターンが，主治医の言葉で見えてきたような気がした。

　私はそのとき一度成功したのだから，また同じことが起こる可能性が高いということを強調した［**内的リソースを強調する**］。私は，問題の解決策が，私たちが探しているものよりもずっとシンプルなことがあると説明した。彼女はうなずき，そして私は彼女に，自分のがんに対するシンプルな解決策を想像するように促した［**クライエントの変化の理論を調査する**］。固いまなざしで彼女は「仕事というか，家を空けること」と答え，「踊ること，ダンス教室」と付け加えた。仕事で家を空けることもよさそうだが，ダンスを通じて自分の体を再発見することがより効果的なのではないかと，二つの要素を重ね合わせた。

アントネッラは顔を輝かせたが「夫は絶対にダンス教室に行かない」とも付け加える。そこで、「『犠牲』の罠にはまらないで解決する方法を考えてください」とお願いすると、彼女は「考えてみます」と約束した。

終盤
セッションを終えることができ、いい仕事ができたが、最後にひとつだけ足りないものがあった。私は彼女に、深く呼吸をして、自分の体を癒やすために何が必要かを自問するように勧めた。彼女は「私は自分の望むことをしなければ」と答えた。

それは本当にいい考えですねと、私は微笑みながらうなずいた。それで十分だと感じたが、1日20分、自分の好きなことをする時間を作り、それを日記に書くという課題を出した。アントネッラは笑いながら、大音量で音楽を流すと言った。私たちは別れを告げ、2週間後に電話で話すことを約束した。

フォローアップ
2週間後、彼女からの電話があり、気分が変わったと言った。さらに、「好き勝手やりすぎてしまったかもしれない」とも付け加えた。よそ行きの新しいカラフルな服をたくさん買い、毎日赤い口紅をつけ（以前は時間がなく、気分を上げる意味もなかった）、友人とタンゴ教室に通っていた。彼女は夫ともすでにその話ができており、彼女の夫も今回は彼女が冗談を言っているのではないと理解した。また、彼女は彼に「そろそろ自立する」というか、「仕事のことで悩むのはもうやめよう、自分の足で立つんだ」とも伝えた。

最後に、音楽を音量全開にして家の中で歌ったり踊ったりしているときの自由な感じや、ちょっとご近所さんを困らせるのが楽しいと教えてくれた。

私が彼女に、この新しいスタイルが自分に合っているかどうか尋ねると、彼女は「ちょっと変な感じはするけど、気に入っている」と答えた。自分のやりたいことをするのは、彼女にとって大きなやりがいであった。そして私は彼女に、このまま続けるようにと言うほかなかった。

私は、さらにセッションが必要かと尋ねるが、彼女は、今は大丈夫で追加は不要であること、達成した成功を固めたいと言った。私はこれが正しいと思い、

どんな場合でも私のドアは開いているので，必要ならノックすればいいのだと繰り返した。彼女は私に感謝し，この闘いに勝つために誇らしげに出かけて行った。

結　論

　読者の皆様には，SSTの介入のエッセンスをよりご理解いただけたと思う。一つのセッションをより深く掘り下げることはできなかったが，今後，完全な書き起こしや解説を行うことを約束したい。しかし，紹介したケースは，SSTの幅広い可能性と，専門家が1回の面接で成果を収めることができることを示すものだと考えている。

▶原注
1————フォンタネラ博士のケースは，勉強に関連する（伝統的な病名で言えば）強迫観念的な問題に対してSSTを適用した模範的なデモンストレーションである［フラビオ・カニストラによる注釈］。
2————この事例は，SSTの具体的な応用例である移民危機への介入を示したものである。ボナディス博士と共同で，緊急事態におけるSSTの研究を開始した。彼女の現場での経験，特にSSTのトレーニングは，国際的な権威であるセーブ・ザ・チルドレンの目に留まり，彼女は数年間協力することになった。これは，双方の複雑で重要な役割にとって，これまでも，そしてこれからも有益であると確信している［フラビオ・カニストラによる注釈］。
3————このケースは，SSTのもう一つの特殊なバリエーションを示している。クライエントは，すでに治療経路（親のサポートグループ）にいるが，自分にとって重要な問題に取り組むために，シングルセッションを行う機会を利用している［フラビオ・カニストラによる注釈］。
4————ガブロー博士のケースは，クライエントが話し合いの場を必要としているという，ごく一般的な出来事を示している。SSTのような状況では，セラピー（とセラピスト）がクライエントのニーズに合っているかどうかを試すという魅力的なアイデアで，1回のセッションを行う機会を提案する。さらに，介入全体が，大きな問題には大きな変化が必要ないという原則を明確に示している［フラビオ・カニストラによる注釈］。

5——————「物事を悪化させる方法（How Worse）」テクニックは，私たちが「人生をこじらせる」ために行ったすべてのことに対して，嫌悪反応を起こすことを目的とした処方箋である。レオナルド・ダ・ヴィンチやエジソンのような秀才たちでさえも，これを用いていた。逆説的だが，私たちの脳は，まさに心が反対方向に押されたからこそ，これまで考えられなかった新しいアイデアや解決策を自然に探し求めるのである。

6——————ゴバト博士は，SSTの別の具体例について明らかにしている。最初のセッションで，複数セッションの治療を提案した後，それがクライエントの望むものでないことに気づく。そして，クライエントが2回目の最後の出会いを最大限に活用できるように，「シングルセッション・モードに入る」ことを決意する［フラビオ・カニストラによる注釈］。

7——————このケースでは，ビオンディ博士が，ある人が自分の性的アイデンティティに関する考えや疑問を明らかにし，カミングアウトの戦略を特定するのを助けていることがわかる。クライエントの問題の鍵を開けるためには1回のセッションで十分であった。しかし，後述するように，クライエント自身が，よりセッションを受けたい，もっと援助がほしいと言うのである［フラビオ・カニストラによる注釈］。

8——————イサルディ博士は，たった1回のセッションで，クライエントが強迫的な食行動（夜の暴飲暴食）から解放され，効果的にダイエットを実行できるようになった事例を紹介している。セラピストは，セッションの中で，新しい解決策を探したり，試したりする要素をどのように開発していくか示すのに時間を費やしている。具体的には，このケースでは，望ましいゴールに向かって進み始めるきっかけとして，一連の感情をもたらすことに重点を置いていた［フラビオ・カニストラによる注釈］。

9——————カップルセラピーは，必ずしもパートナーの仲直りだけで終わるとは限らない。カップルを相手にすることが多いアルジェリ博士は，このことをよく理解している。このケースでは，SSTの有用性が，終盤でクライエント自身によって認識されている［フラビオ・カニストラによる注釈］。

10—————モデネージ博士からこの事例を聞いたとき，この本への掲載を強く依頼した。良いケースであることに加え，読者に二つの重要なポイントを説明することができると思われたからである。第一に，SSTがスーパーバイザー的な環境で使われていることで，この本で述べた適応性を示していることである。第二に，モデネージ博士がSSTのアプローチを，長く続くスーパーヴィジョンのプロセスの一部である第一回目のセッションの中で使用した

という事実である。これは，シングルセッションの実践が，1回のセッションで終わるセラピーの提案に限定されないことを示す重要な例である［フラビオ・カニストラによる注釈］。

11————スーパーヴィジョン（SV）を受けたセラピストの身元を保護するための偽名である。

12————このステップは，新しい方法を取り入れ，合意を得るために必要なものであり，それなくしてSVは不可能である。役割，機能，時間，SSTを用いたSVの方法など，さまざまな技術的課題を定義し，合意を得た上で，実際のセッションに臨んだ。

13————SSTをモデルとして紹介することと，臨床家（シルビア）が個人セッションの効果を最大化することを要求することが「重なり合う」のは興味深い。一見，予定調和に見えるが，私はこのSVにSSTがどれほど適しているのか，提案された方法論と臨床家のニーズが合致するのかわからないまま選択した。

14————前回のケースと合わせ，この素晴らしいケースはSSTが必要であればオンラインセッションでも適用できることを示している。とりわけ，カラマ博士のケースは，クライエントの視点を継続的かつ巧みに活用し，リソースや解決策に関するフィードバックを先延ばしにすることで，予想外の変化を生み出すことを強調している［フラビオ・カニストラによる注釈］。

15————このケースでは，ヴェスコ博士は，自身のオリエンテーションのテクニックを用いて，セッションの中で非常に刺激的な解決策を試す方法を巧みに示している。セッションそのものもそうだが，クライエントが合意した目標を達成するためには，これだけで十分だっただろう［フラビオ・カニストラによる注釈］。

16————ダリア博士のケースは，他のケースと大きく異なる。ここで，著者はさらなるSSTのバリエーションを紹介している。公的機関（精神保健センター）において，過去にセラピーを受けたことがあり，複雑な状況（別の都市に転居した）におかれたクライエントに対して，SSTはクライエントとそのニーズを「必要に応じて」治療し続けるための優れた介入形態であることが証明された。

17————マデラ博士のケースも，公的機関でSSTが使用された例である。それだけでなく，SSTが心理的な問題や人間関係の問題を引き起こす身体的な病気に苦しむ人々をうまくサポートすることができることも示している。継続的なセラピーを受ける必要がない場合でも，シングルセッションはそのよ

うな問題に対処し解決することができる。さらに，いくつかの研究によると，心理的なサポートは，たとえ1回のセッションであっても，病状を改善し，治療の対象となるのを抑制することに役立つと示されている［フラビオ・カニストラによる注釈］。

18———私は，ヴェローナの公共セクター，ULSS 9 La Scaligeraで30年の臨床経験を積んできた。初期の頃は，子どもや青年，子育ての問題を扱い，その後20年以上，薬物中毒者，アルコール中毒者，喫煙者，ギャンブラーを対象に従事してきた。そして医療心理部門の責任者を2年間務めている。私の臨床はサン・ボニファシオ病院で行われ，さまざまな疾患（がん，糖尿病，心臓病，移植，産後など）や実存的な問題（解雇，突然死など）に苦しむ患者の心理療法に携わっている。

19———メグナ博士の魅力的なケースは，クライエントの問題を解決するために，クライエントのリソースを特定し，利用する能力を再度示している。読者は，SSTの観点から，このプロセスがセラピストからクライエントへの絶え間ないフィードバックと繰り返し確認することによって起こることを想像しなければならないが，残念ながら，ケースの記述の中では失われている。

しかし，このケースは，この重要な側面がおそらく最も明確に現れている事例の一つである［フラビオ・カニストラによる注釈］。

20———グザルディ博士のケースは，これまでの他の事例と異なる。これは，「シングルセッションのマインドセットを採用する」ということの意味がよくわかる例である。セッションをこれで最後にしなければならないと感じたグザルディ博士は，初めて全く違う行動をとることになった。それが新たな視点となり，思いがけないブレイクスルーへとつながっていった。これがまさに，目の前のセッションが最後であるかのように常に行動することを推奨する理由である［フラビオ・カニストラによる注釈］。

21———トリシェッリ博士の事例は，小さな予防策がクライエントの問題解決に十分役立つことを示す上で，非常に有用である。セラピストは，すぐに長く複雑な道を歩むのではなく（それは後でいつでもできることである），非常にシンプルな方法で，主に常識的な提案や実践的な指導を通して介入することを目指す。これらは，5年前から続いている問題を解決するのに十分なものだった［フラビオ・カニストラによる注釈］。

22———「クライエントの変化の理論」（前章で説明した）の使用は，フランチェスカ博士のケースで非常に明確に現れている。クライエントに常にフィード

バックを与えること，観察していることの確認を求めること，問題に対してどの解決策が最も適切だと思うかを尋ねること，これらはすべてSSTを成功させる有効な要素である［フラビオ・カニストラによる注釈］。

▶訳注
1————イタリアでは心理支援に関する主な資格として心理士（psychologist）と心理療法士（psychotherapist）の二つがある。その中でも心理療法士は博士号を必須とした資格である。定訳がないため直訳ではあるが，この二つは別な訳語を当てる必要があると判断した。
2————イスラム教徒などの宗教的禁欲者であるファキール（fakir）から派生した，禁欲的修行および，それを実践したライフスタイルのこと。

第III部
展望編

第7章
SSTの実践
コンセプト，トレーニング，そして実装

ジェフ・ヤング

　高齢化問題などにより，医療費の負担が増大し，政府の予算が制限されるなど財政的な圧力がもたらされ，医療・福祉は，より効率的で効果的なサービスを提供することが求められている。同時に，顧客中心で質の高いサービスを迅速かつ容易に利用できることに対する地域社会の期待が高まっている。シングルセッションの発想は，効果的で効率的な顧客中心の利用しやすいサービスの基礎となるものを提供することで，これらのいくぶんか相反する要望に対応するために有益な貢献ができる。

　本章では，まずシングルセッション・セラピー（SST）の機能的な定義と説明を行い，それをもとに姿勢的，臨床的，組織的な意味合いについて各セクションで説明し，最後に，SSTを実践するために，このアプローチをサービスに導入するためのアイデアで締めくくる。

序　論

　私たちが好むと好まざるとにかかわらず，都合の良い時間帯に多くの予約枠を提供するかどうかにかかわらず，料金が安いかどうかにかかわらず，経験豊富な専門家であるかどうかにかかわらず，かなりの割合のクライエントがセッションに一度しか来ないことが予想できる。

　多くの臨床家がまずこの来談に関するデータに直面することになるが，さら

に難しいのは，セラピストが，どのような人が最初の1回のセッションにしか来談せず，どのような人がさらにセッションを希望し再来するか予測することにあまり精通していないことである。しかしながら，第1章と第2章で述べたように，シングルセッションの文献を知らない実践家は通常，セッションに一度しか来談しなかったクライエントを治療が成功しなかったと表現し，時には自分を責め，「ドロップアウト」「動機づけが低い」「治療されていない神経症」（Baekland & Lundwall, 1975）といった蔑称を用いたり，単にセラピーが失敗したと表現する。

SSTは，来談に関するデータと初回面接の評価を受け入れ，このデータに対して，応答的，クライエント主導的，効率的に対応する方法を探求する一連の作業である。

SSTの機能的定義

SSTにはさまざまな定義がある（Hoyt et al., 2018）。私は，序章で概説され，Young（2018）でより詳細に示された知見に基づく原則的な定義を好む。

> SSTとは，三つの知見（二つは研究に裏づけられたもので，三つ目は臨床経験に基づくものである）を受け入れることにより，姿勢として，臨床として，組織として生じるすべてのものである。知見＃1：クライエントが来談してくる回数は，診断，複雑さ，問題の深刻さに関係なく，1回が最も多く，次いで2回，3回……と続く（Talmon, 1990）。知見＃2：さまざまなセラピーの中で，1回だけセッションを受けた人の大多数（多くの場合，約70〜80％）は，その1回のセッションが，彼らの現状を踏まえて適切であったと報告している（Talmon, 1990 ; Bloom, 2001 ; Campbell, 2012）。知見＃3：おそらく最も受け入れがたい知見は，誰がセッションに一度だけ参加し，誰がそれ以上のセッションに参加するかを正確に予測することは不可能だと思われる，ということである。これは臨床的にも組織的にも重要な意味を持つ。

臨床家，管理者，組織がこの定義を採用した場合，大きな影響が生じる。

SSTの機能的定義――姿勢としての意味合い

　上記のようなSSTの機能的定義を受け入れると，臨床家は最初のセッション，場合によっては他のすべてのセッションを，これが最後のセッションになるかもしれないという姿勢で臨むようになる。最初のセッションを"最後のセッションであるかのように"扱い，それが唯一のセッションであったとしても，クライエントにとって有益である可能性が高いと理解することで，すべての出会いを最大限に生かそうとする試みにつながる。前章で見たように，各セラピストは，自分の好みの治療モデル，独自の個人的資質と治療スタイル，クライエントの現在の問題，セラピストの役割と組織の状況に応じて，自分なりの方法でこれを行っている。本章では，SSTの姿勢を採用することが，これらの各要因にどのような影響を与えるかを探っていく。

　最初のセッションを最大限に活用するための基本的な方法は，SSTの研究とその意味を尊重しながらクライエントと共有することである。これは，多くのクライエントが1回のセッションで十分であること，あるいは最初のセッションが最後のセッションになる可能性があることを伝え，各当事者が与えられた時間を管理し，最大限に活用できるようにすることを意味する。また，必要であれば，さらなるセッションが可能であると伝えることも重要である。すべての出会いを最大限に生かそうとする姿勢は，一般的にセラピストとクライエントが治療課題を共同でデザインすることにつながり，セラピーのプロセスについてより透明性を高め，セラピストとクライエントが相互に率直に向き合える状況を生み出す。そこには，婉曲的でいる時間はないという相互の認識がある。共同デザイン，透明性，相互に率直に向き合うという要素は，セラピストとクライエントの間のより高い信頼性を促進する傾向がある。

　SSTの研究は，セラピスト（およびクライエント）が一般的に抱いている，セラピーの期間と，現在の問題の深刻さ，種類，診断についての多くの前提に挑戦している。フォローアップの評価では，多くのクライエントが1回のセッションで十分だと感じているようだが，私たちの臨床経験では，どのようなク

ライエントが，つまりどのような診断でどの程度の重症度の人が，1回のセッションでよい結果を得たのかを知ることはできない。それゆえ，クライエントがセラピーを受け続ける期間に執着しない"仏教徒のような"姿勢は，力を与え，実用的な姿勢となる。私たちの経験では，重大な診断や深刻な問題を抱えたクライエントが1回のセッションで驚くほど改善されることもあれば，それほど深刻な診断や深刻でない問題を抱えたクライエントが驚くほど長期のセラピーを必要とすることもある。

　SSTに関連する面接とその結果のデータは，セラピストとクライエントの双方に，「本題に入って何が起こるか見てみよう」という姿勢を誘う。他のSST提唱者たちは，この姿勢を「今を生きること」，「現在にとどまること」，「今しかないことを受け入れる」と概念化している（Slive & Bobele, 2011 ; Bobele & Slive, 2014 ; Rosenbaum, 2014 ; Hoyt & Talmon, 2014）。こうした姿勢を反映して，オーストラリアで初めて開催され，ブーヴェリー・センターが主催したSSTとウォークイン・サービスに関する国際シンポジウムの副題は，「Capturing the Moment（この瞬間をとらえる）」であった。SSTの姿勢がセラピストに受け入れられ，クライエントに伝わることで，ブーヴェリーのSSTの臨床ガイドラインに見られるように，クライエントの主な関心事に直接的かつ効率的に対処するための文脈を生み出すのに役に立つ。

SSTの機能的定義──臨床的意味合い

　重要なことは，SSTの機能的定義は，いかなる治療モデルも除外したり，優遇したりするものではないということである。家族療法，認知行動療法，精神分析，体験的心理療法，その他無数の心理療法はすべて，SSTの考え方を用いて提供することができる。例えば，以下のブーヴェリー・センターの臨床ガイドラインは，SSTの考えを家族療法の実践に応用することから生まれたものだが，私たちのSSTのトレーニングを受けた4,000人の大半は，このガイドラインが各々の仕事に親和的であることに気づいている。特定の治療モデルとしてではなく，サービス提供モデルとして概念化されたSSTは，同じ組織内で働く，異なる治療モデルの訓練を受けた実践者を統合するために使用することが

できる（Cummings, 1990）。

　言い換えれば，ガイドラインが臨床家の治療モデルを根本的に変えることはないが，それぞれの治療モデルの提供方法には影響を与えるということだろう。

シングルセッションの発展——ブーヴェリーのSSTの知見

　本書で述べられているように，SSTの姿勢は，最初のセッションがその後続く一連のセッションの初回であることが約50％であるにもかかわらず，最初のセッションを「あたかも最後のセッションであるかのように」捉えることにつながる。このことは，セラピストにとって，クライエントが**この**セッションで何を達成したいのかを明確にする必要性を高める。さらに，クライエントに1回しかセッションが必要ないことを認識させることで，彼らに取り組んでほしいことに集中してもらうことができる。

　第3章，第4章，第5章で示されたように，このセッションでクライエントが何を得たいかということに焦点を当てたSSTの質問は，クライエントがセラピーの**過程**に参加することで何を実現したいかという望みを明らかにする，より一般的な質問をベースにすることができる。興味深いことに，1回のセッションで達成できることに焦点を当てることで，SSTのアプローチは逆説的に，非常に複雑な症例において，クライエントとセラピスト双方により大きな明瞭さ，安心感，希望を与えることができる。あるプロジェクトでは，非常に複雑な問題や不利な状況に直面している家族に対して，ケースワーカーを支援することを目的とし，SSTのアプローチを用いた。そうすることで，クライエントが何を扱うか（今日何を達成したいか）をコントロールできるようになり，ワーカーの負担が軽減されることがわかった（1回のセッションで何が達成できるのかという現実的な期待を持てるようになった）。私はある若者のメンタルヘルス・チームのコンサルテーションをしたことがあるが，そのチームでは各クライエントが50回以上のセッションに参加することを期待していた。最後のセッションになるとわかっていながら，最初のセッションに臨むとしたらどうするか，想像力を働かせるエクササイズをやってもらったところ，安堵感と軽やかさに満ちた力強さが感じられた。

クライエントは通常，セッションが終わるまでに達成したいことをいくつも挙げる。特に家族療法では，家族のメンバーによって考え方が全く異なることがある。他の章で述べたように，セッション中に何を話し合い，どのような順序で取り上げるか，優先順位をつけることが一般的に必要とされる。セッションの焦点の優先順位付けは，大部分がクライエント主導で行われるが，特に，従わなければならない組織の方針がある場合，必要なリスク評価がある場合，またはクライエントが自発的ではない場合などでも，セラピストがセッション中に取り上げたいことの優先順位を付けるために，同じ質問を使用することができる。こうした場合，上記の質問は，セラピストのための内省的な質問となるかもしれない。

- これは今，私が話すべきことなのだろうか？
- このクライエントに会うことがもうないとしたら，このセッションが終わるまでに何を得て帰ってもらいたいか？

　このような質問により，セッションのはじめには焦点がある程度明確になることが多いが，治療的な会話や，クライエントの複数の変化する目標を追ううちに，明確さは失われやすくなる。SSTの作業から生まれた最も有用なツールのひとつが，「チェックイン」である。セッション中に時折，面接の進み具合を確認したり，クライエントが述べた目標に取り組んでいるかどうかを確認したりすることは，同僚のマーク・ファーロングが治療的ドリフトと呼んだ状態を避けるのに役立つ（Furlong, 私信）。セラピストによっては，優先順位をつけたりその都度確認したりするのは指示的すぎると感じるかもしれない。しかし，私たちは，その面接が1回のセッションで済むかもしれないと提起することで，セラピストとクライエントの双方に，率直で正直であり，「本題に入る」自然な動機づけが生まれることを発見した。ケースがうまく運んだなら，特に急かされたとは感じないはずである。誰もが，既知の文脈とその限界に賢く適応しているだけなのだ。総合診療医の診察に臨むとき，私たちは5〜10分しか時間がないことを知っているので，早く本題に入れるように会話を調整する。
　多くのセラピストは，率直に接することをいささか難しいと感じている。そ

こで私たちは，セラピストがより積極的なアプローチを採用できるよう，多くの研修ツールを開発した。私は SST の研修参加者に，ゲストに 3 分間でインタビューするラジオのアナウンサーになったかのように想像してもらう方法を気に入っている。インタビュアー役の参加者は，「ラジオの生放送」のルールとして，楽しませること，「完全な沈黙」を避けること，そしてゲストの経験を最大限に生かすためにゲストと素早く関わることが重要であることを知らされる。参加者は通常，たった 3 分間でどれだけの情報が引き出されるかに驚く。インタビューされる側を演じる参加者からのフィードバックは，トピックに集中したり，特定のことを深く掘り下げるための積極的な介入は，大抵の場合無礼なものとして経験されることはなく，むしろその逆である場合が多いため，インタビューを行う参加者を安心させる。

　1 回のセッションで使える限られた時間を管理するもうひとつの方法は「時間を味方につける」ことである。時間がないことを重荷に感じるのではなく，時間を味方につけることで，SST を行うことがより楽しくなり，セラピストとクライエントが最も役立つことに集中できるようになる。5 分であろうと 2 時間であろうと，利用可能な時間が明白になると，セラピストが率直になりうる理由や，クライエントが「本題に入る」べき理由に対する現実的な根拠となる。これは次のような SST の質問に置き換えられるかもしれない。

- セッションが 1 回，50 分程度しかないことを考えると，そろそろ本題に入りましょう。今日はどのようにお役に立てるでしょうか？

セッションの後半では，これはこう言い換えることができるかもしれない。

- あまり時間がないので，率直に言ってもいいですか？
- あと 10 分しかないので，あなたの力になれるよう，単刀直入にお聞きしたいのですが。
- 残り時間が少ないようなので，とても役に立つと思うのですが，少し聞きづらいかもしれないことを聞いてもいいですか？
- あと 30 分ほどしかありませんが，何かまだ話していないことがありますか？

上記の質問は，デリケートな問題を提起する根拠や文脈を提供することができる。SSTのこの側面は，No Bullshit Therapy（Findlay, 2007；Young, 2018）と呼ばれ，セラピーやセラピストに対して疑念を抱いている，不本意な，あるいは消極的なクライエントを巻き込むためのアプローチへとさらに発展した。

　本書にもあるように，SSTに慣れていないセラピストの多くは，1回のセッションでクライエントに効果的な解決策を見いだせないのではないかと心配する。だが，このような誤解をしないでいただきたい。時間内にできる限りのことを成し遂げようとすればよいのである。完治を期待しては，自分自身にもクライエントにも過度のプレッシャーを与えてしまう。セッションが1回きりであるというプレッシャーを軽減する一つの方法は，セラピーの真の結果は，セッションの直後や終了時ではなく，多くの場合その後の経過で決まることを覚えておくことである。したがって，SSTセラピストの仕事は，必ずしも1回のセッションで解決策を見つけることではなく，セッションの時間を最大限に活用し，出されたアイデアを試してみたり，フォローアップの電話を待つなど，クライエントが次のステップについて明確に理解できるようにすることである。フォローアップの電話は，通常，クライエントがさらにセッションを望むかどうかを話し合う場である（第5章参照）。

　本書の読者は，最初のセッションを最大限に活用するための重要な方法の一つは，セラピストがセッション中，あるいはセッションの終わりに，自分の考え，考察，フィードバック，あるいはアドバイスをクライエントと共有することである，ということもすでに読んでいるだろう。

　クライエントと考えを共有する前に，セラピストが知っておくべきだと思われる追加情報があるかどうかを，次のような質問を使ってクライエントに尋ねることができる。

- 私がまだ聞いていないことで聞く必要があることがありますか？
- 私の考えをお伝えする前に，他に知っておくべきことはありますか？
- まだ取り上げられていない質問はありますか？
- 私が考えていることをフィードバックする前に，まだ私が聞きそびれている質問はありますか？

意外なことに，クライエントはこのような質問に対して「うーん……ありません。すべてお話できたと思います」と答えるのが一般的である。
　もちろん，1回のセッションで議論できることには限りがあるため，この典型的なクライエントの反応は，要するに，「可能な時間内で，最も重要なことは十分に話せた」ということだ。別の見方をすれば，彼らのこの反応は驚くようなことではない。なぜなら，最初のセッションが終わるまでに，SSTのクライエントは扱ってほしいことを何度も聞かれているのだから。
　SSTワークショップでは，多くの参加者からガイドラインをセッション計画にどのように反映させたらよいかという質問が出る。私の同僚であるパム・ライクロフトは，九つの異なるセクション（状況の確認，焦点の探索，軌道に乗る，解決努力（偽解決）の検討，ブレイク，リフレクティング，クライエントからのフィードバック，終了直前の問題に対処する時間を確保する，クロージング（アンケートやフォローアップ電話に関する説明は，「組織におけるSSTの機能的定義」を参照））からなるセッション計画（図7.1）を作成した。これらのセクションは，3部構成のソナタと同じように，パムが「提示部」「展開部」「再現部」と名づけた大まかな三つの段階に分かれる。セッションの構造のより詳細な説明と，臨床へのスーパーヴィジョンについては，Rycroft（2018）を参照されたい。

臨床家のための三つのSSTのヒント

1. 1回のセッションに複数のセッションを入れることは不可能であることを忘れてはいけない。速く話そうとしたり，すべてをカバーしようとしたり，通常の6セッションを1セッションに詰め込もうとしてはいけない。時間を味方につけ，優先順位をつけ，許された時間をどのように使うのがベストか，クライエントと協働する。
2. 最初の1回のセッションの結果について，仏教徒のような無執着な態度をとる。可能な限り有益なものにし，セッションの結果を知る方法（フォローアップの電話など（「組織におけるSSTの機能的定義」を参照））を仕掛けておくだけでよい。1回のセッションでクライエントの問題に対処するこ

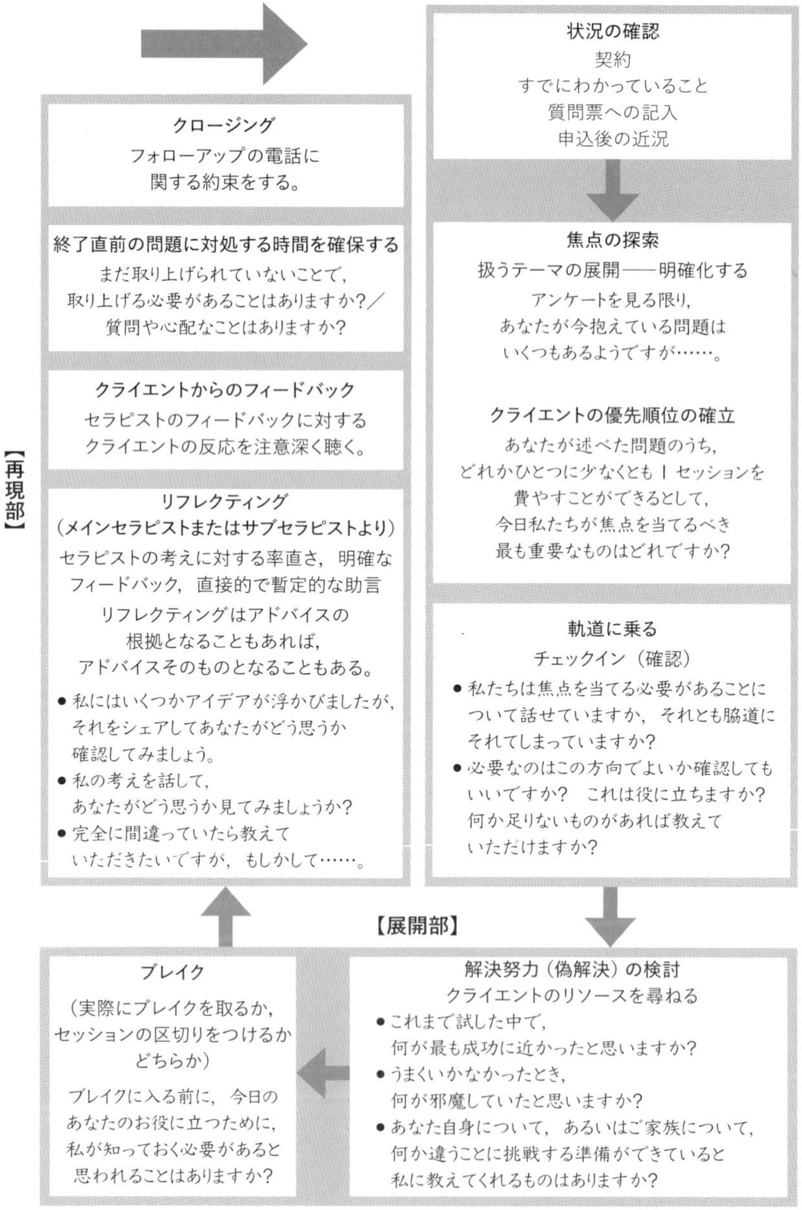

図 7.1──Rycroft（2018）による SST のセッション計画。

とが成功で，それ以上のセッションを必要とすることが失敗（あるいはその逆）だと勘違いしてはいけない。セッションの回数に関係なく，共にいる時間を最大限に活用することが成功なのである。
3. SSTの文脈やサービスの提供がもたらす，集中的な関わり，率直さ，自分らしさ（authenticity）を楽しむこと。

SSTの思考が「あなたの」セラピーのスタイル（やり方）に与える影響を想像する体験的エクササイズ

私たちは研修の中で，参加者がSSTの姿勢を採用した際に，具体的な臨床実践がどのようになるかを想像できるよう，次のようなガイドのもとにイメージを用いたエクササイズを行う。最も効果的なトレーニング手法については，Rycroft & Young（2014）を参照されたい[原注1]。

ステップ1——クライエントに対する現在のアプローチ

リラックスし，あなたの現在の仕事においてごく一般的なクライエントとの初回面接を想像する。クライエントは個人，カップル，家族のいずれでもよい。そして，このクライエントについて，次の問いを想像してほしい。この面接が3～10回以上のセッションの初回だと想像する。あなたが通常，クライエントのために計画するセッションの平均回数を選んでほしい（通常，セッションが1回しかない場合は，すでにSSTのマインドセットで実践しているかもしれない）。この新しいクライエントとの典型的なセッションを以下の質問を使用して想像してほしい。

その人（家族）に初めて会う準備をしているとき，あなたは何を考え，どう感じているだろうか？

- クライエントにどのように挨拶し，ラポールを築き，これから起こることを説明するのか。
- どのようにセッションを導入することを好み，普段はどんな働きかけ方をするか。

- セッションのはじめの段階にクライエントにする質問は何か。
- セッション中に何に焦点を当てるか。また，どう判断しているのか。
- セッションを続ける中で，その進行状況についてどう感じているか。セッションの雰囲気はどうか。
- 出てきた情報をどのように扱い，道筋を見つけるか？
- セッションを締めくくるためにどのような準備をしているか。
- この最初のセッションで生じたさまざまな提案やアイデアをどう扱うか。
- どのように終了し，次のセッションの準備をし，次の予約をとるか。

ステップ2——SSTの姿勢と臨床的対応を促す文脈

　先ほどと同じクライエントから，予定したセッションに先立ってあなたに連絡があったと想像してほしい。彼らの状況が変わり，予約の翌日にオーストラリアに移住する予定であることを告げられる。彼らは予約をそのままにして，あなたの助けを求めているが，彼らもあなたも，これが唯一のセッションになることがわかっている。これが最初で最後のセッションとなる。1回限りのセッションは珍しいことではなく，それがクライエントにとって役に立つ可能性が高いというSSTの研究結果を受け入れたことにしておこう。

　今度は，同じクライエントとの最初のセッションを，これが最後のセッションになることを承知の上で，もう一度想像してほしい（注：クライエントも，これが最後のセッションであることを知っている）。同じ質問を用いて，想像上のセッションを進めていこう。以下のような具体的な質問を加えてもよいだろう。**多くの選択肢と限られた時間が与えられている状況で何に焦点をあてるか？　セッションが1回しかない中で，多くの情報をどのように扱うか？　そのクライエントとのたった一度のセッションを最大限に生かすには，どうすればよいだろうか？　次回会うことがないとわかっている状況で，どのような別れを告げるのか。**

ステップ3——想像上の二つの初回面接を比較する

　この比較をすることで，SSTの姿勢を採用した場合，あなたの臨床実践がどのように変わるかわかるはずである。

総じて，SSTトレーニングの参加者は，大抵2回目のガイドイメージで，より集中し，すぐに本題に入り，よりエネルギッシュになったと報告する。彼らは，「クライエントが今望んでいること，必要としていること」を引き出す方法を見つけ，セッションを確実に軌道に乗せる方法を見つけるという。
　次のセクションでは，SSTの姿勢を倫理的かつ持続可能な形で実践するには，組織構造やプロセスからの支援が必要であることを論じる。

組織におけるSSTの機能的定義

　SSTトレーニングの開始当初に，SSTを実施しようとする人々から最もよく聞かれた質問は，「どのようなクライエントにSSTアプローチが適応で，どのようなクライエントにSSTが禁忌なのか」というものだった。この質問に対する答えは，答える必要がないと知っておくことである。なぜなら，少なくとも私たちの経験では，誰が1回だけのセッションに参加し，誰がそれ以上のセッションに参加するかを正確に予測することはほとんど不可能だからである。したがって，どちらの可能性もあること（1回きりのセッションか，複数回のセッションか）を，臨床家とサービスシステムの双方が想定しておく必要がある。これを実現する理想的な方法は，SSTセッションを組織に組み込み，すべてのクライエントが最初の1回のセッションに参加し，必要な場合や要望があれば，その後のセッションやサービスが提供するその他のプログラムを容易に利用できるようにすることである。このように外観すると，SSTが提供するサービスの幅は決して狭くはない。言い換えれば，最初の1回のセッションに加え，必要に応じて，クライエントのための既存のすべてのオプション（別のシングルセッション，継続的な相談，他の内部または外部のプログラムへの紹介）を引き続き利用することができる。

　私たちの初期のSSTの評価では，時間の経過とともに，クライエント家族の約43〜50％がフォローアップ時に1回のみのセッションを希望し，21〜25％の家族が2回目のシングルセッションを希望し，25〜36％が継続的なセラピーに移行したことが示されている（Boyhan, 1996 ; O'Neill & Rottem, 2012）。最初の50家族を評価したところ，すべての家族が問題の解決策を見いだした

図7.2──ブーヴェリー・センターの組織構造に組み込まれたSST。
(注:最初の1回のセッション後のさまざまな結果のパーセンテージは,あくまでも目安である)

わけではなかったが,100%が他の家族にもこのサービスを勧めたいと答えた(Boyhan, 1996)。SSTのプロセスに対する満足度が高いのは,サービスが利用しやすく,クライエント主導で透明性が高いからである。Hymmenら(2013)による18の査読付き学術誌および書籍の章のメタレビューでは,ウォークインによるSST(五つの研究)と予約制によるSST(13の研究)の双方で,クライエントの満足度は(90〜100%)であった。

SSTプロセスに対する満足度は一般的に高いが,シングルセッション(Young, 2018)というやや挑発的な名前からすると,クライエントがさらなる支援を望んだり必要としたりする場合には,さらにセッションが利用可能であることをクライエントに確実に認識させることが重要である(O'Neill & Rottem, 2012)。サービスの最初の段階で,クライエントにSSTのコンセプトを紹介できれば理想的だ。私たちのサービスでは,これはインテークの時点で行われる。ブーヴェリーのインテーク・ワーカーは「失敗のない状況」を作り出し,SSTについて次のような説明をする。

シングルセッション・サービスとは，通常よりも長めのセッションで，ワーカーがそのときにできる限りあなたのお役に立てるよう最善を尽くし，セッション後に電話でフォローアップを行い，その時点で何が必要かをあなたと一緒に決めていくものです。
　セッションを終えたところで，あなたには三つの選択肢があります。

- 2回目の"シングルセッション"を希望される場合もありますが，その場合はこの電話で予約を取ることができます。
- 継続的なサポートが必要だと判断した場合は，その手配をすることもできます。
- 現時点ではこれ以上の援助は必要ないと判断された場合でも，必要になれば将来いつでもセンターに連絡することができます。

　私たちのクライエントの約半数は，1回のセッションとフォローアップの電話だけで十分だと感じていることがわかっています。他のクライエントはさらに回数が必要であることも明らかになっていますが，いずれでも問題はありません。回数についての取り決めは，あなたとセラピストが一緒に行います（Single Session Work Implementation Parcel, 2006, p.9）。

　初回の予約が入ると，インテーク・ワーカーはSST事前質問票[原注2]を送付し，クライエントがゴール，優先事項，生活の中でうまくいっていること，援助を求める理由などを確認する。質問票には，セッション中に取り上げてほしい具体的な質問を書き込む欄も用意されており，SSTを最初からクライエント・ファーストのものにすることに貢献している。
　最初のSSTセッションが終了し，リスクの問題がなければ，次のセッションが必要かどうかの判断は，セッションの終了時に自動的に行われるのではなく，フォローアップの電話の際にクライエントと協働で行われる。最初の1回のセッションからフォローアップの電話までの期間は，現実的な問題や治療上の留意事項に基づいて，セラピストとクライエントの間の話し合いによって決められる。例えば，学校の長期休みを利用して，子どもの学校での困難につい

て話すセッションを予約したとする。SSTを行った結果，子どもの問題が改善されたかどうかを確認するために，学校が再開された後にフォローアップの電話をかける場合がある。何らかのリスクが存在する場合は，通常のセラピーと同様に直ちに対処する。

次回予約の決定を，フォローアップの電話に先送りすることで，クライエント家族はセッションを振り返り，セッションと電話の間にセッション中に出てきたアイデア，提案，介入を実践することができる。セッションとフォローアップの電話の間は，変化を育てる土壌である。セッションに基づき，クライエント家族が責任を持って変化を起こすことが期待されており，それは約束されたフォローアップの電話があることで支えられている。さらに家族は，必要であればいつでも電話1本でサポートが受けられることを知っている（オープンドア・ポリシー）。

調査と評価は，実施を支援し，継続的な改善を保証し，SSTに対するスタッフの関心とエネルギーを維持するのに役立つ優れた方法である。調査や評価は，SST事前質問票を使って収集した情報と，フォローアップの電話で収集し，SST事後質問票に記録した情報との比較を用いて容易に行うことができる。

SSTのさらなる組織的支援戦略は，次のセクションが参考になる。

SSTを実施しようとする組織や管理者への三つのコツ

1. 誰が1回のセッションで終了し，誰がそれ以降もセッションが必要か見極めようとしてはいけない。
2. SSTを組織のサービスシステムに組み込み，最初のシングルセッション以降，既存のすべてのサービスを利用できるようにする。
3. インテークの会話など，早い段階からSSTについてクライエントに伝える。

実施――SSTの実践

　どんな方法であっても新しいものを導入し成功することは簡単ではない。例えば，Boren & Balas（1999）は，新しいエビデンスに基づく介入策は，中核的な実践に取り入れられるまでに15〜20年はかかると見積もっている。Grimshaw & Eccles（2004）は，普及と実施に関する235の論文をレビューした中で，ほとんどの実施と普及の戦略は，ケアにおいて小から中程度の改善しかもたらさないことを報告している。

　良い知らせもある。新しい実践の実施は決して容易ではないが，健康についての社会的モデルを受け入れ，哲学的にクライエント主導のケアを支持するサービスでは，サービス提供モデルとして概念化した場合，シングルセッションのアプローチは，支援者の既存の治療モデルを置き換えるものではないため，「比較的」実施可能であることがわかっている。例えば，オーストラリアのビクトリア州全域の地域保健センター（Community Health Center：CHC）において，SSTの思考を取り入れたカウンセラーの割合が高く（87％：カウンセラー116人中101人），CHCのカウンセリングにおけるサービス提供モデルとしてSSTを採用した施設の割合も非常に高かった（55％：101施設中55施設）（詳細はYoung, Weir, and Rycroft（2012；2014）を参照）。

　複雑でない新しい手法は，特に既存の実践モデルに取って代わろうとしない場合，比較的実施しやすい（Durlak & DuPre, 2008）。SSTは，二日間のトレーニングで済むこと，専門家が持つ既存の実践モデルに適応させるものであり，新しい治療モデルそのものを教えるものではないため，それほど複雑なイノベーションではないと考えられる。

　組織的には，イノベーションは，それが現在の問題に対処するものであれば，導入に成功する可能性が高くなる。したがって，実施者にとって有効な出発点は，問題を特定することである。組織がSSTの導入を検討するきっかけとなる一般的な問題には，長い待機者リストや入念なインテーク面接による，クライエントのサービスへのアクセスの悪さ，待機者リストのクライエント管理の問題，スタッフのリソース不足，時には，かなりの数のクライエントが1回，2

回，3回のセッションにしか参加しないという認識などがある。

　後者の問題は，SSTの実装者にとって特に強力な出発点となる。通常，私たちはSSTを導入しようとする人々に，既存のクライエントの来談データをグラフ化するよう求めている。すなわち，何人のクライエントがセッションに1回来談しているか，何人のクライエントがセッションに2回来談しているか，何人のクライエントがセッションに3回来談しているかなどである。これは通常，本書図2.1のようなグラフになる。このグラフは，オーストラリアのビクトリア州全域の地域保健カウンセリングサービスに通う10万人以上のクライエントのSSTを導入する前のデータをプロットしたものである。

　通常，来談回数のデータをプロットすることで，SSTを導入する確かな根拠が得られる。

　サービスに参加するクライエントのかなりの割合が，すでにセッションに1回だけ来談している場合（通常はそうである），SSTのアイデアは，クライエントが1回のセッションで治ることを示唆するのではなく，クライエントにとって最善のサービスを提供する方法として用いることができる。

　SSTを実施する根拠が示されたら，SSTが臨床家と組織の中核的価値観にどのように適合するかを示すべきである。これは通常，難しいことではない。サービスの利用しやすさの向上，クライエントの自己決定の促進，透明性のあるサービスの提供，クライエント主導の実践，これらはすべてSSTによって促進されるものである。

　導入を成功させるには，明確な権限を与える環境が必要である。方針書に示されているような主要なスタッフ（特に，業務改善を監督する役割を担うマネジャー）の明確なリーダーシップとサポートは，権限を与える環境作りに役立つ。

　トレーニングは重要だが，新しい働き方を導入し，それを維持するのに十分であることは稀である。研修の後には，定期的な実施に関する相談や，スタッフが実施上の問題を解決する機会を設けるなど，実施支援を行うことが効果的である。外部のトレーナーやSSTコンサルタントの支援を受けながら，熱意ある早期実践者や信頼できる臨床スタッフなど，実践の変化を推進する「支持者」を選ぶことも効果的である。臨床レベルでも管理レベルでも，組織の中の「支

持者」は，実施を検討している組織の文化，施策，物事を成し遂げる方法を理解しているものである。

　SSTの側面を調査，評価，測定することは，実施プロセスにおいて説明責任を果たすために有効な方法である。クライエントの満足度の測定，SST事前質問票とフォローアップ電話との間に起きた変化の記録，あるいはSSTケースの終結の記録は，新しい取り組みを推進する上で大いに役立つ。

　これらすべてが整っていても，導入を検討している組織が健全でなかったり，実施中に発生した問題に対処するための効果的な管理システムがなかったり，タイミングが適切でなかったりすれば，実施が成功する可能性は低い。例えば，認定を受けようとしているサービスや，新しいビルに移転しようとしているサービスは，スタッフが新しいSSTの実践に取り組めるようサポートする現実的な立場にあるとは考えにくい。

実施者のためのSSTの三つのヒント

1. SSTを導入する以前に，現在の利用状況を明らかにする。おそらく，かなりの数のクライエントが1回しかセッションに参加していないことがわかるだろう。これにより，SSTのサービス提供システムを導入する確かな根拠が得られる（1回しかセッションに参加していない相当数のクライエントに最良のサービスを提供するため）。
2. 「支持者」からなる実施チームを作り，SSTを臨床的に実施する際に生じる課題について議論し，解決するプロセスを設ける。
3. 新しいプログラムを調査または評価する。これは持続可能なサービスの構築に役立つ。

結　語

　過去24年間，ビクトリア州メルボルンにあるブーヴェリー・センターは，深刻な精神的問題を抱える家族に対して臨床的なシングルセッション（家族）セラピーサービスを提供し，4,000人以上の専門家に対してSSTアプローチのト

レーニングを行い，100以上の組織に対してこのアプローチを実施するための支援を行ってきた。

この間，SSTへの反応は劇的に変化した。専門家たちは，私たちがクライエントへの支援を減らすこと，つまりクライエントが何を望んでいるか，何を必要としているかに関係なく，たった1回のセッションしか行わないことを提唱していることに憤りを感じていたが，このアプローチがクライエントが求める支援と提供される支援との相乗効果を促進するものであることを受け入れるようになった。

クライエントへの最初の対応として，計画的なシングルセッション・セラピーのアプローチを導入することで，効率的で即応性の高い，クライエント中心の協働的な実践を促し，セラピストとクライエントの間の信頼を促進する透明性の高いプロセスをもたらすことが，私たちの組織だけでなく，他の多くの組織でもわかっている。

サービス提供モデルとして見た場合，SSTは，異なる治療モデルを用いるセラピストがいる組織に共通の枠組みを提供し，チームの結束を促進することができる。

本章では，SSTは医療・福祉サービスがより効率的で効果的なサービスを提供するのに役立つと同時に，質の高いクライエント中心のサービスに簡単にアクセスできるという地域社会の期待に応えることができると論じてきた。

▶原注
1————ブーヴェリー・センターにおける直接的な体験に後押しされ，私たちはこのエクササイズをワークショップで実施した。このエクササイズは，参加者がシングルセッションのマインドセットを素早く身につけるのに確かに効果があるといえるだろう。
2————この質問票と，ブーヴェリー・センターが使用したその他の質問票は，URL（www.bouverie.org.au）よりダウンロードできる。

第8章
現代社会と医療制度に関する考察と展望

フラビオ・カニストラ／アントニオ・カニストラ

　今の時代におけるシングルセッション・セラピー（SST）や心理療法の役割を理解したければ，医療サービスの現状と人々の認識について自問自答するべきである。そして，完全に理解するためには，まず私たちが生きている現在の社会的背景を知る必要がある。

　このような説明は，本書の目的や範囲をはるかに超えるものだが，私たちは少なくともいくつかのアイデアを提供する必要があると考えた。読者は，SSTの範囲や可能性，そしてなぜ30年前よりも今なのか，といった感覚を持つことで，今日のSSTの文脈をより理解することができるだろう。読者は，より一般的な概要を知ることができるだけでなく，個人で仕事をしている人であれ，援助関係に関わる組織や施設に所属している人であれ，このメソッドの長所を活かす最善の方法について，自分なりの結論を導き出すことができると願っている。

　したがって，この最終章の目的は，現在の社会医療的背景と，その中でSSTがどのように適合しているかを，大まかにスケッチすることである。この章はイタリアの状況を想定したものであるが，他の国の読者にとっても興味深く有益なものであると考える。また，COVID-19のパンデミックによる変化を受けたが，私たちはこの章を改訂しないことにした。これは，まだ未熟すぎるアイデアや提案を提供するリスクを冒したくないからであり，また，この章に書かれていることのほとんどは，（パンデミックの影響によってさらに確証が得られていないとしても）まだ有効であると信じているからである。

社会的背景の変化

　ここ数十年，ジークムント・バウマン（2000）は，ポストモダンの反省から，**リキッド・モダニティ**という概念を提唱した。簡潔に言えば，この概念は（とりわけ）確固たる参照点の欠如，歴史的な礎石の崩壊（政党内の大きな派閥から宗教的イデオロギーまで，国家の役割や機能から明確に定義された職業や商売まで），そしてその結果，確実で安全で安定した足場や参照点をもはや提供しない社会における継続的な荒廃を表現している。

　この概念を理解することは重要である。というのも，今日，その意味はマクロ社会と個人の両方のレベルで生活に影響を与え（Bauman & Bordoni, 2014），その反響は職業活動や私たちの日常生活に影響を及ぼし，物事の捉え方，ひいてはそれらとの関わり方を変えてしまうからである。こうした「もの」には，社会，社会が提供するサービス，そして社会を構成する人々が含まれる。

　言い換えれば，私たちは複数のシステムに影響を及ぼす世界的危機（Bauman & Bordoni, 2014）の状態にあり，経済危機はその一形態にすぎない。それは，政府，社会，職業，倫理的な危機を伴っている。

　こうした危機や変化が私たちを恐怖に陥れるのには，さまざまな理由がある（Bauman, 2006）。ひとつは，人間はさまざまな状況に素早く適応できる一方で，本来は変化に抵抗をもつ傾向があるということである。私たちはまた，短期間で突然の変化に直面した個人や専門家，そして国家や社会の準備不足についても考えるかもしれない（エリック・ホブズボームが1994年に出版した同名の著書のように，20世紀を「短い世紀」と形容しただけのことはある）。時には惰性も一役買う。変化に乗るのではなく，変化に圧倒されるままに身を任せたり，もっと悪いことに，変化に無関心であったりするのだ。しかし，人々が変化に関心を持ち，熱心に行動している場合，変化への抵抗が克服されれば，迅速に適応する能力は財産となる。

　解決策は何だろうか？　現代の変化に直面して，私たちはどのように振る舞うべきか？

　Rampin（2016）が同様の質問を投げかけた人々に答えたように，私たちはす

でにこの状態に巻き込まれているため，もはや準備することはできないと仮定すると，最初の解決策は，目を開いてこの状態に気づき（Eco, 2015），それに従って行動を開始したいという願望からはじまる。

個人／クライエント／患者の変化

前述したように，近代に伴う変化は社会の変化をもたらし，それは同時に社会を構成する社会的な核（例えば，家族など（Saraceno & Naldini, 2013））の変化を生み出し，それは個人の変化にまで及んでいる。今日の女性や男性は一昔前とは違う。そして，個人に対するサービスという点では，心理療法や医療は一般的に，人々の現代のニーズに対応できるように，このような変化を観察し，認識し，理解する必要がある。

ここでも，私たちの意図は，より深い治療に値するトピックを掘り下げることではなく，むしろ効果的に働きかけるために有用な現代の患者の特徴を概説することである。

わかっている患者

私たちは多くの危機の時代を生きていると述べた。その中でも，特に私たちが関心を抱いているのが市場の危機である。社会の発展や変化とともに，市場の自由化は間違いなく（とりわけ）人とサービスとの間にこれまでとは異なる相互作用をもたらした。何よりもまず，消費者としてますます積極的な役割を担うようになった個人の意識の高まりがある（Fabris, 2003）。このような意識は，こうした市場の変化に先立って，ポストモダンの時代の産物であり，情報が広く利用できるようになり，アクセスしやすくなったことの産物でもある[原注1]。

では，なぜ注目するのか？

なぜなら，個人，クライエント，患者は，ブランド，製品，サービスで満たされる受動的な器ではなくなってきているからだ。彼らの能動的な役割を考慮せずにサービス（心理療法など）を提供することは，ますます考えられなくなっている。公的であれ民間であれ，非営利であれ営利であれ[原注2]，目標を

達成しようとする組織は，クライエントとの関係を考慮し，配慮する必要がある（Blank, 2016 ; Osterwalder, Pigneur, Bernarda & Smith, 2014 ; Osterwalder, 2013a, 2013b ; Osterwalder & Pigneur, 2010 ; Clark, Osterwalder & Pigneur, 2012 ; Fabris, 2003, 1995）。

　単なる"ビジネスの論理"ではなく，この"顧客との関係"へのシフトは医療分野でも必要だと考えられていた。（遅くとも）1970 年代以降，患者の役割を前面に押し出すことがますます重要視されるようになり（Spinsanti, 2010），医療従事者と患者の間のパートナーシップとして治療プロセスを考える必要性が支持されるようになった（IBM, 2008）。

　一方，1992 年の時点で，イタリアの国家生命倫理委員会の文書（p.8，原著者訳）は次のように述べている。

　　　インフォームド・コンセントとは，患者に関する意思決定に患者がより広く参加することを意味し，私たちの社会ではますますその必要性が高まっている。医療従事者は，その専門職としての職務権限により，患者の選択や嗜好を正当に無視し，それが最も狭い意味での臨床的適応と相反する場合には，それを侵害することができると考えていた。そのような「医療パターナリズム」の最盛期の陽は沈んだと考えられている。

　そのため，患者（多くの場合，"人"である）は変わった。彼らは参加者であり，自分たちに合う医療サービスのプロセスの一部に積極的になろうと望んでいる。実際，患者はもはやサービスに「フィット」することを望んでいるのではない。共に構築していきたいのである。この現実に注意が払われていないため（自覚がないことは言うまでもない），必然的に亀裂が生じる。例として，医師と患者の関係と精神分析の危機の二つを見てみよう。

　前世紀末以来，医師と患者の関係（西洋では紀元前から数え約 2,500 年にわたって，医師が診断と治療を確立し，患者はそれを受け入れるだけというヒポクラテスのモデルによって支配されてきた）は，(完全にひっくり返らないまでも)深い危機に陥っている。具体的に言えば，危機に瀕しているのは医学的支配（Freidson, 2002）である。なぜなら，今や「援助を求める人々は，自分の知識

や問題の認識に基づいて助けを求める」からである（Spinsanti, 2010, paragraph 6, 原著者訳）。この意味で，「患者は，サービスの利用者として，市場の論理に従って，満足させるべき『顧客』となった」[原注3]（Spinsanti, 2010, paragraph 27）。このような現実を考慮していない医師，病院，医療システム全体は，古い非効率的な論理や行動の適用によって引き起こされる，結果を得られないことへのフラストレーションを経験するだけでなく，（ブランドやビッグネームへの不満とともに，不満を抱く患者から顧客が他のサービスに目を向けることに至るまで（Fabris, 1995））複数の結果に苦しむことになる。

　では，メンタルヘルスの分野を詳しく見てみよう。

　ここで，もうひとつの深刻な危機が，精神分析である。具体的には，精神分析（この治療法は数年に及ぶことが多く，よりオーソドックスな形態では，セラピストと週に2, 3, 4, あるいは5回会う必要があることで知られている）のコースを選択する人の全般的な減少を指している。この危機は国際精神分析協会によって認識されており，同協会は1990年代後半に，世界的に精神分析の文脈で広まっているこの現象を調査する委員会を設置した（Mantovanini, 2010）。これについては何人かの著者がコメントを寄せており，その中には，昔も今も「市場の危機」であると指摘する者もいる（Barros & Barros, 1999）。しかし，「市場」について語るとき，読者はそれを単に経済的側面（おそらく最も無視できる側面）だけを意味するものと取るべきではない。市場という言葉には，人々が何をどのように欲しているのかも含まれている。経済的な側面はさておき，サービスがこうしたことを考慮しなければ，人々は単にそれを選ばなくなるだけである。一例を挙げると，ノルウェーでは，精神分析のセッションは回数に関係なく健康保険会社から全額償還されたが，それにもかかわらず，週に4, 5回セラピストに会うことを選ぶ人はほとんどいなかった（Mantovanini, 2010）。

　この一連の問題が精神分析家だけに影響を及ぼすと欺くのはやめておこう。どのような職業や治療的アプローチも，扱う個人（クライエント，患者）の変化に直面すれば，そのあり方に疑問を投げかけられる可能性がある。そして，私たちが生きている時代——私たちが経験した短い世紀，そして私たちが今いる速い世紀——は，こうした変化がこれまで以上に速くなることを示唆している。

しかし,「今, ここ」,「今, この瞬間」といえば, この新しい患者たちは誰なのか？　彼らはどう考えているのか？　彼らは何を望んでいるのか？

その答えに完全に答えることは, 本書の範囲を超えることになるが, 私たちは, こうした患者のニーズや医療サービスとの相互作用の特徴を概説し, なぜSSTが彼らの要求を満たすツールであることがますます明らかになりつつあるのかを理解するために, いくつかの傾向を描き, 縁取ろうと試みた。

短い待ち時間と低いコスト

「現代の患者は何を求めているのか」という問いに一般的な答えを出すならば, 少なくとも二つの傾向が浮かび上がるだろう。早く良くなりたい[原注4]という願望と, お金をかけたくないというニーズだ。

例えば, PwC[原注5] Health Research Institute（2015年）によると, 次のようなことがわかる。

- 半数以上（54％）の人々が, 治療のために長距離の移動をしたくないと考えている。とはいえ, 46％は「その業界で最高の人」のために長旅を厭わない。しかし, 60％がスマートフォンによる医師とのビデオ予約に前向きであり, ミレニアル世代[原注6]は一般に, 健康上のやりとりにはバーチャル・コミュニケーションを好んでいることに留意すべきである。
- 3分の2の人（66％）は, 予約のために長く待つことを望まないが, ここでも33％の人が「その業界で最高の人」のために待つことを厭わない。繰り返しになるが, このような早さへの欲求は, DIYケア（do-it-yourself care）のためのデジタル技術の利用の増加によっても表れていることに留意されたい（後ほど説明する）。
- 10人中8人以上（81％）が, 高額な治療費をかけたがらない。ここでも19％は最高の医者のために高額な治療費をかける。

PwCは米国の状況に焦点を当てているが, イタリアの状況もこれと一致しており, このデータは一般的に異なる国際的な社会保険状況に当てはまると考えられる。例えば, イタリア人も同様に, あまり時間を無駄にしたくないと考え

ている。最近のCensisの調査（2016）によると，1,000万人のイタリア人が民間医療機関[訳注1]に，700万人が**イントラモエニア**[原注7]に頼っている。その理由のほとんどは，長い待機者リストで時間を無駄にしたくないからである（下記も参照）。これが，個人医療費の短期的増加（過去2年間で3.2％増）および長期的増加（今世紀最初の10年間で25％増）の理由のひとつである（Censis, 2012）。

　私たちは，このことが支出を抑えたいという願望と衝突するとは考えていない。公的医療制度の質が継続的に低下している場合，より多くの出費が必要になる一方で，個人医療費は公的医療費と同じか，それ以下となることが増えている（Censis, 2016；消費者団体 Altrocon-sumo が実施した独自調査2012も参照）。

　繰り返しになるが，経済的な側面だけが変数ではなく，最も重要な要素でもないことも多い。

良くなりたい

　当然ながら，経済危機の影響は大きい。例えば，医療を受けられないこと，すなわち医療サービスへのアクセスが困難，あるいはアクセスが不可能であること（特に低所得層の人々にとって）は間違いなく深刻化している（Censis, 2016）。しかし，良くなりたいという願望は減っていない。全くの逆である。危機と変化はおそらく，人々が健康を感じようとする方法を増やし，多様化させた。そしてそれは，裕福でない人にだけではなく，すべての人に当てはまる。

　その一例として，あわただしく発展するデジタル技術に支えられた，DIYケアの絶え間ない成長が挙げられる（PwC, 2015；IlSole24Ore, 2012；IBM, 2008）。わずか2年間（2013〜2015年）で，ウェルネス関連アプリの利用率は16％から32％へと倍増した（PwC, 2015年）。ローマ・ラ・サピエンツァ大学（Sapienza Università di Roma）が支援する非営利団体IBSA財団の調査によると，イタリアでは2人に1人が健康診断や治療に関する情報をオンラインで検索しており，この数字は25〜55歳に限定すれば3人に2人にまで上昇する[原注8]（IlSole24Ore, 2015）。

　同様のデータは，迅速で低コストな医療への欲求と一致しているだけでなく，

人々が「良くなりたい」と思うことをあきらめていないことを示している。さらに，これは「病気を治す」から「予防」や「健康を維持する」ことへの一般的な焦点のシフトと一致している。また，これは医師と患者の関係の変化と一致していることにも注目すべきである。この変化は，1990年代にはすでに具体的な形をとり始めており，患者の間でノンコンプライアンス（服薬不遵守）が広がりつつあった。医師が第一選択であることに変わりはないが（たとえインターネットが身近になったとしてもその次である（IlSole24Ore, 2015）），オンラインで情報や治療法を調べるということは，今日，「患者はますます情報を得るようになり，（セルフケアや薬物療法の再定義を通じて）自分自身の健康のために自己管理の余地を（医師と）交渉する傾向がある」（Spinsanti, 2010, paragraph 24, 原著者訳）ことを意味する。

　繰り返しになるが，この状況を無批判に受け入れることは避けなければならないが，一方で，この状況が止む気配を見せないのも事実である。人々が自分自身をケアする方法と，私たちにケアしてほしいという方法の変化に直面する中で，今の不十分な形の援助にこだわることは，現在の需要に対応できないこと，あるいは最も効果的で効率的な方法で対応できないことを意味する。もちろん，こうした変化や経済危機が市場からの圧力によるところが大きいからといって，無批判にこの論理を採用すればいいということにはならないが，現代の人々のニーズに応えようとするならば，実践や原理の見直しが必要である。医師が患者とのコミュニケーションや人間関係のスキルを向上させる必要があり，また学ばなければならないように（Gregory, 2010），公的機関でも民間でも，心理療法家はブリーフセラピーにますます注意を払う必要があり（Hoyt, 1995, 2009），SSTへの注目が高まっているのは，その最新の例と言える。

　こうした変化が，医療制度や心理療法の役割にどのように反映されているのか，具体的に見てみよう。

医療制度の変化と傾向

　このテーマを深く分析するつもりはないが（例えば，Cavicchi, 2015 を参照），医療制度の現状に関するいくつかの一般的なポイントを検討することが重要であると考える。

　すでに述べたように，公衆衛生システムが直面している経済的な問題がある。

　医療費は，単純な経済的理由と，技術開発などのその他の理由の両方により，着実に上昇する傾向にある。この上昇を抑えるためにできることはほとんどない。リスクは今も市場に存在し続けている。費用の増加は，同時に国民の資産（GDP）が同程度（あるいは理想的にはそれ以上）に増加した場合にのみ対処できる。なぜなら，潜在的な税収（税率を固定した場合の絶対値）が大きくなるからである。しかし，ここ数十年のように，GDP が成長しないばかりか減少した場合，費用と収入の間に不均衡が生じ，最終的には制度を管理できなくなる。

　イタリアでは，医療費は GDP の約 9％を占めており（Meridiano Sanità, 2015），前述のように，公的医療機関の主な競争相手は民間医療機関である。民間医療機関は，待ち時間が短く，一般的にサービスの質が高いため，ますます多くの国民が利用するようになっており，費用は公的医療制度と同等か，それ以下であることが多い。「サービスの質」とは，必ずしも診療の質の高さを意味するのではなく，全体的な状況の良さを指すことに留意されたい[原注9]。すぐに治療を受けられるということは，それだけで強い需要を引き寄せる。これに，市民が好む一連の「付随的」サービス（一般的な接遇，スタッフの礼儀正しさ，特定のニーズへの対応）が加わり，民間医療機関に大きく有利に働く。実際，第 18 回 PiT サルーテ報告書によれば，「施設の状態」（Cittadinanza Attiva, 2015）は，患者の権利裁判所（Tribunale per i Diritti del Malato：TDM）への医療過誤の苦情で 2 番目に多い理由である。具体的には，「市民は，設備，衛生状態，老朽化した環境の存在に関する問題を報告しており，まさに医療過誤は，ミスが疑われる事例のみを指すのではなく，医療施設の不十分な取り扱いや管理不良の事例をも指すからである」（p.17，原著者訳）。

まとめると，GDP の低成長（あるいはゼロ成長）は医療制度に影響を与えるが，医療制度は一連の条件付き行為によって力を取り戻すことができる（いや，そうしなければならない）。

民間のヘルスケア企業やフリーランサーは，公的医療機関と同じように自らを認識しなければならない。なぜなら，完全に重なるわけではないにせよ，似たような課題に直面しているからだ。

例えば，市民から深刻視され，SST の文脈で顕著な問題である**待機者リスト**について考えてみよう。TDM に寄せられる苦情の 4 件に 1 件は，治療へのアクセスの難しさに関するものであり（同上），約 60％は長い待機期間（MRI 検査で最大 13 カ月，超音波検査で最大 9 カ月：同上）に関するもので，予防の概念が損なわれている。この問題は非常に重大であるため，「待機患者に関する国家計画」が策定されている。残念なことに，医療費の増加は悪名高い「支出削減」につながり，（とりわけ）採用や後任者の補充凍結を課し，その結果，需要に対応するために必要なスタッフのレベルが低下し，スタッフの不満が高まっている。

なぜこのデータが<u>重要な思考の糧</u>となるのか？

市民が良くなりたいと願うのは事実だが，それと並行して，「良くなる」プロセスに<u>先行し</u>，<u>付随し</u>，<u>それに続く</u>体験にも気を配っている。言い換えれば，効果的な治療法，最先端の技術，革新的な設備だけでは，患者・顧客の満足を保証するには不十分なのである。治療のプロセスには複数の段階があり，核となる治療（外科手術，診察，心理療法のセッションなど）の前，最中，そしてその後のようにそれぞれが独自の特性を持つ。

ビジネスデザインの分野では，「カスタマー・エクスペリエンス」とは，購入プロセスの各段階で顧客に起こることを指す。「カスタマー・ジャーニー」と呼ばれるこのプロセスは，顧客が特定の製品・サービスの必要性や欲求に気づき，探し始め，それを提供できる企業や専門家と接触した瞬間から始まる[原注10]。顧客は，有益と思われる他の製品／サービスの情報を得たり，必要に応じて情報や支援を求めたりするために，連絡を取り続けることができる。製品／サービスが市場で最高であっても，全体的なカスタマー・エクスペリエンスが平凡であれば，顧客が購入に至る可能性は極めて低い。あるいは，その場限りの購

入や否定的なフィードバックにとどまるだろう。このことは，ほとんどの市場で競合他社が急増し，その多くが高品質の製品やサービスを提供している歴史的な瞬間である今日，特に当てはまる。ビジネス・イノベーション企業Beople（本書の著者の一人であるフラビオ・カニストラが数年にわたり共同研究を行っている）のマッテオ・フスコが言うように，「今日，状況は変わり，高品質の製品を作ることが必ずしも市場での成功を意味するわけではない」（Fareimpresa, 2015, p.36, 原著者訳）。というのも，今日，「品質」（医療用語では，モデル・アプローチ・治療の有効性，場合によっては効率性と定義できる）は，必要不可欠な条件であり，選択の余地がないほど重要な要素だからだ。ビジネスを成功させたいなら，その存在は譲れない。ただし，今日では品質だけでは十分ではない。

もしこの段階で読者が，公的であれ民間であれ，企業であれフリーランスであれ，このすべてが医療という文脈に当てはまるかどうかを疑うとしたら，それは上記の議論や根拠，さらには用語（例えば「カスタマー・エクスペリエンス」）が（イタリアを含む）医療現場で長年使われてきたという事実を忘れていることになる。また，方程式の重要な要素である「人」を過小評価していることになる。

SSTが，医療現場（メンタルヘルス関連，それ以外，公的，民間，企業，フリーランス）でますます成功を収め，その原理と質（すなわち有効性（第2章参照））が，厳密に医療を基盤としない文脈でも採用されているという事実は，少なくとも二つの要因によるものである。

一つは，SSTは，医療システムの適応ニーズに反映された，待機期間の短縮という人々のニーズに完全にマッチしているということである。有効性のデータの章ですでに見たように，SSTは，心理療法サービスの待機期間を大幅に短縮する力があることが研究で実証されている。たった1回のセッションで問題を解決する人の割合が多いおかげで，待機者リストが減り，他の人のためのスペースが空くのである（Weir, Wills, Young & Perlesz, 2008）。さらに，これはコスト削減にも反映され，質を落とすことなく低コストの診療を実施するという医療政策に完全に合致している（IBM, 2008）。これに加え，SSTは経済的・人的資源を再編成する機会を提供し，それを必要なところに向けることができ

る。言うまでもなく，研究でもバーンアウトの減少やスタッフの満足度の向上が示されている（Weir et al., 2008）。

　もう一つは，まもなくわかるように，SSTは個人の要求にさまざまな方法で応え，その人が望むものを与え，その人が助けられたいと望む方法で助けるということである。言い換えれば，SSTは最も適切な形でクライエントの体験にフィットし，それを支持するのである。より一般的には，それ自体が現在のウェルビーイングのニーズへの適切な対応であることを示している。

　その方法について見てみよう。

心理療法の変化と傾向

　メンタルヘルスの費用はトップに君臨している。

　米国国立精神衛生研究所によると，米国では毎年成人の約5人に1人（18.1％）が精神疾患を患っている（Center for Behavioral Health Statistics and Quality, 2015）。ヨーロッパでは，精神疾患に罹患している人の割合はさらに高いという調査結果が出ている。調査内容，面接期間，さまざまな条件（神経学的問題，薬物乱用，幼少期や思春期の虐待など）の包含・除外にもよるが，4人に1人（27％）以上が過去1年間に精神疾患に罹患していたことが示されている（Wittchen et al., 2011；Wittchen & Jacobi, 2005）

　イタリアでも，有病率はまだ高いものの，いくぶんましなようだ。5人に1人（18.3％）が一生の間に精神疾患に罹患し，過去1年間では20人に1人（7.3％）以上が罹患している（de Girolamo et al., 2006）。しかし，この数字は，メンタルヘルスの問題を抱えるイタリア人の有病率が約1,700万人（約29％（MES, 2013））いることを証明する，より最近の他のデータと一見矛盾している。

　前述したように，メンタルヘルスサービスにかかる費用は高額である。

　米国ではこうした費用は年間4,400億ドルを超えるが（PwC, 2015），欧州では7,980億ドル（Olesen, Gustavsson, Svensson, Wittchen & Jönsson, 2012）で，一人当たり年間平均5,500ユーロの費用がかかっている。MESのデータ（1,700万人のイタリア人精神疾患患者）に基づくと，支出は一人あたり年間約2,600ユーロである。これに間接的なコストを加えなければならない。例えば，いく

つかの研究によると，仕事の欠勤の40％は精神医学的問題によるものである（Guiotto, 2012）。また，「障害生存年数（YLD）」という観点から見ると，WHOは，うつ病が主要な疾患であり，世界中で7,000万～8,000万年の損失年数を費やしていると推定している。これは腰痛，糖尿病，偏頭痛で失われる年数よりも多い。トップ10では，アルコール依存症と不安障害が5位と6位に入っている（Smith, 2014）。

心理療法はこのデータを考慮に入れなければならないが，問題は深刻であり，特に公的支出の面でそうである。マイケル・F・ホイト（1995）は，『Brief Therapy and Managed Care : Readings for Contemporary Practice（ブリーフセラピーとマネージドケア）』の中で，世界の医療における共通点，すなわち費用対効果の高い治療の必要性を明らかにしている。コスト削減が，公的医療機関を含む多くの機関がSSTへの投資を決定する原動力となっていることは，偶然の一致ではないだろう（Weir et al., 2008）。

民間の医療施設やフリーランサーもまた，こうした問題に対処しなければならない。そうでなければ，さまざまな専門家グループが市場から締め出されたり，診療に苦労したり，制約に直面したりする危険性がある[原注11]。

イタリアでは専門家が過剰飽和しており（National Counsil of Psychologists' Orders の最新の分析によると，世界の心理士の約4分の1，ヨーロッパの心理療法士の3分の1がイタリアに居住している），メンタルヘルスサービスに対する需要は下がりそうにない。例えば，最近の研究によると，2005年と比較して，人々の身体的状態は平均的に改善されているものの，心理的ウェルビーイングは悪化している（BES, 2013）。

まとめると，ここまでのポイントは二つ。

一つは，メンタルヘルスは国家にとって大きなコストであり，米国などでは多くの保険会社が一定回数以上のセッションには保険金を支払わないため，事実上，長期の精神療法は除外されている。二つ目は，精神疾患の有病率が非常に高く，ヨーロッパの平均は27％である。

前述したように，イタリアの統計は良好で，精神疾患を患う人は「わずか」7.3％である[原注12]。しかし，特により広い視点からみたときに，この問題を過小評価すべきではない。国内の他の傾向にまで視野を広げれば，2000～2009年の

間(つまり金融危機以前の時期)に,抗うつ剤の使用は15.6%増加し(Ministry of Health, 2011),また,すでに述べたように,心理的ウェルビーイングも悪化している(BES, 2013)。(ヨーロッパの平均よりも精神疾患に苦しむ人が少ないという意味で)「好条件」に直面しているイタリアの心理療法は,前方を見据えた警戒を緩めてはならない。同時に,あまりにも見過ごされがちな,イタリア全土に共通する事実,すなわち精神医療へのアクセスの悪さにも対処する必要がある。実際,前述のデータの相対的なポジティブさは,別の事実に直面すると消えてしまう。イタリアのメンタルヘルスサービス利用率は,ヨーロッパ平均を大幅に下回っているのだ(de Girolamo et al, 2006)。

調査によると,精神疾患に苦しむ1,700万人のイタリア人のうち,77～92％が助けを求めていない(Ambrosi, 2014 ; Fiori Nastro et al., 2013 ; Società Italiana di Psichiatria, 2013)。

"なぜ"と問うとき,おそらく,利用しにくいと判断されたサービスに対する認識を考慮すべきだろう。これらはさまざまである。

1. **経済的側面**　民間では,問題解決のために10回,30回,50回,あるいはそれ以上のセッションを約束しなければならないと考えると,その時間を数百,あるいは数千ユーロに換算して計算した者は間違いなく落胆する[原注13]。
2. **時間に関連した側面**　現在の社会的・職業的風潮では,時間は貴重である。多くの人にとって,数回のセッションで結果が出ず,改善が見られないまま何年も,何カ月も,あるいは何週間もセラピーを受けなければならないのは耐え難いことだ[原注14]。同じ理由で,1～2週間に1回以上通うことは,多くの人にとって考えられない。
3. **社会文化的な側面**　イタリアでは近年,心理士に対する認知度が向上しているが(ENPAP, 2015),「病気」のレッテルを貼られることを恐れて彼ら(または他のメンタルヘルス専門家)を訪ねることへの抵抗感は依然として強い。この抵抗と時間の問題は,解決に時間がかかると「非常に深刻」な問題だと思われやすいことから,おそらく相互に強化し合っている。
4. **問題ベースと解決ベースに関わる側面**　多くの人が,自分の問題や提案さ

れた解決策（心理療法，カウンセリングなど）が適切でないと考え，専門医の診察を受けないという選択をしているという事実を見落としてはならない。例えば，自分にはあてはまらないという場合，問題が「相談に適していない」，解決策が「問題に対して不適切である」と考えられるかもしれない。繰り返しになるが，その答えは，個人のニーズを見極め，その具体的な要求に合わせたサービスを提供することにある。

これらの点に加えて，さらに深く研究されるべき点がある。例えば，時間の問題は紛れもなく深刻である。一般的に，民間医療機関を利用する人の72.6％は，公的医療機関の待機期間が長すぎるためにそうしている（Lacangellera, 2016）。特に精神科治療については，30日〜14カ月に及ぶ（Palma, 2016；Longhi, 2015；Prato, 2014）。私たちは，これらの数字が，SSTの普及と世界的な評価を説明するのに役立つと考えている。

現代の状況におけるSSTの役割と有用性

もちろん，SSTに特化した本でSSTの利点について語るのは簡単である。だが，この「新しい」治療モデルが，少なくとも今受けている関心の一部に値することを示唆する点がいくつかある。「新しい」と示したのは，すでに述べたように，この治療法が30年以上にわたって研究され，応用されてきたからである。その前身は前世紀まで遡ることができ，長く続いてきたと考えることができる。

しかし，こうした点を指摘しようとすれば，SSTに有利に働く要素もある。例えば，個人（クライエント，患者）の視点に立つと，社会的，文化的，経済的，さらには医療の変化が，認識や習慣の変化とどのように絡み合っているかに注目することは興味深いことである。また，間欠的療法やライフサイクルセラピー（lifecycle therapy）という概念は，心理療法を単に最初のセッションからn回目のセッションへと続く直線的な癒やしのプロセスとしてではなく，個人からその人生の特定の瞬間における特定の問題について「間欠的」に相談されるセラピストとしてとらえる心理療法のあり方を指すものとして，使われ

てきている（Cummings & Sayama, 1995）。私たちが言うところの"必要に応じたセラピスト"である。もし，これが伝統的な心理療法家にとって身の毛もよだつものであれば，患者はセラピストよりも心理療法に関心がないということを思い出させるHoyt（1999）の言葉を考えてみよう。患者は，良くなることに関心がある。変化する社会は人々を変え，その逆もまた然りである。そして，健康に関する専門家もまたそうしたことに合わせて変わらなければならない。

　社会的な傾向やマクロ的なニーズから見ても，SSTは少なくとも有用な答えを出すことができたようだ。待機患者を減らすその効力は，非常に肯定的な反応を得ている。Weirら（2008）は，さまざまな医療施設でSSTを実施した結果，待機者リストが47週間短縮されたことを明らかにしている。同様の研究により，医療費の削減（Hoyt & Talmon, 2014），オペレーターのバーンアウトの削減（Weir et al., 2008），他の医療利用の減少（Follette & Cummings, 1967），多様性の高いニーズへの迅速な対応（Slive & Bobele, 2011）などが示されている。

　例えば，SSTには，不適切な需要の管理という側面もあり，医療施設のコスト削減プロセスにうまくはまるだろう。その方針によれば，医療は，個人がその時点で提示した問題に適合するサービスを提供することで，**臨床的**に適切な方法で運営されることが期待されており，最低のコストで結果が得られるサービスを提供することで**経済的**に適切な方法で運営されることが期待されている。このことから，精神分析家のデヴィッド・マラン（David Malan, 1968, 1975）の考えを採用することができる。彼は，患者にセラピー（短期であれ長期であれ）をあてがう前に，まず1回，セッションを受けさせてみることが有効であると主張した。

　例を続けると，1回のセッションを受ける機会は，施設のサービスへのアクセスを減らすのではなく，むしろ高めることになる。待機者リストが減り，その結果，「no shows」（予約をしても，待機期間が長すぎるために来談しない人）が減るからだ。

　さらに，このような状況の中で，より柔軟でイノベーションに寛容な民間医療機関がますます大きな役割を果たすようになる一方で，経済的に苦境に立た

されている国家は，管理・提供の役割ではなく，舵取りや監視の役割を徐々に担うようになるかもしれない。民間の医療施設やフリーランサーは，オンラインですぐに利用できるサービスや解決策を求める市民に，ますます対応しなければならなくなるだろう。専門家は「アドバイザー」となり，サービス提供者となり，市民は，（単一のサービス提供という観点ではなく，全体として）より早く，より効果的で，より安価な治療を求めるようになるだろう。

　本書で繰り返し述べているように，私たちはSSTを奇跡的な解決法として紹介しようとしているのではない。すべてに有効な解決策がひとつだけあるなどと考えているわけでもない。むしろ，このアプローチは多様なニーズに対応するのに適していることが証明されており，場合によっては，一般的な科学的発展と改善のプロセスに従って，他の選択肢よりも優れていることもあれば，必要に応じて他の治療法を補ったり，取って代わったりしながら，他の治療法に有効な貢献をすることもある。

▶原注

1————この情報が常に正しいとは限らないこと，別の言い方をすれば，異なる真実が共存し，そのうちのいくつかは他のものよりも悪い結果をもたらす可能性があることは，このページでは扱わない。

2————著者の一人（フラビオ・カニストラ）は，新興企業，中小企業，大企業で数多くのビジネス・イノベーションコースを開催してきた。これらのコースで彼は常に，専門家や現代のビジネスパーソンは，過去の一部の人たちがそうであったように，自分たちの役割を単に店を開いて顧客がやってくるのを待つことだと考え続けることはできないと強調してきた。

3————今日，ビジネス研究において，ブランディングと顧客関係が以前よりずっと注目されているのは偶然ではない。一方では，ますますインフレが進む市場で，激化する競争から際立つ必要があり，他方では，顧客を惹きつけ，維持する方法を見つけることの重要性がある。

4————「良くなる」とは漠然とした言葉で，私たちが改善を求める以下のような広い領域を包含している。例えば，一般的な身体的・心理的健康問題や状態，家族やパートナーなどとの人間関係の問題や課題，職場に関連する対人関係や心理的・感情的問題，個人的な充足感に関連する問題や不満，倦怠感に対する治療の必要性に先立つ，より広範で一般的な精神的・身体的ウェ

ルビーイングの探求などである。WHOのウェルビーイングの定義（1948年にWHOの定款に追加）はよく知られている。「病気でないとか，弱っていないということではなく，肉体的に，精神的にも，そして社会的にも，すべてが満たされた状態にあること」

5———プライス・ウォーターハウス・クーパース（PwC）は，「専門的な監査サービス，経営・戦略コンサルティング，法律・税務コンサルティングを提供する国際的なネットワークである。［中略］プロフェッショナル・サービスの世界的リーダーであるPwCは，地球上で最も権威のある企業のひとつであり，いわゆる「ビッグ4」，すなわち4大監査法人の一員である」（Wikipedia, 2016a, 原著者訳）。PwCヘルス・リサーチ・インスティテュートはしばらくの間，米国のヘルスケアにおける最も重要なトレンドと発展の軌跡を追跡する年次文書である「Top Health Industry Issues」を作成してきた。

6———ベビーブーマーが1940年代半ば〜1960年代半ば，ジェネレーションXが1960年代半ば〜1980年代前半に生まれたように，ミレニアルズ（ジェネレーションY）は1980年代前半〜1990年代半ば／後半に生まれた欧米人である。この世代の特徴として，「コミュニケーション，メディア，デジタル技術の使用率が高く，使い慣れている」ことが挙げられる。世界の多くの地域で，ジェネレーションYの子ども時代は，1960年代の大変革に由来する，技術的で新自由主義的な教育アプローチが特徴的であった（Wikipedia, 2016b, 意訳）。

7———イントラモエニアとは，病院の医師が病院内で，病院の従業員としての勤務時間外に，患者が支払う料金で提供するサービスのことである。

8———トル・ヴェルガータ大学のCEIS（経済・国際研究センター）が実施した調査では，将来の健康についての可能なシナリオの一つとして，技術が進歩し続け，eヘルス（医療におけるコンピュータ化の勝利と表現される）が，慢性疾患の管理を低コストで行う上で重要な役割を果たすというものがある（IlSole24Ore, 2012）。

9———「サービスの質」という表現は非常に幅広く，絶対に優先されるべき「臨床的適切性」の問題だけでなく，サービスが提供される環境，つまり待ち時間，サービスが提供される施設，サービスを提供する人の態度や共感性なども含まれる。

10———カスタマー・ジャーニーの段階を説明する多様なモデルがある。一般的に，いくつかの共通する段階があり，それぞれにおいて，個人はサービスの特有の経験をすることになる（そして，企業や専門家はこれらのすべての段

階を見届けることが求められる）。主な段階は，ニーズ・欲望・問題などの認識，自分に適した企業・製品・サービスの検索，購入の決定，購入前，実際の購入，購入後であり，顧客にとっては購入したものの利益に関係し，企業にとっては顧客に連絡を取る機会を与えることに関係する。

11————例えば，De Schill & Lebovici（1999）は，精神分析が「ますます孤立し，治療のスペクトラムの中で，とりわけ医学や精神医学のトレーニングの中で，ますます最小限の役割を果たすことを余儀なくされる」危険性があると警告しており，Richards（2015）は，精神分析は社会経済的な変化を考慮した変容を遂げる必要があると考えている。後者は，アプローチにかかわらず，どのような形態の治療にも有効な提案であると考えられる。

12————状況を実際よりも悪く描くつもりは毛頭ないが，問題となっている研究（Wittchen et al., 2005 ; de Girolamo et al., 2006）では，不安障害（全般性不安障害，パニック障害，限局性恐怖症，社交不安障害，広場恐怖症，強迫性障害，心的外傷後ストレス障害），気分障害（大うつ病，気分変調症），アルコール乱用・依存症のみを対象としていることを念頭に置くべきである。精神病性障害やその他の感情的，行動的，心理的，人間関係的な不調は除外されている。加えて，この調査は18歳以上に限定され，10年以上前に実施されたものである（2013年のBES調査によれば，イタリアにおける心理的倦怠感は増加している）。したがって，イタリア人の7.3％が精神疾患に苦しんでいる（あるいはヨーロッパ人の27％が苦しんでいる）というのは，心理的問題の広さと複雑さを把握できていない，明らかに低い推定値である。

13————一部のメンタルヘルス専門家は，セッションのコストを大幅に下げたり，パッケージや特別オファーを提供したりすることで，このニーズに応えてきた（グルーポン効果を参照[訳注2]）。このような制度に先験的に反対するものではないが（専門家の倫理や基準を尊重するのであれば），サービスのコストを劇的に下げることは，最善の戦略ではないことが多い。実際，好むと好まざるとにかかわらず，サービスのコストはその価値に対する認識と直結している。低価格は低価値と結びつきやすく，高価値は価格を下げることで価値を下げやすい。この法則は，製品にもサービス（医療を含む）にも当てはまるが，最もよく知られている例のひとつが，社会心理学者のCialdini（1993）によって説明されたもので，彼は，宝石の値段を下げ続けても購入が伸びなかったことを語っている。しかし，その宝飾品が誤って当初よりかなり高い値段で売られると，購入率は急上昇した。この背景

にある考え方は，購入時（さらにはその前，査定時）である。「値段が低ければ，価値も低いに違いない」。今，心理療法家はこれまで以上に，この心理過程を考慮に入れなければならない。

14――――いくつかの研究によると，心理療法は最初のセッションで最大の効果をあげる（典型的には最初の7回以内（Howard, Kopte, Krause & Orlinsky, 1986））。その後，セッションが増えるにつれて，改善の程度は低下する傾向がある（詳細は他の章，およびHansen & Lambert, 2003 ; Brown, Dreis & Nace, 1999を参照）。

▶訳注

1――――この章で使われる民間医療機関という言葉は，民間の医療機関が実施する自由診療のことを指している。民間医療（代替医療）を行う医療機関のことではないことに留意されたい。

　イタリアは日本と同様に国民皆保険制度である（国民健康保険サービスSSN ; Servizio Sanitario Nazionale）。公立病院にかかる場合には，医療費はほぼ無料となる。

　一方，民間医療機関は，個人または企業（民間病院や民間の臨床センターなど）が医療サービスを提供しているもので，保険外診（自費診療）となる。

　民間医療機関の受診については，任意加入の民間医療保険に入ることで，無料，あるいは払い戻しを受けながら低額で受診することができる。

　この章でも述べられているように，イタリアの公的医療は悪化の一途をたどっており，サービスも悪く，待ち時間も長い。そのため，多くのイタリア人は公的医療機関と民間医療機関を併用している。

2――――グルーポンとはグループクーポンのこと，決められた人数の利用者が揃うと割引される仕組み。

付録A

SST事前質問票

(イタリアン・シングルセッション・セラピー・センター編集)

　研究の結果，取り組むべき目標を明確にすることで，セラピーの効果と効率が向上し，初回のセッションから結果が得られることがわかっています。
　そこで，以下の質問にお答えください。

1. 今日のセッションで達成したい目標は何ですか？

   _____
   _____
   _____

2. この目標に取り組む意欲をどの程度感じていますか？［当てはまる数字にXを付けてください］

   1☐　　2☐　　3☐　　4☐　　5☐　　6☐　　7☐　　8☐　　9☐　　10☐
   全くない　　　　　　　　　　　　　　　　　　　　　　　　　　　　非常にある

3. この目標を達成するために，あなたはどのような特徴や強み（リソース）を持っていますか？

   _____
   _____
   _____

4. 治療前に改善の兆しに気づく人もいます。ここ数日／数週間の間に，問題の克服に何らかの形で役立ちそうな改善や変化，あるいは単にいつもと違う行動に気づくことはありましたか。あなたの問題が以前と比べて改善したと思うかどうかに応じてXをつけてください。

悪化した	変わらない	わずかに良くなった	かなり良くなった	ほとんど改善した

付録 B

シングルセッションの視覚的評価（VASS）

（イタリアン・シングルセッション・セラピー・センター編集）

氏名：＿＿＿＿＿＿＿＿＿＿＿＿＿＿＿＿＿＿＿＿＿＿＿＿＿＿＿＿＿＿

年齢（歳）：＿＿＿＿＿＿　　性別：男／女　　　国籍：＿＿＿＿＿＿

宗教：＿＿＿＿＿＿＿＿＿＿＿＿　　最終学歴：＿＿＿＿＿＿＿＿＿＿＿

主訴：＿＿＿＿＿＿＿＿＿＿＿＿＿＿＿＿＿＿＿＿　　ID：＿＿＿＿＿＿

日付：＿＿＿＿＿＿＿＿＿＿＿＿＿

今の気分はいかがですか？

☹ ☹ 😐 🙂 😄

文　献

AA.VV. (2012), *Australian and New Zealand Journal of Family Therapy, 33 (1)*, special issue on Single-Session Therapy.

Adler A. (1925), *The practice and theory of individual psychology*, Routledge, London.

Alexander F., French T. M. (1946), *Psychoanalytic therapy: Principles and application*, Ronald Press, New York.

Allgood S. M., Parham K. B., Salts C. J., Smith T. A. (1995), The association between pre treatment change and unplanned termination in family therapy, *American Journal of Family Therapy, 23*, 195-202.

Altroconsumo (2012), Che la salute non diventi un lusso, *Cure mediche*. Consulted on 16 September 2016: www.altroconsumo.it/salute/diritti-del-malato/news/pagare-per-curarsi/download?ressourceUri=4C72 3F15202BBE1D4EF2148924724207BA96C430

Ambrosi E. (2014), Disagio psichico: 17 milioni di italiani ne soffrono in silenzio, *Il Fatto Quotidiano*. Consulted on 26 September 2016: http://www.ilfattoquotidiano.it/2014/02/12/disagio-psichico-17-milioni-di-italiani-soffrono-in-silenzio/878863/

American Psychological Association (2006), *Practice guidelines for the treatment of psychiatric disorders: Compendium 2006*, American Psychological Association, Washington, DC.

Anderson H., Goolishian H. A. (1988), Human systems as linguistic systems: Preliminary and evolving ideas about the implications for clinical practice, *Family Process, 27*, 371-393.（アンダーソン H., グーリシャン H.　野村直樹（著・訳）（2013）協働するナラティヴ　―グーリシャンとアンダーソンによる論文「言語システムとしてのヒューマンシステム」―　遠見書房）

Andrews G., Issakidis C., Carter G. (2001), Shortfall in mental health service utilization, *British Journal of Psychiatry, 179*, 417-25.

Angeretti E., Moè A., Pazzaglia F., De Beni R. (2007), Quando dire "bravo" non basta. Effetti della lode e dell'attribuzione all'impegno e all'abilità, *Psicologia e Scuola, 134*, 3-11.

ANSA (2017), *Incidenti stradali, 100 psicologi in aiuto di vittime e famiglie* (2017), redazione ANSA del 27/03/2017. Consulted online on 05 June 2017: http://www.ansa.it/canale_saluteebenessere/notizie/stili_di_vita/2017/03/27/incidenti-stradali100-psicologi-in-aiuto-vittime-e-famiglie_fff4c42a-558e-4524-86a8-a3b7c97808d6.html

Armento M. E. A., McNulty J. K., Hopko D. R. (2012), Behavioral activation of religious behaviors (BARB): Randomized trial with depressed college students. *Psychology of Religion and Spirituality, 4 (3)*, 206-222.

Asay T. R., Lambert M. J. (1999), The empirical case of the common factors in psychotherapy:

Quantitative findings. In M. A. Hubble, B. L. Duncan, & S. D. Miller (Eds.), *The heart and soul of change: What works in therapy*, American Psychological Association, Washington DC, pp. 23-55. doi:10.1037/11132-001

Askevold F. (1983), What are the helpful factors in psychotherapy for anorexia nervosa?, *International Journal of Eating Disorders, 2 (4)*, 193-1979. doi: 10.1002/1098-108X

Bados A., Balanguer G., Saldaña C. (2007), The efficay of cognitive behavioural therapy and the problem of drop-out, *Journal of Clinical Psychology, 63 (6)*, 585-592.

Baekeland F., Lundwall L. (1975), Dropping out of treatment: A critical review, *Psychological Bulletin, 82 (5)*, 738-783.

Baer J. S., Marlatt G. A., Kivlahan D. R., Fromme K., Larimer M. E., Williams E. (1992), An experimental test of three methods of alcohol risk reduction with young adults, *Journal of Consulting and Clinical Psychology, 60 (6)*, 974-979.

Baldwin S. A., Berkeljon A., Atkins D. C., Olsen J. A., Nielsen S. L. (2009), Rates of change in naturalistic psychotherapy: Contrasting dose-effect and good-enough level models of change, *Journal of Consulting & Clinical Psychology, 77*, 203-211.

Bandler R., Grinder J. (1975), *The structure of magic*, Science and Behaviour Books, Palo Alto.

Bandura A. (1971), *Social learning theory*, General Learning Press, New York.

Bandura A. (1996), Teoria socialcognitiva del pensiero e dell'azione morale, *Rassegna di psicologia, 1 (23)*.

Barbuto F., Cobras V., Ginnetti G. (2017), *Psicologia per migranti. Accoglienza e sostegno per rifugiati, profughi, richiedenti asilo e richiedenti asilo, dall'emergenza all'integrazione*, Sovera, Rome.

Barkham M., Shapiro D. A., Hardy G. E., Rees A. (1999), Psychotherapy in two-plus-one sessions: Outcomes from a randomized controlled trial of cognitive-behavioral and psychodynamic-interpersonal therapy, *Journal of Consulting and Clinical Psychology, 67*, 201-211.

Barrett M. S., Chua W., Crist-Christoph P., Gibbons M. B., Casiano D., Thompson D. (2008), Early withdrawal from mental health treatment: Implications for psychotherapy practice. *Psychotherapy: Theory, Research, Practice, Training, 45(2)*, 247-267.

Barrett R., Lapsley H., Agee M. (2012), "But they only came once!" The single session in career counselling, *New Zealand Journal of Counselling, 32 (2)*, 71-82.

Barros E. M. R., Barros E. L. R. (1999), A contemporaneidade em crise! De qual crise estamos falando? *Alter - Jornal de Estudos Psicodinâmicos, 18 (1)*, 77-85.

Başoğlu M., Salcioğlu E., Livanou M. (2007), A randomized controlled study of single-session behavioural treatment of earthquake-related post-traumatic stress disorder using an earthquake simulator, *Psychological Medicine, 37 (2)*, 203-213.

Başoğlu M., Salcioğlu E., Livanou M., Kalender D., Acar G. (2005), Single-session behavioral treatment of earthquake-related posttraumatic stress disorder: A randomized waiting list controlled trial, *Journal of Traumatic Stress, 18 (1)*, 1-11.

Bauman Z. (2000), *Liquid Modernity*, Polity, Cambridge.（バウマン Z.　森田典正（訳）(2001) リキッド・モダニティ　―液状化する社会―　大月書店）

Bauman Z. (2006), *Liquid Fear*, Polity, Cambridge.

Bauman Z., Bordoni, C. (2014), *State of Crisis*, Polity, Cambridge.

Bednar D., Curry R., Dane D., Fernandes B., Greenway G., Oke L., Rabinovich M., Sheehan, D. (2011), Evaluation of the quick access service at child & adolescent services in Hamilton. Report on Evaluation Implementation Grant EIG-1145 2009-2010 funded by the Provincial Centre for Excellence in Children's Mental Health at CHEO.

Berg I. K., Miller S. (1992), *Working with the problem drinker: A solution-focused approach*, Norton, New York.

Berman A. H., Forsberg L., Durbeej N., Källmén H., Hermansson, U. (2010), Single-session motivational interviewing for drug detoxification inpatients: Effects on self-efficacy, stages of change and substance use, *Substance Use and Misuse, 45*, 384-402.

Bertuzzi V., Fratini G., Tarquinio C., Cannistrà F., Giusti E. M., Granese V., Castelnuovo G., Edbrook-Childs J., Pietrabissa G. (*in press*), *Single Session Therapy for the treatment of anxiety disorders in youth and adults: a systematic review of the literature*.

Bhanot S., Young K. (2009), *An evaluation of Reach Out Centre for Kids walk-in clinic*, unpublished manuscript.

Blank S. (2016), *Entrepreneurs are Everywhere Show No. 42: Sunny Shah and Curt Haselton*. Consulted on 12 September 2016: steveblank.com/2016/09/10/entrepreneurs-are-everywhere-show-no-42-sunny-shah-and-curt-haselton/

Bloom B. L. (1975), *Changing patterns of psychiatric care*, Guilford Press, New York.

Bloom B. L. (1981), Focused single session therapy: Initial development and evaluation. In S. H. Budman (Ed.), *Forms of brief therapy*, Guilford Press, London, pp. 167-216.

Bloom B. L. (2001), Focused single-session psychotherapy: A review of the clinical and research literature, *Brief Treatment and Crisis Intervention, 1 (1)*, 75-86.

Bobele M., Lopez S. G., Scamardo M., Solórzano B. (2008), Single-Session walk-in therapy with Mexican-American clients, *Journal of Systemic Therapies, 27 (4)*, 75-89.

Bobele M., Slive. A. (2012), One session at a time: When you have a whole hour. In M. Hoyt & M. Talmon, Capturing the moment. *Single session therapy and walk-in services*, Crown House, Bancyfelin, UK, pp. 95-119.

Bohart A. C., Tallman K. (1999), *How clients make therapy work. The process of active self-healing*, American Psychological Association, Washington DC.

Bohart A. C., Tallman K. (2010), Clients: The neglected common factor in psychotherapy. In B. L. Duncan, S. D. Miller, B. E. Wampold, M. A. Hubble (Eds.), *The heart & soul of change. Delivery what works in therapy*. 2nd edition, American Psychological Association, Washington D.C., pp. 83-112.

Boren S. A., Balas E. A. (1999), Evidence-based quality measurement, *Journal of Ambulatory Care Management, 22 (3)*, 17-23.

Boscolo L., Cecchin G., Hoffman L., Penn P. (1987), *Milan Systemic Family Therapy: Conversations in theory and practice*, Basic Books, New York.

Boyhan P. A. (1996), Clients' perceptions of single session consultations as an option to waiting for family therapy, *Australian and New Zealand Journal of Family Therapy, 17 (2)*, 85-96.

Brandt L. W. (1965), Studies of "dropout" patients in psychotherapy: A review of findings, *Psychotherapy: Theory, Research and Practice, 2*, 2-13.

Breitholtz E., Öst L. G. (1997), Altmetric Original Articles Therapist behaviour during one-session exposure treatment of spider phobia: Individual vs group setting, *Scandinavian Journal of Behavioral Therapy, 26 (4)*, 171-180.

Brown J., Dreis S., Nace, D. K. (1999), What really makes a difference in psychotherapy outcome? Why does managed care want to know? In M. A. Hubble, B. L. Duncan, S. D. Miller (Eds.), *The heart and soul of change: What works in therapy*, American Psychological Association, Washington, D.C., pp. 389-406.

Budman S. H., Gurman A. S. (1988), *Theory and practice of brief therapy*, Guilford, New York/London.

Budman S. H., Hoyt M. H., Friedman S. (1993), *The first session in brief therapy*, Guilford, New York.

Buono A., Moore R., Poulfelt F., Nielsen R. K., Schultz M., Yaeger T. (2013), *Co-Creating Actionable Research*, Professional Development Workshop presented at the Academy of Management 2013 Annual Meeting, Lake Buena Vista - Florida, USA.

Burnett B., Evans D. (2016), *Designing your life: Build a life that works for you*, Chatto & Windus, London.

Cameron C. (2007), Single session and walk-in psychotherapy: A descriptive account of the literature, *Counselling and Psychotherapy Research, 7 (4)*, 245-249. doi:10.1080/14733140701728403

Campbell A. (1999), Single Session Interventions: An example of clinical research in practice, *Australian & New Zealand Journal of Family Therapy, 20 (4)*, 183-194.

Campbell A. (2012), Single-session approaches to therapy: Time to review, *Australian and New Zealand Journal of Family Therapy, 33 (1)*, 15-26.

Cannistrà, F. (2019a). L'elemento dimenticato: il cliente. In A. Alberini, P. Pirro (a cura di), *Verso il benessere. Andare oltre il problema: una chiave per l'autorealizzazione*, Compagnia Editoriale Aliberti, Correggio, pp. 29-49.

Cannistrà F. (2019b), A violent life: Using Brief Therapy "Logics" to Facilitate Change. In M. F. Hoyt, M. Bobele (Eds.), *Creative therapy in challenging situations*, Routledge, New York, pp. 47-57.

Cannistrà F. (2021), The vital role of the therapist's mindset. In M. F. Hoyt, J. Young, P. Rycroft, *Single session thinking and practice in global, cultural, and familial contexts: expanding applications*, Routledge, New Yok, pp. 77-88.

Cannistra F., Piccirilli F., D'Alia P. P., Giannetti A., Piva L., Gobbato F., Guzzardi R., Ghisoni A., Pietrabissa G. (2020), Examining the incidence and clients' experiences of Single Session Therapy in Italy: a feasibility study, *Australian and New Zealand Journal of Family Therapy, 41 (3)*, 271-282.

Cannistrà F., Pietrabissa G., D'Alia P. P., Ghisoni A., Giannetti A., Gobbato F., Guzzardi R., Piccirilli F., Piva L. (2020), Single-Session Therapy. Preliminary results in Italy. Awaiting publication.

Caputo A. (2009/2010), *Tecniche di ricerca sociale. Assunti di base*, Slide del corso. Consulted online on 03 July 2017: www.federica.unina.it/sociologia/tecniche-di-ricerca-sociale/assunti-di-base

Carpetto G. (2008), *Interviewing and brief therapy strategies: An integrative approach*, Pearson, Atlanta, GA.

Carroll K. M., Libby B., Sheehan J., Hyland N. (2001), Motivational interviewing to enhance treatment initiation in substance abusers: An effectiveness study, *American Journal on Addictions, 10*, 335-339.

Cavicchi I. (2015), Questione medica. Come uscire dalla palude, *Quotidiano Sanità*. EBook online: www.quotidianosanita.it/cavicchi.php

Censis (2012), *Più spesa privata, meno qualità dei servizi: cosa resta dopo i tagli in sanità*. Consulted on 16 September 2016: www.censis.it/7?shadow_comunicato_stampa=115740

Censis (2016), *Dalla fotografia dell'evoluzione della sanità italiana alle soluzioni in campo. Sintesi dei principali risultati*. Consulted on 16 September 2016: www.quotidianosanita.it/allegati/allegato7071037.pdf

Center for Behavioral Health Statistics and Quality (2015), Behavioral health trends in the United States: Results from the 2014 National Survey on Drug Use and Health. (HHS Publication No. SMA 15-4927, NSDUH Series H-50). Consulted on 26 September 2016: www.samhsa.gov/ data/

Cialdini R. (1993), *The psychology of persuasion*, 2nd edition, Quill William Morrow & Co., New York.

Cialdini R. (2016), *Pre-suasion. A revolutionary way to influence and persuade*, Simon & Schuster, New York.

Cittadinanza Attiva (2015), *XVIII Rapporto Pit Salute. Sanità pubblica, accesso privato*, Franco Angeli, Roma.

Claiborn C. D., Goodyear R. (2005), Feedback in psychotherapy, *Journal of Clinical Psychology, 61 (2)*, 209-217. doi: 10.1002/jclp.20112

Claiborn C. D., Goodyear R. K., Horner P. A. (2001), Feedback, *Psychotherapy: Theory, Research, Practice, Training, 38 (4)*, 401-405.

Claiborn C. D., Goodyear R. K., Horner P. A. (2002), Feedback. In J.C. Norcross(Ed.), *Psychotherapy relationships that work*, Oxford University Press, New York, pp. 217-233.

Clark T., Osterwalder A., Pigneur Y. (2012), *Business model you*, Wiley, New Jersey.

Comitato Nazionale per la Bioetica (1992), Informazione e consenso all'atto medico, *Società e istituzioni*, Presidenza del consiglio dei ministri, dipartimento per l'informazione e l'editoria.

Cooper S., Archer J. Jr. (1999), Brief therapy in college counseling and mental health, *Journal of American College Health, 48 (1)*, 21-28. doi: 10.1080/07448489909595668

Copeland J., Swift W., Roffman R., Stephens R. (2001), A randomized controlled trial of brief cognitive-behavioral interventions for cannabis use disorder, *Journal of Substance Abuse Treatment, 21 (2)*, 55-64.

Coverley C. T., Garrald M. E., Bowman F. (1995), Psychiatric intervention in primary care for mothers whose schoolchildren have psychiatric disorder, *British Journal of General Practice, 45*, 235-237.

Cummings N. A. (1990), Brief intermittent psychotherapy throughout the life cycle. In J. K. Zeig & S. G. Gilligan (Eds.), *Brief therapy: Myths, methods, and metaphors*, Brunner/Mazel, New York, pp. 169-184.

Cummings N. A., Sayama, M. (1995), *Focused psychotherapy: A casebook of brief, intermittent psychotherapy throughout the life cycle*, Brunner/Mazel, New York.

Cunningham B. (1976), Action research: Towards a procedural model, *Human Relations, 29 (3)*, 215-238.

Curtis A., Whittaker A., Stevens S., Lennon A. (2010), Single session family intervention in a local authority family centre setting, *Journal of Social Work Practice, 16 (1)*, 37-41. doi: http://dx.doi.org/10.1080/02650530220134746

De Giacomo P., Margari F., Santoni Rugiu A. (1989), Short-term interactional therapy of anorexia nervosa, *International Journal of Family Psychiatry, 10 (1/2)*, 111-122.

De Girolamo G., Bassi M., Neri G., Ruggeri M., Santone G., Picardi A. (2007), The current state of mental health care in Italy: Problems, perspectives, and lessons to learn, *European Archives of Psychiatry and Clinical Neurosciences, 257*, 83-91. doi: 10.1007/s00406-006-0695-x

De Girolamo G., Polidori G., Morosini P., Scarpino V., Reda V., Serra G., Mazzi F., Alonso J., Vilagut, G., Visonà G., Falsirollo F., Rossi A., Warner R. (2006), Prevalence of common mental disorders in Italy. Results from the European Study of the Epidemiology of Mental Disorders (ESEMeD), *Social Psychiatry and Psychiatric Epidemiology, 41*, 853-861.

De Koster K., Devisé I., Flament I., Loots G. (2004), Two practices, one perspective, many constructs: On the implication of social constructionism on scientific research and therapy, *Brief Strategic and Systemic Therapy European Review, 1*, 74-80.

Del Castello E., Loriedo C. (1995), *Tecniche dirette e indirette in ipnosi e psicoterapia*, Franco Angeli, Milan.

Denner S., Reeves S. (1997), Single session assessment and therapy for new referrals to CMHTS, *Journal of Mental Health, 6 (3)*, 275-280. doi: 10.1080/09638239718806

De Schill S., Lebovici S. (Eds) (1999), *The challenge to pyschoanalysis and psycho-herapy*, Jessica Kingsley Publishers, London.

de Shazer S. (1984), The death of resistance, *Family Process, 23 (11)*, 11-17.

de Shazer S. (1988), *Clues: Investigating solutions in brief therapy*, Norton, New York.

de Shazer S., Berg I. K., Lipchik E., Nunnally E., Molnar A., Gingerich W., Weiner-Davis M. (1986), Brief therapy: Focused solution development, *Family Process, 25 (2)*, 207-221.

de Shazer S., Dolan Y. M., Korman H., Trepper T. S., McCollum E. E., Berg I. K. (2006), *More than miracles: The state of the art of solution focused therapy*, Haworth Press, New York.

Doran G. T. (1981), There's a S.M.A.R.T. way to write management's goals and objectives, *Management Review, 70 (11)*, 35-36.

Dryden W. (2016), *When time is at a premium: Cognitive behavioural approaches to single-session therapy and very brief coaching*, Rationality Publications, London.

Dryden W. (2017), *Single session integrated cognitive behaviour therapy (SSI-CBT: Distinctive features*, Routledge, New York.

Duan W., Bu H. (2017), Randomized trial investigating of a single-session character-strength-based cognitive intervention on freshman's adaptability, *Research on Social Work Practice*, online. https://doi.org/10.1177/1049731517699525

Ducci G. (1995), La semina: un paradigma dello stile psicoterapeutico di Erickson. In E. Del Castello, C. Loriedo(Eds.), *Tecniche dirette e indirette in ipnosi e psicoterapia*, Franco Angeli, Milan., pp. 52-61.

Duncan B. L., Miller S. D. (2000), The client's theory of change: Consulting the client in the integrative process, *Journal of Psychotherapy Integration, 10 (2)*, 169-187.

Duncan B. L., Miller S. D. (2004), *The heroic client. A revolutionary way to improve effectiveness through client-directed, outcome-informed therapy*, Jossey-Bass, San Francisco, CA.

Duncan B. L., Miller S. D., Sparks J., Claud D., Reyenolds L., Brown J., Johnson L. (2003), The Session rating scale: Preliminary psychometric property of a "working" alliance measure, *Journal of Brief Therapy, 3 (1)*, 3-12.

Durlak J. A., DuPre E. P. (2008), Implementation matters: A review of research on the influence of implementation on program outcomes and the factors affecting implementation, *American Journal of Community Psychology, 41 (3-4)*, 327-350.

Duvall J., Young K., Kays-Burden A. (2012), *No more, no less: Brief mental health services for children and youth*. Consulted online on 07 February 2017: http://www.excellenceforchildandyouth.ca/sites/default/files/policy_brief_mental_health_services_1.pdf

Dweck C. (2008), Mindsets and math/science achievement. Teaching & leadership: managing for effective teachers and leaders, *Paper prepared for the Carnegie-IAS Commission on Mathematics and Science Education*, New York.

Dweck C. (2012), *Mindset: How you can fulfil your potential*, Hachette, UK.

Eco U. (2015), La società liquida, *L'Espresso*. Consulted on 09 September 2016: espresso.repubblica.it/opinioni/la-bustina-di-minerva/2015/05/27/news/la-societa-liquida-1.214625

Eliot T. S. (1944), *Four Quartets*, Faber & Faber, London. （エリオット T. S. 岩崎宗治（訳）（2011）四つの四重奏　岩波文庫）

ENPAP - Ente Nazionale di Previdenza ed Assistenza per gli Psicologi (2015), Posizionamento e promozione della figura dello psicologo.

Erickson M. H. (1966), The interspersal technique for symptom correction and pain control, *American Journal of Clinical Hypnosis, 8*, 198-209.

Erickson M. H. (1967), *Advanced techniques of hypnosis and therapy*, Grune & Stratton, New York/London.

Fabris G. (1995), *Consumatore & mercato. Le nuove regole*, Sperling & Kupfer, Milan.

Fabris G. (2003), *Il nuovo consumatore: verso il postmoderno*, Franco Angeli, Rome.

Fareimpresa (2015), CESAR Ed., Vicenza

Fester D. J., Newman F. L., Rice C. (2003), Longitudinal analysis when the experimenters does not determine when treatments end: What is dose response?, *Clinical Psychology and Psychotherapy, 10 (6)*, 352-360.

Feuerstein R., Feuerstein R., Falik L., Rand Y. (2006). *The Feuerstein Instrumental Enrichment Program*, ICELP Publications, Jerusalem.

Findlay R. (2007), A mandate for honesty, Jeff Young's No Bullshit Therapy: An interview. *Australian and New Zealand Journal of Family Therapy, 28 (3)*, 165-170.

Fiori Nastro P., Armando M., Righetti V., Saba R., Dario C., Carnevali R., Birchwood M., Girardi P. (2013), Disagio mentale in un campione comunitario di giovani adulti: l'help-seeking in un modello generalista di salute mentale, *Rivista di psichiatria, 48 (1)*, 60-66.

Fisch R., Schlanger, K. (2002), *Brief therapy with intimidating cases*, Jossey-Bass, San Francisco, CA.（フィッシュ R., シュランガー K. 長谷川啓三（訳）(2001) 難事例のブリーフセラピー —MRIミニマルシンキング— 金子書房）

Fisch R., Weakland J. H., Segal L. (1982), *The tactics of change. Doing therapy briefly*, Jossey-Bass, San Francisco, CA.（フィッシュ R., ウィークランド J. H., シーガル L. 岩村由美子（訳）(1986) 変化の技法 —MRI短期集中療法— 金剛出版）

Fisch R., Weakland J. H., Watzlawick P., Segal L., Hoebel F. C., Deardorff C. M. (1975), *Learning brief therapy: An introduction manual*, Mental Research Institute, Palo Alto, CA.

Follette W. T., Cummings N. A. (1967), Psychiatric services and medical utilization in a prepaid health care setting, *Medical Care, 5*, 25-35.

Fook J., Ryan M., Hawkins L. (1997), Towards a theory of social work expertise, *British Journal of Social Work, 27 (2)*, 399-417.

Frank J. D., Frank J. B. (1993), *Persuasion and healing: A comparative study of psychotherapy*. 3rd edition, Johns Hopkins University Press, Baltimore and London.（フランク J., フランク J. 杉原保史（訳）(2007) 説得と治療 —心理療法の共通要因— 金剛出版）

Freidson E. (2002), *La dominanza medica. Le basi sociali della malattia e delle istituzioni sanitarie*, Franco Angeli, Rome.

Freud S., Breuer J. (1893-1895), Studies on hysteria, *The Standard Edition of the Complete Psychological Works of Sigmund Freud*, Vol. II. The Hogarth Press and the Institute of Psycho-Analysis, London 1955.

Garfield S. D. (1986), Research on client variables in psychotherapy. In S. L. Garfield, A. E. Bergin (Eds.), *Handbook of psychotherapy and behavior change* (3rd edition), Wiley, New York, pp. 213-256.

Gasperoni G., Marradi A. (1996), Metodo e tecniche nelle scienze sociali. In *Enciclopedia delle scienze sociali*. Consulted online on 03 July 2017: www.treccani.it/enciclopedia/metodo-e-tecniche-nelle-scienze-sociali_%28Enciclopedia-delle-scienze-sociali%29/

Gawrysiak M., Nicholas, C. R. N., Hopko, D. R. (2009), Behavioral activation for moderately depressed university students: Randomized controlled trial, *Journal of Counseling Psychology, 56 (3)*, 468-475.

Gergen K. (1999), *An invitation to social constructionism*, Sage, London.

Geyerhofer S., Komori Y. (2004), Integrating post-structuralist models of brief therapy, *Brief Strategic and Systemic Therapy European Review, 1*, 46-64.

Goodman D., Happell B. (2006), The efficacy of family intervention in adolescent mental health, *International Journal of Psychiatric Nursing Research, 12 (1)*, 1364-1377.

Gordon D., Meyers-Anderson M. (1981), *Phoenix: Therapeutic patterns of Milton H. Erickson*, Meta Publications, Capitola, CA.

Grasso M., Lombardo G. P., Pinkus L. (1988), *Psicologia clinica*, La Nuova Italia Scientifica, Rome.

Gregory S. (2010), Medico-paziente: un rapporto in crisi, *XXI Secolo*. Consulted on 09 September 2016: www.treccani.it/enciclopedia/medico-paziente-un-rapporto-in-crisi_(XXI-Secolo)

Goulding M. M., Goulding R. L. (1979), *Changing lives through redecision therapy*, Brunner/Mazel, Rome.

Grimshaw J. M., Eccles M. P. (2004), Is evidence-based implementation of evidence-based care possible?, *Medical Journal of Australia, 180*, S50-S51.

Grotjahn M. (1946), Case C. In F. Alexander, T. M. French (1946), *Psychoanalytic therapy: Principles and application*, Ronald Press, New York.

Guiotto M. (2012), Lievitano i casi e i costi delle malattie mentali, *Aboutpharma*. Consulted online on 26 September 2016: www.aboutpharma.com/blog/2012/04/10/lievitano-i-casi-e-i-costi-delle-malattie-mentali/

Gulley C. C., Hwang D., Ho S., Petrilla J. C., Chang N. S., Chang J. W., Kim J. B., Woodrum R., Becker K. A. (2013), Effectiveness of a single-session cognitive behavioral therapy program in a large group setting for insomnia and impact on healthcare utilization, *Sleep, 36*, Abstract Supplement, Abstract 0555.

Haley J. (1973), *Uncommon therapy*. The psychiatric techniques of Milton Erickson, M. D., Norton & Co., New York.

Haley J. (1977), *Problem solving therapy*, Jossey-Bass, San Francisco.

Hampson R., O'Hanlon J., Franklin A., Pentony M., Fridgant L., Heins T. (1999), The place of Single Session Family Consultations: Five years' experience in Canberra, *Journal of Family Therapy, 20 (4)*, 195-200. doi: 10.1111/j.0814-723X.1999.00129.x

Hansen N. B., Lambert, M. J. (2003), An evaluation of the dose-response relationship in naturalistic treatment settings using survival analysis, *Mental Health Services Research, 5*, 1-12.

Hansen N. B., Lambert M. J., Forman E. M. (2002), The psychotherapy dose-response effect and its implications for treatment delivery services, *Clinical Psychology: Science and Practice, 9 (3)*, 329-343.

Harnett P., O'Donovan A., Lambert M. J. (2010), The dose response relationship in psychotherapy: Implications for social policy, *Clinical Psychologist, 14 (2)*, 39-44.

Hauner K. K., Mineka S., Voss J. L., Paller K. A. (2012), Exposure therapy triggers lasting reorganization of neural fear processing, *Proceeding of the National Academy of Sciences, 109 (23)*, 9203-9208. doi: 10.1073/pnas.1205242109

Hillman J. (1992), *The Thought of the Heart and the Soul of the World*, Spring Pubns, Thompson, CT.

Hobsbawm E. J. (1994), *The age of extremes: The short twentieth century, 1914-1991*, Michael Joseph, London.

Hoffman L. (1992), A reflexive stance for family therapy. In S. McNamee, K. J. Gergen (Eds.), *Therapy as social construction*, pp. 21-29. Sage, London.（マクナミー S.，ガーゲン K. J.（編）野口裕二・野村直樹（訳）（2014）ナラティヴ・セラピー ―社会構成主義の実践― 遠見書房）

Holst M., Willenheimer R., Mårtensson J., Lindholm M., Strömberg A. (2006), Telephone follow-up of self-care behaviour after a single session education of patients with heart failure in primary health care, *European Journal of Cardiovascular Nursing, 6*, 153-159.

Howard K. I., Kopte S. M., Krause M. S., Orlinsky D. E. (1986), The dose-effect relationship in psychotherapy, *American Psychologist, 41*, 159-164.

Howe D. (1993), *On being a client: Understanding the process of counseling and psychotherapy*, Sage, London.

Hoyt M. F. (Ed.) (1994a), *Constructive therapies*, Guilford Press, New York-London.

Hoyt M. F. (1994b), Single session solutions. In M. F. Hoyt (Ed.), *Constructive therapies*, Guilford Press, New York, pp. 140-159.

Hoyt M. F. (1995), *Brief therapy and managed care*, Jossey-Bass, San Francisco.

Hoyt M. F. (Ed.) (1996a), *Constructive therapies, Vol. 2*, Guilford Press, New York.

Hoyt M. F. (1996b), Postmodernism, the relational self, constructive therapies, and beyond: A conversation with Kenneth Gergen. In M. F. Hoyt (Ed.), *Constructive therapies, Vol. 2*, Guilford Press, New York, pp. 347-368.

Hoyt M. F. (Ed.) (1998), *The handbook of constructive therapies*, Jossey-Bass, San Francisco.

Hoyt M. F. (2000a), *Some stories are better than others: Doing what works in brief therapy and managed care*, Brunner/Mazel, Philadelphia.

Hoyt M. F. (2000b), A single-session therapy retold: Evolving and restoried understandings. In M. F. Hoyt, *Some stories are better than others*, Brunner Mazel, Philadelphia, pp. 169-188.

Hoyt M. F. (2009), *Brief psychotherapies: Principles and practices*, Zeig, Tucker, & Theisen, Phoenix, AZ.

Hoyt M. F. (2014), Psychology and my gallbladder: An insider's account of a single session therapy. In M. F. Hoyt, M. Talmon (Eds.), *Capturing the moment: Single session therapy and walk-in services*, Crown House Publishing, Bethel, CT, pp. 53-72.

Hoyt M. F. (2018), *Brief therapy and beyond: Stories, language, love, hope, and time*, Routledge (Taylor & Francis), New York.

Hoyt M. F., Bobele M., Slive A., Young J., Talmon, M. (Eds.) (2018), *Single-session therapy by walk-in or appointment: Administrative, clinical and supervisory aspects*, Routledge, New York.

Hoyt M. F., Rosenbaum R., Talmon, M. (1987), *Single-session psychotherapy: Increasing effectiveness and training clinicians*, Unpublished paper presented at the American Psychological Association, New York.

Hoyt M. F., Rosenbaum R., Talmon, M. (1990), Effective single-session therapy: Step-by-step guidelines. In M. Talmon, *Single session therapy: Maximizing the effect of the first (and often only) therapeutic encounter*, Jossey-Bass, San Francisco, pp. 43-60.

Hoyt M. F., Rosenbaum R. L., Talmon M. (1992), Planned single-session psychotherapy. In S. H. Budman, M. F. Hoyt, S. Friedman (Eds.), *The first session in brief therapy*, Guilford Press, New York, pp. 59-86.

Hoyt M. F., Talmon, M. (Eds.) (2014a), *Capturing the moment. Single session therapy and walk-in services*, Crown House, Bancyfelin, UK.

Hoyt M. F., Talmon, M. (2014b), Editors' introduction: Single session therapy and walk-in services. In M. F. Hoyt, M. Talmon (Eds.), *Capturing the moment. Single session therapy and walk-in services*, Crown House, Bancyfelin, UK, pp. 2-26.

Hoyt M. F., Young J., Rycroft P. (2021), *Single session thinking and practice in global, cultural, and familial contexts: expanding applications*, Routledge, New York.

Hunsley J., Aubry T. D., Verstervelt C. M., Vito D. (1999), Comparing therapist and client perspective on reasons for psychotherapy termination, *Psychotherapy: theory, research, practice, training, 37 (4)*, 380-388.

Hurn R. (2005), Single-session therapy: Planned success or unplanned failure? *Counselling Psychology Review, 20 (4)*, 33-40.

Hymmen P., Stalker C. A., Cait C. (2013), The case for single-session therapy: Does the empirical evidence support the increased prevalence of this service delivery model? *Journal of Mental Health, 22 (1)*, 60-71. doi: 10.3109/09638237.2012.670880

IBM Global Business Services (2008), *La sanità e l'assistenza sanitaria nel 2015*. Consulted on 09 September 2016: http://www-05.ibm.com/innovation/it/smartercity/assets/pdf/assistenzasanitaria2015.pdf

IlSole24Ore (2012), Il futuro del servizio sanitario in Europa e in Italia. I report di Economist e CEIS Tor Vergata, *Sanità*. Consulted on 16 September 2016: http://aemmedi.sezioniregionali.it/files/160833236_0GHSE0_futuro_servizio_sanitario_CEIS.pdf

IlSole24Ore (2015), Salute, gli italiani si informano sul web ma non rinunciano al medico, *Sanità*. Consulted on 16 September 2016: http://salute24.ilsole24ore.com/articles/18273-salute-gli-italiani-si-informano-sul-web-ma-non-rinunciano-al-medico

Iveson C., George E., Ratner H. (2014), Love is all around: A solution-focused Single Session Therapy. In M. Hoyt, M. Talmon (Eds.), *Capturing the moment. Single session therapy and walk-in services*, Crown House, Bancyfelin, UK, pp. 325-348.

James W. (2010), *The will to believe*, The Floating Press, Auckland. (ジェイムズ W. 福鎌達夫（訳）(2015) W・ジェイムズ著作集 2 信ずる意志 日本教文社)

Jarero I., Uribe S. (2011), The EMDR protocol for recent critical incidents: Brief report of an application in a human massacre situation, *Journal of EMDR Practice and Research, 5 (4)*, 156-165.

Jevne R., Zingle H., Ryan D., McDougall C., Moretmore E. (1995), Single-session therapy for teachers with a health disabling condition, *Employee Counselling Today, 7 (1)*, 5-11.

Job V., Dweck C. S., Walton G. M. (2010), Ego depletion - Is it all in your head? Implicit theories about willpower affect self-regulation, *Psychological Science, 21 (11)*, 1686-1693.

Johnson L. N. (1995), Noticing pre-treatment change: Effects on therapeutic outcome in family therapyy (Doctoral dissertation). Consulted on 17 March 2017: http://digitalcommons.usu.edu/cgi/viewcontent.cgi?article=3404&context=etd

Jones T., Lookatch S., Moore T. (2013), Effects of a single session group intervention for pain management in chronic pain patients: A pilot study, *Pain and Therapy, 2 (1)*, 57-64.

Jones W. P., Kadlubek R. M., Marks W. J. (2006), Single-session treatment: A counseling paradigm for school psychology, *The School Psychologist, 60*, 112-115.

Jordan K., Quinn W. H. (1994), Session two outcome of the formula first session task in problem- and solution-focused approaches, *The American Journal of Family Therapy, 22, (1)*, 3-16. doi: http://dx.doi.org/10.1080/01926189408251293

Kaffman M. (1990), *Single-Session interventions in the kibbutz setting*. Unpublished manuscript.

Kaffman M. (1995), Brief therapy in the Israeli kibbutz, *Contemporary Family Therapy, 17 (4)*, 449-468.

doi:10.1007/BF02249356

Kashdan T.B., Adams L., Read J., Hawk L. Jr. (2012), Can a one-hour session of exposure treatment modulate startle response and reduce spider fears?, *Psychiatry Research, 196*, 79-82. doi: 10.1016/j.psychres.2011.12.002

Kellner R., Neidhardt J., Krakow B., Pathak D. (1992), Changes in chronic nightmares after one session of desensitization or rehearsal instructions, *American Journal of Psychiatry, 149 (5)*, 659-663.

Kogan L. S. (1957a), The short-term case in a family agency, *Social Casework, 38*, 231-238.

Kogan L. S. (1957b), The short-term case in a family agency, *Social Casework, 38*, 296-302.

Kogan L. S. (1957c), The short-term case in a family agency, *Social Casework, 38*, 366-374.

Koss M. P. (1979), Length of psychotherapy for clients seen in private practice, *Journal of Consulting and Clinical Psychology, 47 (1)*, 210-212.

Kozak A. T., Spates C. R., McChargue D. E., Bailey K. C., Schneider K. L., Liepman M. R. (2007), Naltrexone renders one-session exposure therapy less effective: A controlled pilot study. *Journal of Anxiety Disorders, 21 (1)*, 142-152.

Kutz I., Resnik V., Dekel, R. (2008)., The effect of single-session modified EMDR on acute stress syndromes, *Journal of EMDR Practice and Research, 2 (3)*, 190-200.

Lacangellera D. (2016), Liste d'attesa incubo, e aumenta la spesa sanitaria privata(per chi può pagarsela), *Agipress*. Consulted on 3 October 2016: www.agipress.it/speciali/liste-d-attesa-incubo-e-aumenta-la-spesa-sanitaria-privata-per-chi-puo-pagarsela.html

Lambert M. J. (1986), Implications of psychotherapy outcome research for eclectic psychocounseling. In J. C. Norcross (Ed.), *Handbook of eclectic psychotherapy*, Brunner/Mazel, New York, pp. 436-462.

Lambert M. J. (2010), "Yes, it is time for clinicians to routinely monitor treatment outcome". In B. L. Duncan, S. D. Miller, B. E. Wampold, M. A. Hubble (Eds.), *The heart and soul of change*, American Psychological Association, Washington, DC.

Lamprecht H., Laydon C., McQuillan C., Wiseman S., Williams L., Gash A., Reilly J. (2007), Single-session solution-focused brief therapy and self-harm: A pilot study, *Journal of Psychiatric and Mental Health Nursing, 14 (6)*, 601-602. doi: 10.1111/j.1365-2850.2007.01105.x

Lawson A., McElheran N., Alive, A. (2006), *Why clients return to a single session walk-in counseling service.* Unpublished manuscript.

Lawson D. (1994), Identifying pretreatment change, *Journal of Counseling and Development, 72*, 244-248.

Lazarus A. A. (1971), *Behavior therapy and beyond*, McGraw-Hill, Washington, DC.

Lerner Y., Levinson D. (2012), Dropout from outpatient mental health care: Results from the Israel National Health Survey, *Social Psychiatry and Psychiatric Epidemiology, 7 (6)*, 949-955. doi: 10.1007/s00127-011-0402-8

Leslie P. J. (2014), *Potential not pathology*, Karnak, London.

Levitt H., Butler M., Hill T. (2006), What clients find helpful in psychotherapy: Developing principles for facilitating moment-to-moment change, *Journal of Counselling Psychotherapy, 53 (3)*, 314-324.

Lewin K. (1946) Action research and minority problems. In G. W. Lewin (Ed.) (1948), *Resolving social conflicts*, Harper & Row, New York.

Leys S. (Ed.) (2006), *I detti di Confucio*, Adelphi, Milan.

Littrell J. M., Malia J. A., Vander Wood M. (1995), Single-session brief counseling in a high school, *Journal of Counseling & Development, 73 (4)*, 451-458. doi: 10.1002/j.1556-6676.1995.tb01779.x

Longhi C. (2015), Milano offre psicologi a chi non può permetterseli, *Linkiesta*. Consulted online on 03 October 2016: www.linkiesta.it/it/article/2015/03/04/milano-offre-psicologi-a-chi-non-puo-permetterseli/24920/

Macdonald A. J. (1994), Brief therapy in adult psychiatry, *Journal of Family Therapy, 16 (4)*, 415-426.

Macharia W. M., Leonard G. (1992), An overview of interventions to improve compliance with appointment keeping for medical services, *Journal of the American Medical Association, 267 (13)*, 1813-7.

Maeschalck C. L., Barfknecht L. R. (2017), Using client feedback to inform treatment. In D. S. Prescott, C. L. Maeschalck & S. D. Miller, *Feedback-informed treatment in clinical practice: Reaching for excellence*, American Psychological Association, Washington, DC, pp. 53-77.

Malan D. H., Bacal H. A., Heath E. S., Balfour F. H. (1968), Psychodynamic changes in untreated neurotic patients, I, *British Journal of Psychiatry, 114 (510)*, 525-551.

Malan D. H., Heath E. S., Bacal H. A., Balfour F. H. (1975), Psychodynamic changes in untreated neurotic patients, II: Apparently genuine improvements, *Archives of General Psychiatry, 32 (1)*, 110-126. doi:10.1001/archpsyc.1975.01760190112013

Mantovanini M. T. (2010), Psicoanalisi: aspetti di una crisi annunciata, *Psychomedia*. Consulted on 09 September 2016: www.psychomedia.it/pm/indther/latinoam/mantovanini.htm

Marchignoli R., Lodi M. (2016), *EAS e pensiero computazionale*, La Scuola, Brescia.

McCambridge J., Strang J. (2004), The efficacy of a single-session motivational interviewing in reducing drug consumption and perceptions of drug-related risk and harm among young people: Results from a multi-site cluster randomized trial, *Addiction*, 99 (1), 39-52.

McNamee S., Gergen K. J. (Eds.) (1991), *Therapy as social construction*, Sage, London.

Meridiano Sanità (2015), La sanità del futuro: Prevenzione, Innovazione e Valore, *Forum Meridiano Sanità 10° edizione*. Consulted on 16 September 2016: http://www.ambrosetti.eu/whats-hot/innovazione-tecnologia/forum-meridiano-sanita-decima-edizione/

MES (2013), *Progetto indicatori di valutazione per percorso assistenziale*. Consulted on 26.09.2016: www.psichiatria.it/wp-content/uploads/2013/02/RelazioneMES_25_01_2013.pdf

Miller J. K. (2008), Walk-in single-session team therapy: A study of client satisfaction, *Journal of Systemic Therapy, 27 (3)*, 78-94.

Miller J. K., Slive A. (2004), Breaking down the barriers to clinical service delivery: Walk-in family therapy, *Journal of Marital and Family Therapy, 30*, 95-105.

Miller S. D., Duncan B. L. (2000), *The Outcome Rating Scale*. Authors, Chicago, IL.

Miller S. D., Duncan B. L., Brown J., Sorrell R., Chalk M. B. (2006), Using formal client feedback to improve retention and outcome: Making ongoing, real-time assessment feasible, *Journal of Brief*

Therapy, 5 (1), 5-22.

Miller S., Duncan B. L., Brown J., Sparks J. A., Claud D. A. (2003), The Outcome Rating Scale: A preliminary study of the reliability, validity, and feasibility of a brief analog measure, *Journal of Brief Therapy, 3 (3)*, 91-100.

Ministero della Salute (2011), Relazione sullo Stato Sanitario del Paese. Consulted online on 26 September 2016: www.rssp.salute.gov.it/rssp/paginaParagrafoRssp.jsp?sezione=situazione&capitolo=malattie&id=2658

Moderato P. (2015), Storia della psicoterapia cognitivo-comportamentale. In G. Melli, C. Sica (Eds.), *Fondamenti di psicologia e psicoterapia cognitivo comportamentale*, Eclipsi, Florence, pp. 3-18.

Morlino M., Martucci G., Musella V., Bolzan M., de Girolamo G. (1995), Patients dropping out of treatment in Italy, Acta Psychiatrica Scandinavica, 92 (1), 1-6. doi: 10.1111/j.1600-0447.1995.tb09534.x

Muggeo M. A., Stewart C. E., Drake K. L., Ginsburg G. S. (2017), A school nurse-delivered intervention for anxious children: An open trial, *School Mental Health, 9 (2)*, 157-171.

Nardone G. (2009), *Problem solving strategico da tasca*, Ponte alle Grazie, Milan.

Nardone G., Salvini A. (2004), *Il dialogo strategico*, Ponte alle Grazie, Milan.

Nardone G., Watzlawick P. (1990), *L'arte del cambiamento*, Ponte alle Grazie, Milan.

Norcross J. (2010), The therapeutic relationship. In B. L. Duncan, S. D. Miller, B. E. Wampold, M. A. Hubble (Eds.), *The heart and soul of change* (2nd edition), American Psychological Association, Washington, DC, pp. 113-142.

Norcross J. (Ed.) (2011), *Psychotherapy relationship that work: Evidence-based responsiveness*, Oxford University Press, New York.

Nuthall A., Townend M. (2007), CBT-based early intervention to prevent panic disorder: A pilot study. *Behavioural and Cognitive Psychotherapy, 35 (1)*, 15-30. doi: https://doi.org/10.1017/S1352465806003031

O'Hanlon W. H., Weiner-Davis M. (1989), *In search of solutions: A new direction in psychotherapy*, Norton and Company, inc., New York.

O'Hanlon W., Wilk J. (1987), *Shifting contexts: The generation of effective psychotherapy*, Guilford Press, New York.

Olesen J., Gustavsson A., Svensson M., Wittchen H. U., Jönsson B. (2012), The economic cost of brain disorders in Europe, *European Journal of Neurology, 19*, 155-162.

Olfson M., Mojtabai R., Sampson N. A., Hwang I., Kessler R. C. (2009), Dropout from outpatient mental heath care in the United States, *Psychiatric Services, 60 (7)*, 989-907. doi: 10.1176/appi.ps.60.7.898

Ollendick T. H., Ost L. G., Reuterskiöld L., Costa N., Cederlund R., Sirbu C., Davis T. E., Jarrett M. A. (2009), One-session treatment of specific phobias in youth: A randomized clinical trial in the United States and Sweden, *Journal of Consulting and Clinical Psychology, 77 (3)*, 504-516. doi: 10.1037/a0015158

Omer H. (1993), Quasi-literary elements in psychotherapy, *Psychotherapy, 30 (1)*, 59-66.

O'Neill I., Rottem N. (2012), Reflections and learning from an agency-wide implementation of single session work in family therapy, *Australian and New Zealand Journal of Family Therapy, 33 (1)*, 70-83.

Ono Y., Furukawa T. A., Shimizu E., Okamoto Y., Nakagawa A., Fujisawa D., Nakagawa A., Ishii, T., Nakajima S. (2011), Current status of research on cognitive therapy/cognitive behavior therapy in Japan, *Psychiatry and Clinical Neurosciences, 65 (2)*, 121-129. doi: 10.1111/j.1440-1819.2010.02182.x

Ost L. G. (1989), One-session treatment for specific phobias, *Behavior Research and Therapy, 7*, 1-7.

Osterwalder A. (2013a), Part I: A multi-billion dollar difference, *The Wall Street Journal*. Consulted on 09 September 2016: http://blogs.wsj.com/accelerators/2013/01/02/part-i-improve-your-business-model-design/

Osterwalder A. (2013b), Part II: How to improve your business model design, *The Wall Street Journal*. Consulted on 09 September 2016: http://blogs.wsj.com/accelerators/2013/ 01/04/part-ii-be-a-game-changer/

Osterwalder A., Pigneur Y. (2010), *Business model generation*, Wiley, New Jersey.

Osterwalder A., Pigneur Y., Bernarda G., Smith A. (2014), *Value proposition design*, Wiley, New Jersey.

Oxford Dictionaries (2017), Mindset. Consulted on 17 July 2017: en.oxforddictionaries.com/definition/mindset

Paganucci C. (2004), Therapy in research, research in therapy, *Brief strategic and systemic therapy European review, 1*, 240-245.

Palma E. (2016), Via Sabrata, diventano un gruppo d'aiuto le liste d'attesa in psicoterapia, *Corriere della sera*. Consulted on 03 October 2016: roma.corriere.it/notizie/cronaca/16_maggio_22/via-sabrata-diventano-gruppo-d-aiuto-liste-d-attesa-psicoterapia-7caf5b68-2012-11e6-9888-7852d885e0fc.shtml?refresh_ ce-cp

Papert S. (1980), *Mindstorms: Children, computers, and powerful ideas*, Basic Books, New York. （パパート S. 奥村貴世子（訳）（1995）マインドストーム（新装版） ―子供, コンピューター, そして強力なアイディア― 未来社）

Paul K. E., van Ommeren M. (2013), A primer on single session therapy and its potential application in humanitarian situations, *Intervention, 11 (1)*, 8-23.

Peirce C. S., James W., Lewis C. I. (1982), *Pragmatism: The classic writings*, Hackett Publishing, Cambridge.

Pekarik G. (1992a), Relationship of clients' reasons for dropping out of treatment to outcome and satisfaction, *Journal of Clinical Psychology, 48*, 91-98.

Pekarik G. (1992b), Posttreatment adjustment of clients who drop-out early vs. late in treatment, *Journal of Clinical Psychology, 48*, 379-387.

Perkins R. (2006), The effectiveness of one session of therapy using a single-session therapy approach for children and adolescents with mental health problems, *The British Psychological Society, Psychology and Psychotherapy: Theory, Research and Practice, 79*, 215-227.

Perkins R., Scarlett G. (2008), The effectiveness of single session therapy in child and adolescent mental health. part 2: An 18-month follow-up study, *Psychology and Psychotherapy, 81 (Pt 2)*, 143.

Phillips E. L. (1985), *Psychotherapy revised: New frontiers in research and practice*, Erlbaum, Hillsdale, NJ.

Piccirilli, F. (2005), L'operatore sociale come manager dei casi e dei servizi. In P. Patrizi (Ed.), *Professionalità Competenti*, Carrocci Editore, Rome.

Pingani L., Catellani S., Arnone F., De Bernardis E., Vinci V., Ziosi G., Turrini G., Rigatelli M., Ferrari S. (2012), *Eating and weight disorders, 17 (4)*, e290-297. doi: 10.1007/BF03325140

Poerksen B. (2004), *The certainty of uncertainty. Dialogues introducing constructivism*, Imprint Academic, Charlottesville, VA.

Prato (2014), Sanità, vuol fissare visita psicologica per la figlia: "Venga il 16 febbraio 2016", *Notizie di prato*. Consulted on 03 October 2016: www.notiziediprato.it/news/sanita-vuol-fissare-visita-psicologica-per-la-figlia-venga-il-16-febbraio-2016-e-per-un-infiltrazione-ci-vogliono-6-mesi-di-attesa

Prescott D. S., Maeschalck C. L., Miller S. D. (Eds.) (2017), *Feedback-informed treatment in clinical practice: Reaching for excellence*, American Psychological Association, Washington, DC.

PwC (2015), *Top health industry issues of 2016. Thriving in the New Health Economy*. Consulted on 12 September 2016: http://www.pwc.com/us/en/health-industries/top-health-industry-issues.html

Rampin M. (2016), Matteo Rampin: "Quando il gioco si fa duro: lo sport, la mente, la fatica". Intervento per Dialoghi sull'uomo, VII Edizione (Pistoia). Consulted on 10 October 2016: https://www.youtube.com/watch?v=wWYB9R3nqk0

Rapp C. A., Goscha R. J. (2011), *The strengths model. A recovery-oriented approach to mental health services* (3rd edition), Oxford University Press, Oxford.

Reynolds D. J. (2001), Premature termination: The patient's perspective (Doctoral dissertation). Consulted on 21 November 2016: https://etd.ohiolink.edu/rws_etd/document/get/ucin992364526/inline

Richards A. (2015), Psychoanalysis in crisis: The danger of ideology, *Psychoanalytic Review, 102 (3)*, 389-405. doi: 10.1521/prev.2015.102.3.389

Rosenbaum R., Hoyt M. F., Talmon, M. (1990), The challenge of single-session therapies: Creating pivotal moments. In R. A. Wells, V. J. Giannetti (Eds.), *Handbook of the brief psychotherapies*. Plenum Press, New York, pp. 165-189.

Rotter J. B. (1966), Generalized expectancies for internal versus external control of reinforcement, *Psychological Monographs, 80 (1)*, 1-28.

Ryan C., O'Connor S. (2017), Single Session Psychology Clinic for parents of children with Autism Spectrum Disorder: A feasibility study, *Journal of Child and Family Studies, 26 (6)*, 1614-1621.

Rycroft P. (2018), Capturing the moment in supervision. In M. F. Hoyt, M. Bobele, A. Slive, J. Young, M. Talmon (Eds.), *Single-session therapy by walk-in or appointment: Clinical, supervisory, and administrative aspects*, Routledge, New York.

Rycroft P., Young, J. (2014), SST in Australia: Learning from teaching. In M. F. Hoyt, M. Talmon (Eds.), *Capturing the moment: Single-session therapy and walk-in services*, Crown House Publishing, Bethel, CT, pp. 141-156.

Salvini A. (1998), *Argomenti di psicologia clinica*, Upsel Domeneghini Editore, Padova.

Saraceno C., Naldini, M. (2013), *Sociologia della famiglia*, Il Mulino, Bologna.

Saramago J. (1999), *The Tale of the Unknown Island*. Harvill Pr London.(サラマーゴ J. 黒木三世(訳)(2001)見知らぬ島への扉　アーティストハウスパブリッシャーズ)

Sarason S. B. (1988), *The making of an American psychologist: an autobiography*, Jossey-Bass, San Francisco.

Saucedo M., Cortes M., Salinas F., Berlanga C. (1997), Frecuencia y causas de deserción de los pacientes que asisten a consulta subsecuente de la división de servicios clínicos del Instituto Mexicano de Psiquiatría, *Salud Mental, 20 (suppl.)*, 13-18.

Scamardo M., Bobele M., Biever J. L. (2004), A new perspective on client dropouts, *Journal of Systemic Therapies, 23 (2)*, 27-38.

Schleider J. L., Mullarkey M. C., Fox K., Dobias M., Shroff A., Hart E., Roulston C. A. (2021, April 8), *Single-session interventions for adolescent depression in the context of COVID-19: a nationwide randomized-controlled trial*. https://doi.org/10.31234/osf.io/ved4p

Seligman M. P. E. (1990), *Learned optimism*, Pocket Books, New York, NY.

Seligman M. P. E. (1995), The effectiveness of psychotherapy. The Consumer Reports Study, *American Psychologist, 50 (12)*, 965-974.

Selvini Palazzoli M., Boscolo L., Cecchin G., Prata G. (1978), *Paradosso e controparadosso*, Feltrinelli, Milan.

Short D., Erickson B. A., Erickson-Klein R. (2005), *Hope and resilience. Understanding psycotherapeutic strategies of Milton H. Erickson*, Crown House, Carmarthen.

Silverman W., Beech R. P. (1984), Length of intervention and client assessed outcome, *Journal of Clinical Psychology, 40*, 475-480.

Simon G. E., Imel Z. E., Ludman E. J., Steinfeld B. J. (2012), Is dropout after a first psychotherapy visit always a bad outcome? *Psychiatric Services, 63 (7)*, 705.

Single Session Work Implementation Parcel (2006), Produced by The Bouverie Centre, Melbourne, Australia.

Slive A. (2008), Special section: Walk-in single session therapy, *Journal of Systemic Therapies, 27, (4)*, 1-4.

Slive A., Bobele M. (Eds.) (2011), *When one hour is all you have*, Zeig, Tucker & Theisen, Phoenix, AZ.

Slive A., Bobele, M. (2013), *Single Session with children & families*. Unpublished paper presented at American Association for Marriage and Family Therapy, Portland, OR, October 2013.

Slive A., Bobele M. (2014), Walk-in single session therapy: Accessible mental health services. In M. F. Hoyt, M. Talmon (Eds.), *Capturing the moment: Single-session therapy and walk-in services*, Crown House, Bancyfelin, UK, pp. 73-94.

Slive A., McElheran N., Lawson A. (2008), How brief does it get? Walk-in single session therapy, *Journal of Systemic Therapies, 27*, 5-22.

Slive A., MacLaurin B., Oakander M., Amundson J. (1995), Walk-in single sessions: A new paradigm in clinical service delivery, *Journal of Systemic Therapies, 14*, 3-11.

Sluzki C. E. (1998), Strange attractors and the transformation of narratives in family therapy. In M. F. Hoyt (Ed.), *The handbook of constructive therapies*, Jossey-Bass, San Francisco, pp. 159-179.

Smith K. (2014), Mental health: A world of depression, *Nature*. Consulted on 26 September 2016: www.

nature.com/news/mental-health-a-world-of-depression-1.16318

Società Italiana di Psichiatria (2013), *Salute mentale in rete per abbattere "il muro"*. Press release.

Sommers-Flanagan J. (2007), Single-session consultations for parents: A preliminary investigation, *The Family Journal: Counselling and Therapy for Couples and Families, 15, (1)*, 24-29.

Sparks W. A., Daniels J. A., Johnson E. (2003), Relationship of referral source, race, and wait time on preintake attrition, *Professional Psychology: Research and Practice, 34*, 514-518.

Spinsanti S. (2010), Cambiamenti nella relazione tra medico e paziente, *XXI Secolo*. Consulted on 9 September 2016: www.treccani.it/enciclopedia/cambiamenti-nella-relazione-tra-medico-e-paziente_(XXI-Secolo)

Spoerl O. H. (1975), Single session psychotherapy, *Diseases of the Nervous System, 36*, 283-285.

Stacey K., Allison S., Dadds V., Roeger L., Wood A., Martin G. (2001), Maintaining the gains: What worked in the year after brief family therapy, *Australian & New Zealand Journal of Family Therapy, 22 (4)*, 181-188. doi: 10.1002/j.1467-8438.2001.tb01325.x

Stern D. N. (2004), *The present moment in psychotherapy and everyday life*, Norton & Co., New York.

Sundstrom S. M. (1993), Single-session psychotherapy for depression: Is it better to focus on problems or solutions? *Dissertation Abstracts International, 54 (7-B)*, 3867.

Swift J. K., Greenberg R. P. (2012), Premature discontinuation in adult psychotherapy: A meta-analysis, *Journal Of Consulting And Clinical Psychology, 80 (4)*, 547-559. doi: 10.1037/a0028226.

Talmon M. (1990), *Single session therapy: maximizing the effect of the first (and often only) therapeutic encounter*, Jossey-Bass, San Francisco.（タルモン M. 青木安輝（訳）（2001）シングル・セッション・セラピー　金剛出版）

Talmon M. (1993), *Single session solutions: A guide to pratical, effective, and affordable therapy*, Addison-Wesley, Boston.

Talmon M. (2012), When less is more: Lessons from 25 years attempting to maximize the effect of each (and often only) therapeutic encounter, *Australian and New Zealand Journal of Family Therapy, 33 (1)*, 6-14.

Talmon M. (2014), When less is more: Maximizing the effect of the first (and often only) therapeutic encounter. In M.F. Hoyt, M. Talmon (Eds.), *Capturing the moment: Single session therapy and walk-in services*, Crown House Publishing, Bethel, CT, pp. 27-40.

Talmon M. (2018), The eternal now: On becoming and being a single-session therapist. In M. F. Hoyt, M. Bobele, A. Slive, J. Young, M. Talmon (Eds.), *One at a time: Clinical and administrative aspects of walk-in or by-appointment single-session therapy*. Forthcoming.

Talmon M., Hoyt M. F., Rosenbaum R. (1988), *When the first session is the last: A map for rapid therapeutic change*, Symposium presented at the Fourth International Congress on Ericksonian Approaches to Hypnosis and Psychotherapy, 'Brief Therapy: Myths, Methods, and Metaphors', San Francisco.

Throckmorton W., Best J. D., Alison K. (2001), Does a prompting statement impact client-reported pretreatment change? An empirical investigation, *Journal of Mental Health Counseling, 23 (1)*, 48-56.

Treccani (2017), Mentalità. Consulted on 17 July 2017: www.treccani.it/vocabolario/mentalita/

Turnbull J. E., Galinsky M. J., Wilner M. E., Meglin D. E. (1994), Designing research to meet service needs: An evaluation of single-session groups for families of psychiatric inpatients, *Research on Social Work Practice, 4 (2)*, 192-207.

Urrego Z., Abaakouk Z., Román C., Contreras R. (2012), *Evaluation of results from a single-session psychotherapeutic intervention in population affected by the Colombian internal armed conflict, 2009.* Medici Senza Frontiere. Consulted online on 03 June 2017: http://hdl.handle.net/10144/223391

Urso A., Corsetti D. (1991), Etica della Relazione Terapeutica, *Notiziario dell'Ordine degli Psicologi del Lazio*, 7/8 2007, 41-43.

Vigorelli M. (2010), Ricerca multistrumentale in psicoterapia, valutazione in psicosomatica e nei servizi psichiatrici: gruppo di ricerca coordinato da Marta Vigorelli, *Ricerca in Psicoterapia, 2 (13)*, 287-321.

von Glasersfeld E. (1981), Introduzione al costruttivismo radicale. In P. Watzla-wick (Ed.), *Die erfundene wirklichkeit*, Verlag Piper & Co, pp. 17-36.

von Glasersfeld E. (1995), *Radical constructivism*, The Falmer Press, London.

Wainstein M. (1997), L'influenza del costruttivismo sulla psicoterapia breve interazionista. In P. Watzlawick, G. Nardone (Eds.), *Terapia breve strategica*, Raffaello Cortina, Milan, pp. 31-40.

Wampold B. E., Imel Z. E. (2015). *The great psychotherapy debate: the evidence for what makes psychotherapy work* (2nd ed.). Routledge/Taylor & Francis Group.

Watzlawick P. (1977), *Die moglichkeit des anderssein*, Verlag Hans Huber, Bern.

Watzlawick P. (1981), *Die erfundene wirklichkeit*, Verlag Piper & Co.

Watzlawick P. (1987), If you desire to see, learn how to act. In J. K. Zeig (Ed.), *The evolution of psychotherapy*, Brunner/Mazel, New York.

Watzlawick P. (1997), La costruzione di "realtà" cliniche. In P. Watzlawick, G. Nardone (Eds.), *Terapia breve strategica*, Raffaello Cortina, Milan, pp. 5-18.

Watzlawick P., Beavin J. H., Jackson D. D. (1967), *Pragmatics of human communication*, Norton & Co., New York, NY.

Watzlawick P., Nardone G. (Eds.) (1997), *Terapia breve strategica*, Raffaello Cortina, Milan.

Watzlawick P., Weakland J. H., Fisch R. (1974), *Change: Principles of problem formation and problem resolution*, Norton & Co., New York, NY.（ワツラウィック P., ウィークランド J. H., フィッシュ R. 長谷川啓三（訳）（2018）変化の原理〈改装版〉 ――問題の形成と解決―― 法政大学出版局）

Weiner-Davis M., de Shazer S., Gingerich W. J. (1987), Building on pretreatment change to construct the therapeutic solution: An exploratory study, *Journal of Marital and Family Therapy, 13*, 359-363.

Weir S., Wills M., Young J., Perlesz A. (2008), *The implementation of Single Session Work in community health*, The Bouverie Centre, La Trobe University, Brunswick, Australia.

Wells J. E., Oakley Browne M., Aguilar-Gaxiola S., Al-Hamzawi A., Alonso J., Angermeyer M. C., Bouzan C., Bruffaerts R., Bunting B., Caldas-de-Almeida J. M., de Girolamo G., de Graaf R., Florescu S., Fukao A., Gureje O., Ruskov Hinkov H., Hu C., Hwang I., Karam E. G., Kostyuchenko S., Kovess-Masfety V., Levinson D., Liu Z., Medina-Mora M. E., Nizamie S. H., Posada-Villa J., Sampson N. A.,

Stein D. J., Viana M. C., Kessler R. C. (2013), Drop out from out-patient mental healthcare in the World Health Organization's World Mental Health Survey initiative, *The British Journal of Psychiatry, 202 (1)*, 42-49. doi: 10.1192/bjp.bp.112.113134

Wells R. A., Giannetti V. J. (Eds.) (1990), *Handbook of the brief psychotherapies*, Plenum Press, New York.

Westmacott R. (2011), Reasons for terminating psychotherapy: Client and therapist perspectives (Doctoral dissertation). Consulted on 21 November 2016: https://www.ruor.uottawa.ca/bitstream/10393/20228/3/Westmacott_Robin_2011_thesis.pdf

Westmacott R., Hunsley J. (2010), Reasons for terminating psychotherapy: a general population study, *Journal of Clinical Psychology, 66 (9)*, 65-77. doi: 10.1002/jclp.20702

White M. (1992), Family therapy training and supervision in a world of experience and narrative. In D. Epston, M. White, *Experience, contradiction, narrative and imagination*, Dulwich Centre Publications, Adelaide, Australia, pp. 75-95.

White M. (2007), *Maps of Narrative Practice*, Norton & Company, New York.

White M., Epston D. (1990), *Narrative means to therapeutic ends*, Norton, New York.（ホワイト M., エプストン D. 小森康永（訳）(2017) 物語としての家族 [新訳版] 金剛出版）

Wierzbicki M., Pekarik G. (1993), A meta-analysis of psychotherapy dropout, *Professional Psychology: Research and Practice, 24 (2)*, 190-195.

Wittgenstein L. (1967), *Ricerche filosofiche* (trad. it.), Einaudi, Turin.

Wikipedia (2016a), *PricewaterhouseCoopers*. Consulted on 12 September 2016: https://it.wikipedia.org/wiki/PricewaterhouseCoopers

Wikipedia (2016b), *Generazione Y*. Consulted on 12 September 2016: https://it.wikipedia.org/wiki/Generazione_Y

Wittchen H. U., Jacobi F. (2005), Size and burden of mental disorders in Europe-a critical review and appraisal of 27 studies, *European Neuropsychopharmacology, 15 (4)*, 357-76.

Wittchen H. U., Jacobi F., Rehm J., Gustavsson A., Svensson M., Jönsson B., Olesen J., Allgulander C., Alonso J., Faravelli C., Fratiglioni L., Jennum P., Lieb R., Maercker A., van Os J., Preisig M., Salvador-Carulla L., Simon R., Steinhausen H. C. (2011), The size and burden of mental disorders and other disorders of the brain in Europe 2010, *European Neuropsychoparmacology, 21 (9)*, 655-79. doi: 10.1016/j.euroneuro.2011.07.018

Wolberg L. R. (1965), The technique of short-term psychotherapy. In L. R. Wolberg (Ed.), *Short-term psychotherapy*, Grune & Stratton, New York, pp. 127-200.

Yalom I. D. (2002), *The gift of therapy: An open lettter to a new generation of therapists and their patients*, Little Brown Book Group, London.

Young J. (2018), Single Session Therapy: The misunderstood gift. In M. F. Hoyt, M. Bobele, A. Slive, J. Young, M. Talmon (Eds.), *Single-session therapy by walk-in or appointment: Clinical, supervisory, and administrative aspects*, Routledge, New York.

Young J., Rycroft P. (1997), Single session therapy: Capturing the moment, *Psychotherapy in Australia, 4 (1)*, 18-23.

Young J., Rycroft P., Weir S. (2014), Implementing single session therapy: Practical wisdoms from Down Under. In M. F. Hoyt, M. Talmon (Eds.), *Capturing the moment: Single session therapy and walk-in services*, Crown House Publishing, Bethel, CT., pp. 121-140.

Young J., Weir, S., Rycroft, P. (2012). Implementing single session therapy, *Australian and New Zealand Journal of Family Therapy, 33(1)*, 84-97.

Young K. (2011a), When all the time you have is now: Re-visiting practices and narrative therapy in a walk-in clinic. In J. Duvall, L. Beres (Eds.), *Innovations in narrative therapy: connecting practice, training, and research*, Norton & Company, New York, pp. 147-166.

Young K. (2011b), Narrative practices at a walk-in therapy clinic. In A. Slive, A., M. Bobele (2011), *When one hour is all you have: Effective therapy for walk-in clients*, Zeig, Tucker & Theisen, Phoenix, AZ.

Young K., Dick M., Herring K., Lee J. (2008), From waiting lists to walk-in: Stories from a walk-in therapy clinic, *Journal of Systemic Therapies, 27*, 23-39.

Yu J. J. (2011), Predicting psychotherapy client dropout from in-treatment client reported outcomes. (Unpublished Doctoral Dissertation), A&M University, College Station, Texas. Consulted on 10 October 2016: http://oaktrust.library.tamu.edu/bitstream/handle/1969.1/ETD-TAMU-2011-12-10356/YU-DISSERTATION.pdf?sequence=2

Zeig J. K. (1985), *Experiencing Erickson. An introduction to the man and his work*, Brunner/Mazel, New York.

訳者あとがき

　慣れない英語のメールの文章を何度も推敲し，失礼にあたる表現がないか何度も確認した後，送信ボタンを押した。2021年5月25日16時11分のことだった。実行委員長を引き受けた学会（日本ブリーフセラピー協会第13回学術会議）で，彼にワークショップを依頼するためである。翌日，とても丁寧な文章とともに快諾のメールが届いた。喜びというよりも驚きのほうが勝っていた。「学会の講演って，こんなに簡単に引き受けてくれるものなの？」
　これが，本書の著者の一人である，Flavio Cannistrà先生と訳者の一人である浅井継悟との初めてのやり取りであった。
　当の学会は，コロナの影響もあり，直接Cannistrà先生を日本に呼ぶことは叶わなかったが，大盛況のうちに幕を終えた。シングルセッション・セラピー（SST）は日本でまだ馴染みが薄く，当時，翻訳書は1冊しかない状況であったのでどうなることかと不安を覚えたが，それも杞憂に終わった。本書の内容を中心とした講義と，ロールプレイには，さまざまな領域で働く多くの臨床家，研究者が釘付けになった。学会後，複数の参加者から，日本語で読める文献はありませんか？と問い合わせを受けた。奇しくもCannistrà先生から本書の英語版が出版されることも聞いていた。これは，今の日本にとって必要な本だ。そう確信した。Cannistrà先生から，出版社への企画書のポイントを助言してもらったかいもあり，この度，無事に本書が出版される。
　翻訳作業は3章と4章から取り掛かった。その後，出版が現実的になった段階で改めて原書全体を精読した。各章では異なる著者によりSSTの始まり，データが示すもの，セラピストの姿勢が繰り返し述べられている。この繰り返しにより，SSTがテクニックではなく，プロトコルでもなく，メソッドなのだということが，一次原稿をあげた後，校正の段階でじわじわと浸透してきた。SST

のメソッドは言ってみれば非常にシンプルだが，それらを「知っている」ことと，それに「馴染む」ことは別もので，前者だけでは十分ではないのだと感じた．それと関連するかもしれないが，注釈や括弧書きの多さにも驚いた．正確なニュアンスを伝えようとする姿勢がみられる．注釈は原著者注，訳者注ともに各章の最後にまとめられているが，それだけで一つのパラグラフになるような分量である．本文だけでは伝わりきらない背景やニュアンスが説明されているため，読者の皆様には是非，読み飛ばさずに，ご確認いただきたい．

　本書で最もボリュームのあるのはなんといっても6章の事例紹介である．異なるオリエンテーションや現場の研修を受けたSST初学者が，それぞれの臨床でSSTという手袋をフィットさせ，見事にケースに対応しているのは感動的だった．SSTは1回で終わるセラピーでも，1回で解決させるセラピーでもなければ，1回しか話を聞かないセラピーでもないし，2回目のシングルセッションを行うこともある．では一体SSTとは何ぞやと混乱しそうだが，事例を読むと，SSTの手袋は単なる"装備"ではなく，アップデートに関わるアイテムのようだと感じた．日本風の（ゲームの）表現を使えば，それをつけると"面（ステージ）が変わる"というニュアンスだろうか．心理的介入は心理職だけでなく他職種からも，長く関わることができなければ意味がないというイメージが依然として強いのではないかと思う．カウンセラーはこれまで通りに"一面"をやり込むのもよいが，そこにこだわりすぎず新しいステージに進んでいくことには，臨床的にも社会的にも意味があるのではないだろうか．

　翻訳の一次原稿を出し終えた後，浅井継悟は，イタリアへと向かった．第4回シングルセッション・セラピーの国際シンポジウムに参加するためである．Cannistrà先生がオーガナイザーを務めていることもあり，シンポジウムへの参加と研究発表の外部講演者としてのお誘いを受けていた．直接挨拶できればいいなぐらいの気持ちでの参加であったが，前日の関係者だけで行われたApericena（食前酒と食事を楽しむ集まり）にも参加させてもらうなど，多くの貴重な体験をさせていただいた．テキストでもなく画面越しでもなく，初めて直接会う彼の印象は，私がメールで感じたものと同じく，柔和でオープンマインドであった．まさに，本書の中にあるように「ドアが開かれている」ことを体現している人物であった．

Cannistrà 先生と訳者の浅井継悟

　本書は，シングルセッション・セラピーと銘打っているが，必ず1回で終わるセラピーのことを指しているわけではない。また，本書は，心理療法を行う者だけでなく，対人援助に関わる全ての方の参考になると訳者らは確信している。特に，訳者らが住む地域もそうであるが，へき地など，リソースが足りない地域での対人援助，そして，被災地での心理支援など通常とは異なる状況で対人援助を行う際の一助にもなることを期待している。

　最後になりましたが，本書の出版にご協力いただいた，金剛出版，特に編集をご担当いただきました立石哲郎様に感謝申し上げます。

通勤路にフキノトウが萌えはじめる4月の釧路にて
浅井継悟
浅井このみ

著者紹介

フラビオ・カニストラ (Flavio Cannistrà)

　心理士，心理療法士。ブリーフセラピーの専門家で，戦略的アプローチ，エリクソン催眠，解決志向ブリーフセラピーなどのアプローチを学ぶ。SST をカリフォルニアのマイケル・F・ホイト，オーストラリアのブーヴェリー・センターで学んだ後，イタリアに持ち込む。イタリア初の SST に関する研究・訓練センターであるイタリアン・シングルセッション・セラピー・センター（ICSST）の創設者兼センター長。公的機関や民間企業，大学向けの心理士・心理療法士の養成コースを提供している。

フェデリコ・ピッチリーリ (Federico Piccirilli)

　心理士，心理療法士。ブリーフセラピーの戦略的アプローチ，催眠療法のトレーニングを受けた。ICNOS 研究所の創設メンバー，所長。ICNOS 研究所は，心理療法士たちのブリーフセラピーの経験や熱意から生まれたもので，研究所での活動を研究とトレーニングを通じて実践していきたいという願望から生まれた。ICSST の共同設立者。イル・プンギリオーネ社会協同組合の副理事長として，障害者のオリエンテーションとソーシャルインクルージョンを扱う。大学院，認定訓練機関，企業で心理療法を教える。

マイケル・F・ホイト博士 (Michael F. Hoyt)

　カリフォルニア在住の心理士。モーシィ・タルモン，ロバート・ローゼンバウムとともに SST メソッドの創始者の一人であり，米国で最も重要な医療機関の一つであるカイザー・パーマネンテの成人精神科部長を務めた。数々の学術賞を受賞。

モーシィ・タルモン博士 (Moshe Talmon)

　イスラエルの臨床心理士，テルアビブ・ヤッフォ大学(Tel Aviv-Yaffo academic college) およびテルアビブ大学 (Tel Aviv University) で教鞭をとる。カイザー・パーマネンテ在職中 (1985-1991年)，マイケル・F・ホイト，ロバート・ローゼンバウムとともに，SST に関する最初の研究を開始した。

寄稿者

シモネッタ・ボナディス (Simonetta Bonadies)
　統合的戦略的アプローチの心理士，心理療法士。カラブリア州の緊急支援領域で，移民問題を中心に，庇護希望者，難民，人身売買や拷問の被害者への心理的支援を行っている。

アントニオ・カニストラ (Antonio Cannistrà)
　外科医，臨床血液学，検査血液学，保健統計学を専門とする。ティヴォリ地方医療局総局で医療情報システムを担当。ICSST では，データ分析と研究プロセスのサポートを主な役割としている。

ピエル・パオロ・ダリア (Pier Paolo D'Alia)
　心理士，統合的戦略的アプローチを専門とする。また，SST のトレーニングを通して，ブリーフセラピーを探求している。

ララ・エルミーニ (Lara Ermini)
　心理士，ICNOS 研究所の研修セラピスト。ローマで開業。

アリス・ギゾーニ (Alice Ghisoni)
　心理士，ICNOS 研究所の研修セラピスト。トリノで開業。

アンジェリカ・ジャンネッティ（Angelica Giannetti）

　心理士，心理療法士で戦略的アプローチに基づくブリーフセラピーのトレーニングを受けた。ICSST のチームの一員である。法律の専門知識に精通し，家族や障害者のための社会復帰サービスにも携わっている。

ロベルタ・ミエーレ（Roberta Miele）

　心理士，ICNOS 研究所の研修セラピスト。カゼルタ（カンパニア州）で開業。

ジャダ・ピエトラビッサ博士（Giada Pietrabissa）

　戦略的アプローチに基づくブリーフセラピーを専門とする心理士，心理療法士。IRCCS イタリア成長学機構臨床心理学研究室で臨床および研究活動を行う。ミラノのサクロ・クオーレ・カトリック大学（Università Cattolica del Sacro Cuore）の研究員でもある。

ヴェロニカ・トリシェッリ（Veronica Torricelli）

　統合的戦略的アプローチを専門とする心理士，心理療法士。個人およびグループでの自律訓練法の実践と，栄養関連の問題を抱える者の心理療法のトレーニングを受けた。

ジェフ・ヤング博士（Jeff Young）

　ビクトリア州のファミリー・インスティテュート，メルボルンのラ・トローブ大学（La Trove University）が運営するブーヴェリー・センターのディレクター。臨床心理士，家族療法士。臨床家，研究者，教師としてメンタルヘルス分野で 30 年以上のキャリアを持つ。専門は SST，慢性疾患，家族問題，精神疾患。

訳者略歴

浅井　継悟（あさい・けいご）

北海道教育大学大学院教育学研究科 准教授。
東北大学大学院教育学研究科博士課程後期3年の課程修了（博士（教育学））。
臨床心理士・公認心理師・ブリーフセラピスト（シニア）。
主要著作:『テキスト家族心理学』（分担執筆，金剛出版，2021年），『感情制御ハンドブック』（分担執筆，北大路書房，2022年），『基礎から学ぶやさしい心理統計』（分担執筆，実教出版，2024年）

浅井　このみ（あさい・このみ）

市立釧路総合病院 臨床心理士。
東北大学大学院教育学研究科博士課程前期2年の課程修了。臨床心理士・公認心理師・ブリーフセラピスト（ベーシック）・SE™ プラクティショナー。
主要著作:『テキスト家族心理学』（分担執筆，金剛出版，2021年），『心理療法・カウンセリングにおけるスリー・ステップス・モデル──「自然回復」を中心にした対人援助の方法』（分担執筆，遠見書房，2024年），Therapeutic assessment with brief therapy: A single case study of an elementary student's school refusal（共著, International Journal of Brief Therapy and Family Science, 13(1), 43-49, 2023）

シングルセッション・セラピー
心理臨床の原理と実践

2024年9月10日　印刷
2024年9月20日　発行

編　者　　フラビオ・カニストラ
　　　　　フェデリコ・ピッチリーリ
訳　者　　浅井継悟
　　　　　浅井このみ

発行者　　立石正信
発行所　　株式会社　金剛出版
　　　　　〒112-0005　東京都文京区水道1-5-16　電話 03-3815-6661　振替 00120-6-34848

装丁●岩瀬 聡　　本文組版●伊藤 渉　　印刷・製本●新津印刷

ISBN978-4-7724-2061-7 C3011　　©2024 Printed in Japan

JCOPY 〈(社)出版者著作権管理機構 委託出版物〉
本書の無断複製は著作権法上での例外を除き禁じられています。複製される場合は、そのつど事前に、(社)出版者著作権管理機構（電話 03-5244-5088、FAX 03-5244-5089、e-mail: info@jcopy.or.jp）の許諾を得てください。

改訂増補 心理療法・失敗例の臨床研究
その予防と治療関係の立て直し方

［著］＝岩壁 茂

●A5判 ●並製 ●320頁 ●定価 **4,620** 円
● ISBN978-4-7724-1897-3 C3011

セラピストなら誰もが経験する
心理療法の失敗という領域について，
実践と理論の両面から検討された
臨床・研究成果をまとめた一書。

新版 よくわかる! 短期療法ガイドブック

［著］＝若島孔文 長谷川啓三

●四六判 ●並製 ●248頁 ●定価 **2,860** 円
● ISBN978-4-7724-1634-4 C3011

短期療法の理論と実践を提示した初版に，
近年の展開である，
悲嘆やPTSD様反応に対する
スリー・ステップス・モデルを加えた新版登場。

解決志向ブリーフセラピーハンドブック
エビデンスに基づく研究と実践

［著］＝シンシア・フランクリン テリー・S・トラッパー
ウォレス・J・ジンジャーリッチ エリック・E・マクコラム
［編訳］＝長谷川啓三 生田倫子 日本ブリーフセラピー協会

●A5判 ●並製 ●450頁 ●定価 **5,720** 円
● ISBN978-4-7724-1334-3 C3011

精神科臨床から会社経営まで
SFBTの実践指針と実証データを網羅。
世界中の解決志向セラピストの総力を結集した初のハンドブック。

価格は10％税込です。